彦根藩士族の歳時記

高橋敬吉

藤野 滋 編

高橋敬吉肖像

本書は、高橋敬吉（一八七四〜一九五三）が遺した「幼時の思ひ出　附我家の年中行事」と「吾家の思ひ出」を再構成したものである。主に明治十〜二十年代における滋賀県彦根の士族邸と旧城下町の風俗習慣を記録した内容であることから、書名を『彦根藩士族の歳時記』とした。

目　次

凡例

一、底本には神谷尚子所蔵の高橋敬吉著「幼時の思ひ出　附我家の年中行事」ならびに「吾家の思ひ出」を使用した。併せて「幼時の思ひ出　附我家の年中行事」に関しては一居明子による転写本を参考にした。

二、底本「幼時の思ひ出　附我家の年中行事」の内、巻末の「年中行事」部分、ならびに寺社等の縁起を紹介したものなど、資料として新奇性の高くない項目を割愛した。

三、記述の中にある差別的表現や不適切な表現に関しては個人情報を含むもの以外は原則として原文のままとした。

四、左記の要領で表記がえを行い、句読点を加えるなど原文を整理した所がある。

㈠　旧仮名づかいを新仮名づかいに改める。

㈡　「常用漢字表」に揚げられている漢字は新字体に改める。

㈢　仮名を漢字に、あるいは漢字を別の漢字に替えることは、原則として行わない。ただし、引用文等で原典の明らかなものに関しては一部訂正を行った。

㈣　振り仮名を次のように使用する。

(イ)　底本において著者自身が付している振り仮名に関してはカタカナにて表記した。また、読みにくい語、読みあやまりやすい語には現代仮名づかいで振り仮名を付し、平仮名にて表記した。

(ロ)　送り仮名は原則として『広辞苑　第五版』（岩波書店）に準拠した。ただし、一部文意を損なうおそれがある箇所については原文のままとし、その過不足は振り仮名によって処理した。

幼時の思い出

私の祖父（新五左衛門行敬、号楽庭）は、旧藩時代に三十五万石彦根藩主大老井伊直弼公の御側用人として四百五十石の高禄を頂き、物頭、町奉行等の要職を勤め、其の弟（建五郎）は槍術の弘道館師範として新たに一家を創立し、其の他の兄弟二人は出でて他家（中居、青木）を襲《つ》ぎ、兄弟三人同時に奉行職に就き、藩の重要政務に参与した家柄であったが、明治維新の大嵐に一たまりもなく吹き捲《まく》られ、諸藩の版籍奉還、廃藩置県、佩刀禁止令、秩禄奉還等の続け打ちに悲惨のどん底に追い落され、漸く祖先伝来の邸に踏み止まり、僅かに露命を繋ぎ得たる所謂《いわゆる》貧乏士族の家に、次男坊として明治七年十月十日、呱々《ここ》の声を揚げたる私の幼時の生活が、如何に貧弱なものであったかは想像に余りあるところである。

維新の御詔勅五ヶ条の御誓文により、知識を世界に求むるに急なる為、外国文明に妨害ありとして、我が国独特の国民精神を包蔵する風俗習慣は旧来の陋習として一蹴せられ、迷信打破として、国宝の価値ある仏像も塗抹せる少量の金箔を剥離して風呂の焚木として顧みざるが如き辛辣なる破壊の手は容赦なく下されたが、建国以来の国民精神を根幹とする風俗習慣や普遍一般化したる我が国の年中行事の如きは、一朝一夕にして抹殺せらるべきにもあらず、微々として家庭の一隅に潜伏し、幸いに其の余命を保ち得て祖母や母の手により密かに取り行われ、幼き私の頭にはっきりと焼き付けられ、老後の今日、故郷の風物を瞑想する時先ず髣髴《ほうふつ》として浮かんで来るものは、懐かしき年中行事のお正月、節分の豆撒き、稲荷祭、雛《マ》の節句、お釈迦様の花祭、五月の大将様や鯉幟、春祭の太鼓の轟き、蕨採り、山登り、七夕さん、お盆の精霊祭、寺々の夏の法要、水泳、盆踊、お月見、秋祭、お稲荷様のお火焚、煤掃き、餅搗きと次から次へと走馬灯の様に嬉しい思い出が湧き出して来る。

この幼児期に美しく焼き付けられたる童心の写真を保存する事は、人生に美と悦びとを与える点からも、又吾々の祖先が生み育て伝えて来た日本民俗精神の育成の上にも大切なる事と信ずる。特に敗戦降伏の結果、我が国古来の風俗習慣は明治維新よりも更に一層の辛辣苛酷の手に破壊せられ、衣食住其の他の文化は自由平等を唱うる民主主義の下に英米化するは止むを得ざるところ、敢えて旧来の風習を謳歌讃美するのではない。唯、遠い昔の如何にも朗らかに麗しかった生活を思う時、何とかして古代の純民俗精神と郷土愛とを失わぬ様、幼き人々の心の奥底に幾分でもこのゆかしき古典的行事を残して置きたい。我々にはいつも子供らしさがあり、祖先に似通ったものがある以上、祖先のして来た年中行事を自分もする事によって心の古里に帰り、古代の純日本精神に触れる事が、どんなに生活の苦しくむつかしくなった世の人の心に慰安を与えることであろうかと思い、地理的環境や家庭の相違、時代の前後により多少の相異ある事は免れないが、大体明治十年頃より二十二三年頃迄の湖国彦根の士族邸に伝わったと思う風俗習慣を、時代と文化の隔たりに、磯の浜辺に刻まれた足跡の如く時代の浪に洗われ、はかなく薄れつつ消え残る朧気《おぼろげ》なる幼時の記憶を辿《たど》り、其の思い出の一端を揣き筆を呵《か》して綴る事にした。元より人に見するべきものでは更になく、唯々自分が時折思い出して徒然を慰むる用に供するのみである。

お正月

十二月八日のお事始から煤掃き、畳換え、障子張り、歳暮の贈答、餅搗き、門松と年の暮れの気分は次第に濃厚となり、正月の歩みの近づくを覚えしめるが、子供等にはこの歩みが遅々としてもどかしく、目の舞う程忙しい母を捉えては、「モウいくつ寝るとお正月」と毎日毎晩諄々《クドクド》尋ねて待ち長く思ったのは私ばかりではあるまい。又子供等が集まって、「正月さん正月さん　何処《ドコ》まで御座った　番場の里まで馬に乗って　シャンコシャンコ御座った」と呶鳴《ドナ》り乍ら待ち焦《こが》れる中に、いよいよ大晦日となり、座敷の床飾りや各部屋の掃除も済み、夕食後年徳神の神棚にお供え餅を飾り、御神酒を供え御灯明を挑《カカ》げ、年越し蕎麦を食べ、最後に餅を焼き福茶を飲み、一家団欒してヤレヤレ今年も無事に済んだと語り合う中、百八の煩悩《ボンノウ》を滅却させるとて寺々で撞《ツ》き出す除夜の鐘の音が殷々《いんいん》と轟き渡ると、「子供等は早くお休みなさい」と寝床に追い立てられ、「盆より正月良いもんや　下駄の歯の様な餅たべて」と嬉しい明日の正月を楽しみに、枕元には正月の晴れ着から新調の足袋下駄迄も揃えて寝に就くが、鐘の響きの消えて後しばしまどろむ暇《いとま》もなく、はや東天は白み渡り、楽しい正月は来るのである。

元旦

除夜の鐘の音を聞いて寝床には入ったが、嬉しさが一杯でうっかり寝過ごして元旦匆々《そうそう》から朝寝坊と笑われんも口惜しく、落々《オチオチ》眠る事も出来ず、やがて眼を覚ますと早や外には鴉や雀の楽しげに囀《さえず》り、東天紅を告ぐる鶏の声も何となくいつもより朗らかなるも嬉しく、雨戸の隙間より差し込む薄明りにソーッと起き出で、枕元の着物を手早く着換えしも、「早くから起きて騒ぐでない」と叱られもやせんと又もや寝床に潜り込み、耳を澄まして待つ程に、夜明けを告ぐる城山の鐘の音のゴーンオンオンと響き渡るを合図に、「柚《ユ》の木の下の御事は」と大声にて一番起きの勝名乗りを揚げて跳び起きれば、次の者は「されば其の事火の燃ゆるが如し」と答え、最後に起き出でたる者は「ヤットコー、まらかついた」と厭な事を言わねばならぬので、誰もが「わしでない　イヤ、私じゃない」と互いに此の不名誉の宣言をなすり合い乍ら、急ぎ着物を着換うるもおかし。この宣言の由来困縁、故事来歴は知らないが昔から殿中で行われたものの由。祖父が殿様のお側役で御殿の奥勤めをして居たから、自然こんな風習の宅へ流れこんだ事かとも思う。友人の家でもこんな事をするのはなかった様である。

さて、一番に起き出でた男は若水汲みをする。本来は嫡子たる兄の役であるが、兄は家の初孫であり、祖父祖母が眼の中へ入れても痛くない舐《ナ》めたい程の可愛がり様で、夜もお新建《シンダ》ちの部屋で爺と媼の間に大きくなっても祖母の萎《しな》びた乳房を弄《いじ》り乍ら寝る弱い子に、朝早くから起き出で冷たい水汲みをさせ風邪でも引いては、との三百安い老婆心からソーッと寝かせて置かれるので、次男坊の私が新しい柄杓を添え、七五三《シメ》縄飾りのした新調の手桶を下げて甲斐甲斐敷く井戸端に出で、手も凍りつく様な霜で真っ白になった釣瓶竿を握り、若水をサーッと汲み込み、流し元に据え、冷たい水で顔を洗い、棚の上から燧箱《ヒウチバコ》を取り出し、燧石と火打金とでカチンカチンと神代乍らの浄火を鑽《キ》り、引火奴《ホクチ》の火を付木に移し、若水汲んだる釜の下を焚きつける。丁度其の頃、母はキチンと身仕度をして後を引き受けられるが、「御苦労、御苦労」と言われるのが一かどの仕事でもした様で嬉しかった。私がお勝手から引き上げる頃になり、ノッソリと起きて来た兄を捉えて、「兄さんヤットコマラ言わなきゃずるいや」と迫ると、兄は「俺は先から起きて居たのだ」と強情を張って応じないが、「ずるいずるい」と言って弟や妹達が承知をしないので、祖母さんが

「そんならわしが代りに言うよ」と歯の抜けた憎らしい口をもぐもぐさせ乍ら、「ヤットコマ、アラカツイタ」と妙な処で切ってアハハハハと笑い、「これでよいだろう」と言われる。こんな事は赤い顔でもしてはにかむ所に面白味があるので、こんな白髪婆のイケシャーシャーと言われるのでは全く興味も殺《そ》がれ面白くも何ともなく、却って兄に対する反感を抱かしむるに過ぎないのである。

　それから私は神棚からお荒神様、便所の神様と順次にお灯明を上げると、小さな弟や妹達は珍しく便所にあかりが点《トモ》って居るので喜んだ。次に昨夜から茶の間に定紋付き萌黄《モエギ》木綿の膳掛けをかけて列べてある黒塗り金紋付きの本膳を銘々の座に並べる。弟妹達は小皿に鱓《ゴマメ》（田作）二尾と白豆三粒を入れたのや、小梅の梅干と炒った黒豆三粒を入れた湯呑茶碗や、両端の尖った柳の太箸を、母の達筆にての〜と寿の字を上に、銘々の名を下に記した半紙を折ったる箸包みに入れて本膳に揃えるやら、さも嬉しそうにお手伝いをする。母は大火鉢に火をおこし、人数に応じて四角な切餅を焼いては釜の湯の中に入れて軟らかくし、更に小晦日《コツゴモリ》から煮てある里芋、大根、矢筈《ヤハズ》昆布等の汁の実の入った大鍋を温める。仏様には別に小さく切ったお餅が用意してある。

　朝起きて直ぐに天神様へ初詣でをされたお祖父様のお帰りを待って、一同お祝膳の座に坐ると、若水を沸かした湯に昆布と茶を入れた大福茶《おおぶくちゃ》が銘々の湯呑茶碗に注がれる。この福茶は口中の汚れを浄め心身の邪気を払い、諸の災厄を除き、一家の福運を増すと云う縁起の良いもので、其の年の吉方《エホウ》に向かって飲むのが如何にも正月らしく、すがすがした気持ちになる。其処で手を突いて、「お祖父様お目出度《と》う」「おばあさんおめでとう」「お父《トウ》さんおめでとう」「お母さんおめで度う」「御一同様おめで度う」と順次に新年の挨拶を交すと、母は黒塗り紋付きのお三宝に松竹梅鶴亀の金の高蒔絵《タカマキエ》のした朱塗三ッ組の盃を乗せ、年少者の前に据え、折鶴の形の紙に熨斗《ノシ》をつけ金銀の水引で縛った錫のお銚子を取り、一献《コン》二献三献と上手に注がるる。お屠蘇を頂いて段々と年長者に廻し、白髯のお祖父様で納めるのである。このお屠蘇は年の暮れに掛りつけの医者から薬札の返しに貰った山椒、防風、肉桂、桔梗、白朮《おけら》等を調合し、紅帛《モミ》の三角袋に入れ、延寿屠蘇散と記した紙袋に包んだもので、大晦日の夜井の中に吊し置き、元旦若水を汲む時に取り上げ味淋酒に浸《ヒタ》したものだが、邪気を払い寿命を延ぶると言うので、しかも甘くて口当りが良いから乳呑子の外は皆喜んで呑み、盃をベロベロと舐めて注意される者もあり、又追加を請求して酔っ払い真っ赤になって金時の火事見舞と笑われる者もあった。さて、お屠蘇がすむと母は黒塗りの大椀に釜の中の餅を入れ大鍋の雑煮汁を注ぎ、其の上に茹《ユ》でた青菜の一摘《ツマ》みと細かく削りたる花鰹をかけて祖父から順に配られると一同、お祝申します、と頂く。椀が大きくて持ち悪《に》くく落しそうになる。このお雑煮は元日二日三日と三朝続けるが元日に五ツ、二日に六ツ、三日に七ツと云う様に次第に餅の数を増し食べ上がる様にと縁喜を祝った。私は五ツ七ツ九ツと食べ上がる方であった。それから重組みの肴は勝手に取って食べた。重詰めの御馳走は数の子、煮豆、叩き牛蒡、里芋と棒鱈、鯡《ニシン》の昆布巻、田作の煮付、栗のきんとん等であった。蛤の吸物も此の朝必ず出た。

お正月には何かにつけ縁喜を祝う事が多く、元日より福を掃き出すと言って箒や雑巾を手にせず、大晦日の夕刻すっかり部屋の掃除を済ます。元日に泣く児は七歳未満と笑われ、又忌み言葉とて死に関する事やシ音を避くるとか、お椀を引っくりかえしてもお箸が折れても、「お目出度い、お目出度い」とすます。それでも箸が折れては心持ちが悪いので、堅い餅を挿んでも折れない様に柳の太箸を用いた。万事がこんなに儀式張って子供には窮屈であるが、これがお正月だと思うと何となく引き締まって嬉しくもあった。お給仕に忙しい母のお雑煮を食べ終らぬ内に、うんと雑煮を詰め込んで苦しくなり、「元日や餅で押し出す去年糞」と立って行く行儀の悪い者もあった。母は鍋の底に焦げついた雑煮を食べ終ると急いで後片付けをすませ、年賀のお客の見える迄にと手早くお化粧をして紋服に着換えられた。小晦日に綺麗《キレイ》に結った丸髷の頭髪に大きな鼈甲《べっこう》の櫛笄《こうがい》を挿し、口紅をさし、お白粉を塗った顔の眉毛を剃った上の方に鍋墨で殿上眉《デンジョウマユ》を描《カ》き、白無垢《ムク》の下衣と裾模様の黒紋付の上衣を重ね、黒繻子《しゅす》の帯をキリッと締め、お客のある時は腰のからげを下して裾を曳いて出られたが、いつもの母と違って気品もあり美麗だと思った。川柳に「元日やおのが女房に一寸惚れ」とは実にうまい事を言ったものだ。

さて、お客を通す表座敷正面の床には、中央に天神七代地神五代から御歴代の天皇の御系図を記した大掛物を掲げ、其の前にお三宝の四方に美濃紙を垂れ、裏白歯朶《シダ》、交譲葉《ユズリハ》、熨斗鮑《ノシアワビ》、昆布、馬尾藻《ホンダワラ》等を敷き、其の上に鏡餅を据え、更に其の上に橙、伊勢鰕、紙に包んで水引かけた飾り炭を乗せ、前と横には榧《カヤ》の実、搗栗《カチグリ》、串柿《クシガキ》等が添えてあった。正面の左には八幡大菩薩の掛物を掲げ、其の前に我が家伝来の赤具足、金の大半月つけたる兜《カブト》、いかめしき髯面の頬当、金地に朱の丸の軍扇持ちたる籠手《コテ》、臑当《スネアテ》、毛沓《ケグツ》等取り揃え、金紋革の被いしたる具足櫃《ビツ》を飾り、右には春日大明神の掛物、其の前には、松、梅、福寿草等の盆栽とか又は松に水仙、赤い実の生《な》ったる万両を添えたる花活けがあった。次の間の床には狩野永海の傑作神功皇后三韓征伐の極彩色密画の掛物が掲げられ、卓の上に唐獅子の香爐が飾ってあった。

玄関の式台には机を出し、其の上に硯箱と年始御礼帖と記した奉書横二つ折の紙を水引にて綴じたのが出してあった。これは座敷へ通る程親しい間柄でない人が記帳して行くので、家によっては門の柱に年始御礼帳と青竹の墨壷と新しい筆の吊してあるのもあった。川柳に「あがるなと言わぬばかりの帳を出し」とあるのはこれである。昔の職人などは読み書きの出来ぬのが自慢で無筆の人が多かったので、折柄来合わせた人に頼んで書いて貰ったり、又細長い紙に姓名を記した名刺を置いて行く者もあった。「礼帳に徳兵衛とこそ書かれたり」「年始帳供に書かせる気の毒さ」等の光景もあった。玄関に名刺受けの箱を出す様になったのはズーッと後の事である。

やがて玄関に、「頼もう、花木伝之丞御慶《ギョケイ》申す」と威勢の良い声がする。「ヤー花木のお祖父様だ」と喜んで出迎え、座敷へ案内する。母は礼服の裾を曳いて出て、新年の挨拶をされる。子供等も皆出て、「新年お目出とう」とお辞儀をする。母は三ッ組の盃を出し、先ず屠蘇一献を進め、重組みの肴を皿に盛り、酒を強いて四方山の話をされる。母のお酌をされる手を見て祖父は、「お種も可愛そうにひどい手をして居るのう」と言われると母はきまり悪るそうに、「どうも済みません、こんな汚い手をして。私はあれ性ですから毎年冬中はこんなでどうも仕方がありません。繻子の帯を締める時や真綿を扱う時には手に引かかって困ります」と目を伏せられた。実際母は一寸お化粧をされるとまるで見違える程きれいになられるが、手の皸《アカギレ》はどうにもお化粧のしようがなく、はぜ割れた拇指や食指の頭へ黒いあかぎれ膏を詰めて居られるので、人様の前ではキチンと両手を組んで膝の上に置き目立たぬ様にして居られても、お茶やお酒を進める時にはきたならしくて困られた。中江藤樹先生ではないが、母の皸を見ると何とかして差し上ぐる妙薬はないものかと思わぬではなかった。いつもは塀一重の裏の木戸から来られる人が、今日に限り、わざわざ十数倍もの遠路を廻りて表から頼もうと案内を乞われる。「正月は隣からでも鯱《しゃち》こばり」の気分が如何にも正月らしくて嬉しかった。暖かいお銚子のお代りを持ってお酒を進めると盃を受けて、「敬坊はいくつになった」「ホウ大きくなったのう」と頭を撫で、「二十日には皆遊びに来いよ」と云われ懐から大きな紙入れを取り出し、みかんでも買って貰えと金一封を下さるのが嬉しかった。かくて酒数献を重ね、「又これから諸方へ廻礼に行くから、いずれ春永《はるなが》にゆっくり」と挨拶して立ち去られると、次から次へと親類のお客が見える。時には二三人が同時に来られる事もあり、「お宅へはこれで御免蒙ります」と互いに挨拶を交して居られる事もあった。お客の中で子供に歓迎されるのは中居のお叔父様であった。此の方はやさしく子供等にもいろいろよくわかる話をして下さるし、又中学生の時に「おじ様に少し小さくて穿《ハ》かない靴があるから取りにお出で」と云われ、生まれて始めてキッドの上等の短靴を頂いて喜んだ事もあった。又ぐでんぐでんに酔っ払って家を間違えて来るお客もあったが、これも正月気分で面白かった。

次に、お客に出す正月の料理は家例で昔から定まってあった。五重の蒔絵の重箱にはおきまりの煮豆、開き牛蒡、数の子、塩鮭の切り身の醋《す》漬、里芋と鱈の煮付、鯡の昆布巻、鮒の雀焼、慈姑《クワイ》の甘煮、田作の佃煮等で別に大皿に酢章魚《スダコ》が花の様に並べたのと、硯蓋にモロコの魚《ギョ》でん、蒲鉾、輪切りみかん、卵焼、栗のきんとん等の取り肴が盛ってあって、一々小皿に取り分け、吸物膳に蛤のお吸物と共にのせて差し上げた。御飯を出す時は塩鮭の焼いたのに蕪《カブラ》の味噌汁位であった。

父も朝の御祝が済むと礼服と着換え、学校の拝賀式に出て、それから親戚知人の方へ廻礼された。母は「お酒を過ごさぬ様気を付けて下さい」と懇願された。これは父は相当の酒豪であったが、諸方でいろいろの酒を飲まされるので、夜は酔っ払って帰り、礼装の侭でゴロリと寝てしまわれる事が多かったからである。私も羽織袴を着けて学校の拝賀式に臨み（学校の記事は別に小学校での思い出に記すから茲《ここ》には省く）、帰ってから母に先方へ行っての挨拶を教えられ、ころんで着物を汚さぬ様と注意され、御近所や先生の家へ廻礼に行った。行く先では紙に包んだ干柿、みかん、豆でこ、屠蘇、おこ志等に切昆布の一片かごまめ一尾を熨斗代りに添えて下さるので、両の袂にブラブラさせて帰った。又御近所の子供が宅へ来られても同様に紙に包んで差し上ぐるが、宅では豆でこ、豆板、とそ、おこしは縁喜を祝って二日の買い初めに買う事にしてあったから、元日には大抵年の暮れに買った干柿とか蜜柑を包んだ。こんな物を貰って嬉しく、急いで帰ると路は凍っている。下駄も足袋も新しいので、母の呉々の注意も空しく、滑り転んで着物や足袋を泥に汚して困った事もあった。

元日の昼飯は炊き立ての御飯に塩鰯の焼いたのと蕪の白味噌汁に一寸五分位の長さに切った浅漬大根の一片が嘉例となってあった。夕食は重詰め物で済ませた。お雑煮は三日間続いたが、昼と夕とは塩鮭があったり、塩鰤《ブリ》があったり、酢だこがあったり、蛤の吸物があったり、其の時の都合で一定していなかった。

廻礼客の見える頃になると、ポンポンと鼓《つづみ》を打って万歳《マンザイ》がやって来る。テケテンドンドンテケテンドンドンと腰につけた長い太鼓を叩いて越後獅子が来る。締太鼓をテンテンドンドンと鳴らして猿舞わしが来る。チキチンドンドン、ピーヒャラヒャーと鉦《カネ》太鼓、笛で賑やかに囃《ハヤ》し乍ら伊勢の大神楽が来る。空には高く、扇凧《オオギイカ》、鳶凧《トンビイカ》、奴凧《ヨカンベ》、四角凧《シカクイカ》等が長い紙や縄の尾を曳いて籐《トウ》や鯨の鬚の唸《ウナ》り弓でブーンブーンと唸って居る。庭にはカチンカチンと娘達の追羽子の音がする。室内では双六やかるた遊びが始まる。手毬唄も聞こえて来る。如何にも正月らしい楽しい気分が溢《アフ》れる。

万歳は主役の太夫と副役の才蔵との一組で、太夫は風折烏帽子《カザオリエボシ》を被り、背に鶴の模様のある素袍《スオウ》の袂を翻し、くくり袴を穿き、扇子と鼓を時には胡弓を持って居る。才蔵は大黒頭巾を被り、素袍を着るものと、普通の着物の尻をからげて居る者があり、背に米銭を入るる大きな嚢を負い、ポンポンと鼓を鳴らし乍ら家々を訪問し、「ごまんざーい　らしくとんは　ポンポン　ゆたーかーあに　おーさまありてー　ポンポン」といった調子で節面白く賀詞を述べ終ると、才蔵は太夫より鼓を受け取り、ナカナカナカナカナカと口拍子に合わせて、鼓を上下左右に振り廻し、身振りおかしく滑稽卑猥な事を喋《シャベ》り乍ら鼓を打って踊る。又与えられたる米銭の多少に応じ、太夫と何々尽しとかを唄い、又滑稽問答を交しなどしてふざける。宅では五寸角位の竹の盆に米一杯宛与える事にして居た。才蔵はこの米を背負うている浅黄木綿の長い袋に入れ、「サラリヤサアト済んだぁれば千年の御祝」と祝納めて立ち去るのである。ずるい家では、十分いろいろの芸を演《ヤ》らせてから、「通《トオ》れ」と呶鳴る。「通れ」とは立ち去れの意であるが、万歳の方では小言をつぶやき乍ら立ち去るも、これに懲りて黙って居る家では直ぐに出て行く事にして居った。尺八を吹いて来る虚無僧に「通れ」と言うとサッサと座敷へ通り、グズグズ強請《ユスリ》をするので「通れ」と言わずに「御無用」と言って退却を命じた。子供等は万歳の後を追ってゾロゾロとつきまとい、知らず知らず隣町へも行く事があった。

　猿舞わしは猿に赤いでんちこ（半袖襦袢）を着せ、首に紐をつけ肩にのせ、締太鼓をドンドコドンドコ叩き乍ら入り来り、玄関の板の間にポンと肩から猿を下ろし、三番叟を舞わせる。時には紐を長く伸ばして猿を室内に入れ、米銭の催促をする。又貰った米銭の多少に応じ種々の芝居をやらせる。猿は去るに通じ、厄を去るの意で農家は勿論、武家でも馬の病気を去るという俗信で歓迎されたが、厩に繋ぐ馬もいなくなり、厩が物置になった宅ではあまり演らせなかった。又猿は福を去るとて縁喜が悪いと嫌う人もあった。

　越後獅子は角兵衛獅子とも云う。テケテンテケテンドンドンテケドンテケドンと腰の太鼓を叩く者と舞う者と二人で一組の少年で、頭に鶏の尾羽をつけ、黒天鵞絨《びろーど》に紅の昼夜《ちゅうや》を入れた布片を垂れた小さな獅子頭を被り、手甲、脚絆、括り袴に身を固め、（一本歯の）足駄を穿き、「舞いましょうかね」と入って来る。これも米銭を与うると倒立していろいろ獅子の身振りを為し、又二人で舞うこともある。よくもあんなに軟らかに体を反ったり曲げたり出来ると感心したが、酢とお粥とを常食として骨が軟らかくしてあると聞いて、可愛そうに思った。

太神楽《だいかぐら》は伊勢から来る獅子舞で、いろいろの道具の入った白木の長持と太神宮様のお宮の様な物を担ぎ、鉦、太鼓、笛で大勢が賑やかに囃し乍ら、米銭を貰った家の前で、大きな金色の獅子頭を被り、鈴と御幣、又は刀を持って悪魔払いをする。時には子供の厄払いとて、抱いた児の頭を獅子頭に噛《カ》む真似をさせる者もあった。二人が萌黄の布片に獅子頭のついたるを被り、巧みに獅子の身振りを演じて舞うが、金次第で毬つき、茶碗積み、毬の籠抜け等、いろいろの曲芸をして子供等を喜ばせた。

二日

今日は稽古始めの日である。朝のお雑煮を済ますと書き初めをする。これは年の暮れに先生からお手本を書いて頂いたのを、一生懸命に習って今日清書をする。学校でのお習字と違い大きな字を書くので、筆も持ち馴れない太筆で一間程の長い紙に、天下太平、四海同風、直而和、和氣致祥、春風致和、南山祝壽長、山河四望春、春山草木新、仙雲擁壽山、徳如海壽似山、春風春水一時来と云う様な字を書いた。大きくなると、長生殿裏春秋富不老門前日月遅とか、盛年不重来一日　難再晨及時當勉勵歳月不待人の様な句を書いた。其の左の横の上に何年試筆とか吉書《きっしょ》とか記し、其の下に姓名と何歳と記した。時には手の平に墨を塗り、印の代りに姓名の下に手形を捺《オ》した。この書き上げたのを床の横とか神棚の前に貼《ハ》り、益々書道の上達する様祈った。学校では此の書き初めの中から優良なのを選んで、始業式の日、式場に張り出された。又読み初めとて孝経の、身体髪膚受之父母不敢毀傷孝之始也　立身行道揚名於後世以顯父母孝之終也とか、実語教の、山高きが故に貴からず木あるを以て貴しとす　人智あるを以て貴からず徳あるを以て貴しとす、の句等を読んだ事もあった。祖父の謡初め、女の子のお裁縫や、音曲の弾き初めや、男の児の剣道始めをするものもあった。

　商家では大晦日の掛取りが夜晩《おそ》くなるので、元日は店を閉じて休業し、二日は早朝から景気よく店を開いて売り初めの初商いをする。又荷車などに山の様に商品を積み上げ、大小の旗幟を立てて市中を囃し廻り、小売店へ送る卸店もあった。又開店匆々《そうそう》飛び込んだお客には景品をくれるので、朝早くから店の開くのを待って買物をする者もあった。私の宅では毎年の買い初めに先ず縁喜を祝って、豆でこ、豆板、豆落雁、屠蘇おこし等を買ってから他の物を買う事にした。しかしこれも祖母が居らるる間の事であった。又平生買物をする商人から、お年玉として其の店の標《しるし》の入った手拭や柱暦を配り、今年も相変わらず御贔屓《ヒイキ》を願います、と羽織を着た主人公が年始の挨拶に来る。この柱暦は上の方に七福神や宝船の木版色摺の絵があり、下には黒地に白文字で、月の大小、まん月、日曜、祭日、日月蝕、社日、彼岸、土用、八せん、十方ぐれ、節分、大寒、小寒、甲子、庚申、入梅、夏至、半夏生、冬至等が記してあり、横に商店の屋号、商品の名と姓名が書いてあった。乾物屋の由右衛門が木田屋西脇仁平であり、味噌屋の麹屋が北川善九郎であり、酒屋の柳太が藤田太吉であり、炭屋の屋号で酒醋と駄菓子を売う店が長崎音次郎であることが知れたが、西脇仁平では知らぬ他人の様で、矢張り親代々の呼び名の由右衛門の方が通りがよくなつかしかった。

それから二日の晩には初夢と云って、其の夜の夢に因って其の年の運勢を占う様なことをする人もあったので、宝舟や七福神又は「ながきよのとほのねふりのみなめさめなみのりふねのおとのよきかな」と云う上から読んでも下から読んでも同じ歌を書いた紙片を枕の下に敷いて寝る者もあり、悪い夢を見た時には「貘食え貘食え《バククバクク》」と三度唱え、悪夢払いをして翌朝其の枕の下に敷いた紙を地に埋めたり川へ流したりする者もあった。されば吉夢とはどんな夢かと尋ねると、一富士二鷹三茄子《ナスビ》であると答えられた。私が富士の山の夢を見たと云ったら、祖母が其の夢を売ってくれと言われた事もあった。

三日

正月も三日となると来客も少なく、朝のお雑煮も今日限りで、本膳も来年までお蔵に片つけられると思うと急に物淋しい気がした。もう今日は大したお客もあるまいとて、お客用の肴の酢章魚《スダコ》や取肴もそれぞれ子供等に分配して食べさせて下さったが、何だかバタバタと片付く様で心忙しくも覚えた。

ここらで少し正月の室内遊びを記して見よう。正月遊びにとて母は毎年年の暮れに蜜柑二箱と銀杏《ギンナン》一升を求め、一箱のみかんと銀杏は子供に預けて下さった。あとの一箱のみかんは近所の子供衆へのおあいそうと母が子供等を遊ばせて下さる時の賭物《カケモン》にされた。子供の正月遊びとしては、かるたとり、双六、女の子の手毬つき、おこんめ等で、かるた遊びにも、いろはかるた、花かるた、歌かるた等があり、双六にも、まわり双六、飛び双六等があった。

いろはかるたはいろは四十八枚の字札と絵札があり、絵札を場にまいて置いて字札を読んで其の絵札を拾い、沢山拾い取った者を勝ちとするので、字の読めない小さな子供でも絵に見覚えが出来ると拾う事が出来た。字札の読み役なる兄は絵札を見てから後に字札を読むので信用がなく、勝負に関係のない忙しい母を引っ張り出して読んで貰う事もあった。

花かるた。花合せとも言った。一月から十二月まで松、梅、桜、藤、菖蒲、牡丹、萩、薄、菊、紅葉、柳、桐の四枚宛四十八枚の絵札があり、又それに日の出の鶴、鶯、花見の幕、時鳥、蛍、蝶々、猪、月と雁、鹿、盃、燕、小野の道風、鳳凰等が配してあり、松、梅、桜には赤短冊、牡丹、菊、紅葉には青短冊がついてあって、其の絵によりそれぞれ点数があり、場やくとか手やくとかいろいろ複雑な規則があって、点数を多く取るとか、八十八点になるとかで勝負を決めるのだが、子供にはこんなむつかしき規則は判らぬ。それで同じ種類の札を多く集めるとか、又十五と云って取った点数の十五点になった者を勝ちとし、十五を超過した者をバレたと言って負けとした。又十五にならずとも、四と一、五と一、九と一の場合をそれぞれ四ッピン、五ッピン、九ッピンと言って勝ちとし、五下《ゴシタ》とて五以下の札五枚で総計十五に達しないものも勝ちとした。十五に満たなくても十三とか十四で十五に近い点数になった時は、泊《トマ》りと言って十五点の者が出来ない場合、十五点に近い者を勝ちとした。この泊りには親と他の者が同点の場合、例えば二人共十四で泊り居る時は、親の四寸には叶わぬとて親に近い場の者の勝ちとした。又いろいろ妙な言葉があって、九と六とで十五になった時には「九ン六米の飯」と言って勝ちを宣し、七と八とで十五になった時は「七里八里は金五の親玉」と云い、四と一の時は「四ッピン直《ジ》き取りおかかのむき取り」と云い、九と七の時は「九七ババタレ」、九と八の時は「九八カッ八」と云った。笑われたが、何の事か今でも判らぬ。

歌加留多。百人一首とも云って、小倉百人一首の歌札で遊んだ。普通は下の句の札を場に並べ、上の句を読んで其の下の句の札を早く取るのを勝ちとした。それで撒《マ》き取りは百枚の下の句の字札を場にばら撒き、上の句を読んで誰でも其の下の句の札を多く集め取った者を勝ちとした。源平勝負は全員を二組に分け、各組五十枚宛の字札を頒かち、各自の前に列べて守り、敵の札を攻め取り、早く自分の組の札をなくした方を勝ちとする。これは大人には興味が多いので夜更《よふか》しして戦うが、字の読めない子供等は「坊主めくり」とて絵札を全部裏向きにし、一端より順に一枚宛めくり取り、坊主の札が出ると「坊さん質に置いた」と言って今迄ためた札を全部場に出し、次にお姫様をめくり出した人が「お姫様で請け出し」と云って場の札を自分の物とする。かくして最後に一番多く札を持つ者を勝ちとした。又別に字札を人数に応じて等分に頒かち、「坊主めくり」をする時、絵札の種類により「青さん何もなし」「黒さん一枚」「お姫さん二枚」「天神様三枚」「五畳台五枚」

「几帳さん七枚」など予《あらかじ》め定めたる数を其の絵札をめくりたる者に一同より与え、坊主をめくりたる者は「坊さんお悔《クヤ》み」と称し、反対に皆に一枚宛与え、特に蝉丸の場合には三枚とか五枚とかを一同に与えるので、大抵払うべき持ち札なく破産するので皆に嫌われた。終りに近づいて蝉丸の札が残ると、ハラハラと心配して、どうか蝉丸様の来ない様とお祈りしてめくった。

双六は廻り双六と飛び双六とあって、「振出し」より出発し、順次賽ころを振り、其の出た目の数に応じて前進し、早く「上り」に達した者を勝ちとした。廻り双六には江戸より京まで、東海道五十三次を順次に前進するが、函根の関所で振出し迄戻されたり、大井川の川止めで一回休む等の道中双六があり、飛び双六には途中にて一回休みとか、二度振りとか、元の振出しへ逆戻りとか、前の人を飛び越すとか、変化が多いので廻り双六より興味が多いので子供等に喜ばれた。それで幼年雑誌の新年号付録としていろいろの、出世双六、教育双六、旅行双六、世界漫遊双六、戦争双六、軍人双六など雨後の筍の様に出たが、それは大分後の事であった。

これ等の勝負事遊びには銘々、みかんや銀杏、胡桃《クルミ》等を出し合って其の場に賭け、勝った者が取る事にしてあるが、取られて泣く児もあり、何も知らずに交じりて大儲けして喜ぶ子もあり、興味が沸いて来ると面白くて、なかなか止められず、夜更しする事もあった。

宝引《ほうびき》と云う遊びもあった。子供の数条の籤紐を作り、其の中の一条の端に、刀の鐔とか、天保銭とか、切餅とかを結び付け、紐の端を各自に引かせ、其の端に物の付いてある紐を引いた者が、其の場に賭けてある、みかん、菓子、銀杏等を取るが、これは賭博類似の遊びとして禁じられて居たので、子供等丈ではせぬ事にしてあった。母はみかんをかけて遊ばせて下さったし、又花木へ正月のおよばれに行くと、夕食後お祖父様のお部屋で炬燵《コタツ》にあたり乍ら、「サアサア宝引宝引、皆来い皆来い」と子供等を集め、みかんの二箱も奢って下さった。宝引遊びは子供丈でする事はならんのでこんな事を言った。

宝引しよまいか、宝引すると、ととかか叱る、かくれてしょうまいか、かくれてすると、子供が告げる、告げ虫小虫、摘《ツマ》んで捨てろ

猶此の他に海贏《バイ》独楽廻し、土面子振り、女の子の手毬つき、おこんめ、おはじき等の遊びもあったが、正月の遊びと限ったのでないから別の項に記する事にする。

四日――坊さんの廻礼

今日はお坊さんの廻礼日である。正月匆々《そうそう》坊主の廻礼は縁喜が悪いとて嫌う家もあるの

で、三ヶ日は遠慮して、四日に年始廻りとて主なる檀家廻りをされる。此の日は綺麗《キレイ》な衣を着、立派な袈裟をかけ、妙な形の頭巾を被った坊さんが、小僧さんを供に伴れて往来して居る。私の家の菩提寺は清涼寺であるが、紫の衣に金襴の袈裟をかけた和尚さんが、俗に烏坊主と云う黒衣の小僧を伴れ、年礼に来られた。其の時はお年玉として大般若経の御札とか、火防のお守札、納豆等を下さった。石川素堂様の住職の時には、能登の輪島塗の盆や菓子器、茶托、食器等を下さった。元来檀家から寺へ寄進すべきに寺から里への謬の様に逆に贈り物をされるのは稀な事であるから、お気の毒になり、自然お寺への寄進もはずまねばならぬ事になり、結局素堂様のやり方は上手だと感心した。

又宅は清涼寺の檀徒総代をして居たから、御年始に来られた御僧さんにはお斎《とき》を差し上げる事になっていた。其の献立は特に精進料理であったから、祖母と母は其の調製に忙しそうであった。先ずお屠蘇とお雑煮を出し、次に足の高い坊さんの御膳で御飯を差し上げた。其の時の料理の主なるものは、細切りのにんじんと椎蕈を入れた大根なます、蕪《カブラ》の味噌汁、猪口はけしの種をふりかけた青菜のお浸《ヒタ》しか、青海苔をかけたるおろし芋、お平は山のいも、にんじん、牛蒡、椎蕈、干瓢、巻き湯葉、飛龍頭（揚げ豆腐）等で、お茶碗が胡麻豆腐か、おぼろ麸に三葉芹、お壷が小芋、あられ麸、大根、矢筈《ヤハズ》昆布、結び干瓢、花形にんじん、牛蒡、取肴は揚げ昆布、輪切りみかん、焼ゆば、高野豆腐、栗のきんとんか慈姑《クワイ》、お皿が紐湯葉、色素麺、寒天等であった。此の日に戸賀村の観智院から智恵さんと云う尼さんが来て、祖母の部屋で一日遊んで行かれた。この四日が大雪降りとか、何か差し支えで来られない時は、八日が次の廻礼日となっていた。人によっては坊主は死人を取り扱うので縁喜が悪いとて嫌い、途中で会っても故意に路を変えたり、引き返すものあり、坊さんこそよい迷惑であったが、又相場師などは、坊主丸儲け、とて歓迎する者もあり、世は様々で、心の持ち様次第である。

寒　寒稽古　寒詣り　寒施行《せぎょう》

暦の上に小寒、大寒と云う季節があって、冬至から十五日目の一月の六日頃が寒の入りで、これから十五日間が小寒、其の後節分迄の十五日間が大寒で、俗に寒三十日といって寒さの厳しい時としてある。実際寒さの最も厳しいのは寒明けの二月一杯である。寒の入りより四日目を寒四郎といい、此の日天気が良いと其の年は豊作であるとし、寒入り九日目を寒九といって、此の日に雨が降ると豊作であるとか、何かにつけ雨につけ風につけお百姓は作物の豊凶を気にするのである。この寒三十日の寒さを冒して鍛錬の、寒稽古、寒詣り、寒施行等の行事があった。

寒稽古とは寒中に早朝又は夜間、この厳しい寒威に対して、武芸、又は読書、裁縫、音曲等の稽古をするのである。昔の侍は、剣道、柔術、槍、薙刀、弓、馬術等の武芸を励んだ。特に日置《へき》流弓術の師範である私の家では、弟子達が大勢で朝早くから来て、巻藁を的に射術の稽古をしたそうだ。併し私共の時代には「邏卒《らそつ》や押丁《おうてい》になるのでないから、武芸の稽古でもあるまい」と朝早く起きて冷たい水で顔を洗い、朝食迄の間、椽側に机を持ち出し手習いの稽古をさせられた。硯の墨を磨るとシャリシャリと黒い雪が出来たり、硯の海や筆の穂がコチコチに凍り、手も凍えて不覚、筆を落すこともあった。こんな時には手習いを止めて、大声張り上げて本を読まされた。朝寝坊をして稽古の出来ない日は、必ず其の夜に稽古させられたが、夜の方は草臥《くたび》れて眠くなるので、つらかった。三味線を弾いたり浄瑠璃を語る人など、血を吐くまで稽古せねば上達せぬとて、一生懸命其の芸に励む人もあった。御近所の老人で謡を唄う方もあった。琴を弾ずる娘さんもあった。何もわざわざ寒中に稽古すれば上達するとは限っていないが、其の元気と熱心を奨励したものと思う。

寒参りとて寒中に職人の弟子等で、技芸の上達を希う者や、又父親や子の病気平癒を祈願する者が、白装束足袋徒跣《たびはだし》で腰にチリンチリンと鳴る鈴を下げ、提灯を手にして夜「六根清浄さんげさんげ」と唱え乍ら、駈歩《かけあし》でお宮やお寺に参り、寒垢離《ごり》とて御手洗《みたらし》の水を浴び神仏に祈願した。私の隣家の瘡守《かさもり》稲荷へも、梅毒平癒の祈願で詣でる者もあった。こんなに迄苦行してお願いするのだから、神や仏も憐れと思し召し、まさか知らぬ顔もなさるまいと、其の熱心振りを売けて、御加護を強請《ごうせい》する者もある。

寒施行とて、寒中特に雪の降り積もった夜遅くに「施行施行」と云う慄え声が聞えて来る。其の頃夜の更ける迄勉強して居ると此の「施行々々」の声が聞こえ、不覚水を浴びた様に、背からゾーッと寒気がして身慄いし、体がすくむ様に覚えた。此の寒施行は雪の為に食物が得られず難義をして居る狐に、其の好物である小豆飯や、鰯、油揚げ等を狐の居そうな所へ投げて行くのである。私の宅の周囲は桑畑が多く、昼でも人通りは稀で淋しく、狐狸の棲家となって居たから、朝早く起きて見ると、門前や桑畑に油揚げや小豆飯のお握りが、落ちてある事もあった。どんな人がどんな姿をして施行をするのかは見た事もないが、真に動物愛護の慈悲心で施す人ばかりでなく、其の好物を餌に恩を売り、狐の機嫌取りをして瞞《だま》されぬ様とか、狐憑きを治すとか、福徳を授けて貰おうと云う欲の皮の突張った者もあったらしい。又これらの寒稽古、寒詣り、寒施行の人達を相手に夜泣きそばを売りに来た。二八そばとか当り矢の印をつけた行灯《アンドン》をつけチリンチリンと風鈴を鳴らし、左右に、うどん、そば、湯を沸かした釜、七厘《しちりん》、食器、薬味等の荷を担《ニナ》い、「うどんえーそば　そばーうどん」と美音を張り上げて夜更けまで売りあるくが、これを呼び止めて「熱くして一杯」と注文し、寒さにガタガタ慄え乍らウンと薬味を入れて腹の底まで暖める人もあった。宅でも夜遅くまで勉強して居ると母が鍋焼うどんを買って下さる事もあった。

七日—七草粥

正月も早や七日ともなれば松の内も終りにて、門松も取り外され、芯《シン》の小松に取り換えられる。尤も私の幼時彦根の家中では、門松を立派に立てている家は見なかった。此の朝、餅を入れたる白粥に七種の若菜を刻み込みたる若菜粥とか七草粥とも云うものを、食するのが上下一般の嘉例となって居て、邪気を払うとか、病気をせぬとか、気力を増し、命を延ばすとか、言われている。元日から雑煮や煮豆、開き牛蒡、数の子、酢章魚《スダコ》、田作りなどの不消化物を、廻礼の行く先々で食事の時間外に暴飲暴食して、相当胃の負担を重くし、腸胃も疲れているから、此の辺りで一寸消火し易い粥でも食べて胃の休養をさせる事も必要であろう。七草とは、芹、薺《なずな》、御行《ごぎょう》、はこべら、仏の座、すずな、すずしろ、と昔の歌にもあるが薺は俗に云うペンペン草、仏の座はたびらこともおおばこ草とも云い、すずなは唐菜又は蕪《カブラ》、すずしろは大根の事である。宅ではこの七種を取り揃えるのが困難だから、芹、蕪、大根葉の三種位ですませてあった。枕の草紙にも「雪間の若菜青やかにつみ出でつつ」とか「七日の若菜を人の六日にもてさわぎ、とりちらしなどするに見も知らぬ草を子供のもてくるを」などの記事もある如く、六日の晩に七草囃《バヤ》しとて母は俎板の上に一種ずつ若菜をのせ、「唐土の鳥が、日本の土地に、渡らぬ先に、七草なづな、七草なづな」と声高く唱え乍ら、庖丁、火箸、擂木等で七度くり返しストトン、トントンと調子面白く囃して刻まれた。側に見ている子供等は十能を火箸で叩いて之に和する。正月の臨時雇いに来た女中がこれが嘉例だからとかつがれて、何も知らずに唯命のまま母の正面に坐り、真面目に大きな飯杓子を上げ下げして「御尤《ごもっと》も御尤も」と御辞儀をして皆にドッと笑われ、気まりわるげに赤い顔するのも正月らしくて面白かった。

この七草囃しの起原は支那の古俗に、鬼車鳥と云う妖鳥が夜陰に乗じ飛び来り、到る処に害をなすので、家の付近に留まらせない為に、扉を叩き声高く囃して追い払ったので、この邪鳥が日本に来ない内に邪気払いをしてしまうとの意味である。又この日、七草爪と云って薺の汁に爪を浸《ヒタ》し剪《はさ》めば邪気を祓うと言ったが、これも鬼車鳥が人の爪が入り用で、長い爪をして居ると取りに来ると信じ、鳥に取られる前につみ切って置くとの事である。又七草を浸した水で爪を洗って置くと、其の後、何時爪を切っても祟りがないとの迷信もあった。昔は爪を切るにも吉日と凶日があって「手には寅　足丑午に爪とらば　思ひし事の叶わぬはなし　卯亥巳未は悪日と知れ」と祖母に教えられ、「今日は寅の日だから皆爪を剪ってやろう」と鋏を持って椽先へ引き出された事もあり、又夜爪を剪ると親の死に目に逢わぬとか、火鉢の上で爪を剪ると狂になるとか、外出間際に爪を剪ると外出先で恥をかくとて注意されたが、こんな迷信も畢竟清潔とか衛生の上から考え出したものらしい。

始業式

五日であったか七日であったか、何日であったかはっきり覚えていないが、私は数え年六ツの正月から初葉《しょよう》学校へ入学した。其の頃は正月が新入学期であったが、其の他いつからでも自由に入学出来たらしい。友人が登校するから、糞尿の世話がなくなったから、とて入学した。この始業式の事は別に小学校での思い出で記す事にする。

十一日―鏡開き

十一日は鏡開きで軍神を祭り具足を飾り、武運長久を祈った。侍の家では此の床飾りには一切女の触れる事は出来ないので、総て男の手で処理した。正月床の間に飾った鏡餅（具足飾りともお供えとも云った）の固くなったのを前日十日の午後に斧や鉈で叩き割ったり、罅《ヒビ》り目に添うて手で割った。これは切ると云う事を忌むのではやすと云った。この割った餅の中央の部分を三寸角位に切り、之を重ねて三宝の上に飾り、翌朝早く顔を洗い身を浄め、三宝の上に紙を巻いて挿したる御神酒徳利と土器《かわらけ》に盛った大根膾を供え、切飾りの上に茹《ユ》で小豆を盛り、柳の太箸を添え、男の児丈が父につれられて床の間の正面に端坐し、柏手打って武運長久を祈り、父の手により長男より順に御神酒と大根膾を頂いたが、手の平に受けた冷たい大根膾と、土臭い土器で冷酒を火の気の全くない寒い座敷で頂くので、慄え上がる程寒かったが如何にも厳粛な気分がした。妹達がソーッと此の様子を覗きに来ると、「女は来ることならぬ」と叱られ追い払われた。これがすむと一同で小さく割った鏡餅を焼いておしる粉（善哉餅ともおぜんざいとも云った）として食べたが、お雑煮と違い格別美味であったので、随分沢山に食べてウンウンと唸《ウナ》って居た。餅の中には端が固くなって噛《カ》み切れず、ソーッと膳の隅に出すものもあった。昔歯固めといって元三《がんさん》に鹿や猪の肉とか餅や押し鮎を食べたとあるが、お鏡開きの焼餅の端こそ、本当に煮ても焼いても食えぬ歯固め、否歯痛めであった。又町家ではお蔵に供えた鏡餅を蔵開きとて雑煮にして祝う所もあった。

十五日―小豆粥

この朝小豆粥を作り、疫病除け、一年中の邪気払いとして食べた。十五日の粥であるから望《モチ》の粥と言ったのを餅の粥と考え、粥に餅を入れ、又延喜式にある小豆、大角豆《ササゲ》、黍、粟、篁子《ミノゴメ》、薯蕷《トコロイモ》、米の七種を入れて作ったのが後には小豆だけが残され、小豆と餅と米とで粥を作るに至ったらしい。其の色が紅いので桜粥とも云い「紅梅のこぼれしさまや赤豆粥」とも詠まれた。この粥にウンと砂糖を入れ、ドロドロにお汁粉の様にして食うのが好きであったが、食べ過ぎて胸の焦けることもあった。この十五日の小豆粥がすむともう正月の儀式も終りと聞いて淋しい気がした。「うかうかと遊び暮らして居る内に正月も早や半分経った。明日からはウンと気張らにゃならん」と母は言って居られたが、遊び癖がついて容易に脱けず、十六日は地獄の釜開き、二十日は鼠正月とか云って遊んだ。

又この小豆粥で牛頭天王のお札「蘇民將来之子孫也」と書いたのを門口に貼《ハ》り置くと疫病を去ると云われ、粥を煮るに用いた柳の太箸や粥を焚いた木をアイヌのイナウの様に削り杖として、子を産まない女の尻を叩くと妊んで男の児を産むと伝えられ、男子達は面白がって、妙な形に作り赤く塗った粥杖を持ち、「大のこ小のこ　叩いてつッぱらめ」とか言って外出する女の尻を誰彼《ソレ》の容赦なく叩くので、女共はよくよくの用事でない限り外出しない。それでは男の子が淋しかろう、一つ子供達を喜ばせてやろう、と蒲田の懐剣婆さんと云う一風変わった男の様な婆さんが、お尻の所へ板をかくし、わざと外出して男の子等に叩かせ、カーンと音がして驚くのを却って面白がって居られた。懐剣婆さんとは佩刀禁止令後でも、帯の間に懐剣をさして居られたから徒名《あだな》したのだ。

又農家ではこの粥杖に神符を挿み、田の水口の所に立てると旱天にも水が涸れないと言い伝え、又水祝とて陰暦の正月十五日の夜、村の若者が総出で前年結婚した新郎の頭から冷水を浴びせる所もあり、この朝左義長といって松飾りを取り払い青竹と共に「どんどやどんど」と囃《ハヤ》し乍ら焼く。此の時、吉書《きっしょ》揚げとて元旦の試筆を焼いて、其の高く燃え上がる程字が上達すると喜んだり、この火で餅を焼き、一家で分けて食い、邪気祓いの呪《まじな》いにしたり、燃え残りの竹を厠に挿して疫病除けになるとか、地方によりいろいろの風習があった。この十五日は又女の正月とも言って女の子達はさも自分の正月であると云う顔をして居た。これは鏡開きの時に追い払われた意趣返しのつもりか。

十六日――藪入り

今日は地獄の釜開きとて、年中忙しい鬼共も一日の休養をするとの事である。又藪入りとて、一月と七月の十六日には奉公人が主家より一日のお暇を頂いて、親の家に帰り楽しく遊んだり、祖先のお墓に詣でたり、親戚知己旧師などを訪問したり、お閻魔様に参ったりして楽しく一日を過ごすのである。昔は正月の十六日一度丈であったのを、後に七月の十六日にも仏の慈悲を旨とする供養の意味で、お盆の精霊《タマ》送りの済んだ日に藪入りをする事になった。子供の時に別れて何処《ドコ》かへ丁稚小僧にやられた親しい友達が、主人のお仕着せ着て、角帯をキチンと締め、紺木綿の前垂をかけ、新しい下駄を穿《ハ》いて帰って来て、丁寧に大人らしい挨拶をされるので面食った。久し振りに逢ったので互いに固くなり、何から話してよいやら暫く他人行儀で手持無沙汰であったが、そこが幼な馴染丈に直ぐに以前の親しさに立ち返り、それからそれと互いに尽きぬ其の後の話を語り合い、嬉しかったのもほんの束の間で、又すぐに別れるのがつらかった。

二十日―鼠正月

さて、いよいよ地獄の釜開きも済んだから、今迄の遊びを取り返すつもりで大いに働くべきに、半月許りに染みこんだ遊び癖は急に直らず、又もや何とか彼《カ》とか理屈をつけて、正月最終の遊び日として女の子供は遊んだ。この日を二十日正月とも団子正月とも骨正月ともいって、一般に仕事を休んだ。二十日正月といい鼠正月ともいったので、私は二十日鼠が引いて行った餅や銀杏《ギンナン》やお菓子で、天井で正月遊びをするのか、と子供心に思った。この日小豆団子を食う風習のある処では団子正月と云い、又正月の祝に用いた鰤《ブリ》の骨を酒の粕、大根、大豆等と共に煮て食うので骨正月とも云った。

此の日が丁度花木の祖父の誕生日で、花木では肉親を招いて新年会をされたので、母につれられておよばれに行ったのは嬉しかった。子供の時のおよばれとしては、花木の祖父の誕生日と報恩講、それから年忌に当たる人のある寺法事位であった。花木の祖父が年始に来られた時、「二十日には来いよ」と言われてから嬉しくて嬉しくて夜もおちおち眠れない程待ち焦れた日である。母は平生からお行儀が悪い者はおよばれにつれて行かない、と言って厳しく行儀作法を仕込まれた。子供等はおよばれに行けないとつまらないから、よく母の言われる事を聞いて、およばれに釣られてお行儀をよくした。此の日の事は我が家の行事に関係のない事だが、忘れ難い思い出であるから朧気《おぼろげ》なる記憶を辿《たど》って聊《いささ》か当日の模様を記す事にする。

さて、二十日になると今日のおよばれが嬉しいので、朝起きるともうはしゃぐと、「他家へ行って、そんなにお行儀が悪いとつれて行かないよ」と言われるのがつらくておとなしくする。それから早昼御飯を食べて正月の晴れ着に着換え、一時頃から母につれられて、いつもなら直ぐ裏の木戸から走って行くのに、今日に限り、雪降りとか雨降りでない限り、わざわざ表通りを遠回りして出かけた。花木の方からも先に来た子供等が、誰が来る、彼が来る、と門前に出迎えて待って居た。或る年、妹のお房が風邪で行けないから祖母に託して出かけられたのを、徒跣《はだし》で雪の中を「行きたい、行きたい」と泣いて母の後を追った。母は宥《なだ》め賺《すか》して、お土産を持って帰ってやるから、おとなしくお留守居をしなさい、と宅へつれ帰られたが如何にも可愛そうな気がした。いよいよ家を出かける段になると、又々いろいろの注意が繰り返される。よく気をつけて鼻汁を垂らさずにかみ取る事。下駄を揃えて脱ぐ事。丁寧にお辞儀をする事。おらなんてきたない語を使わぬ事。お客様にも丁寧に御機嫌ようと挨拶する事。はっきりと物を言う事。御祖父様お祖母様には「お目出とう。

今日はありがとう」とよく判る様に申し上げる事。皆と仲良く遊んで意地悪をしない事。喧嘩をせぬ事、泣かぬ事。小さい人をよく世話して上げる事。御飯の時キョロキョロと御膳の外を見ない事。きたない食べ方をしない事。口の中に物を入れて喋《シャベ》らぬ事。御飯やおつゆをこぼさぬ事。御飯ばかり食べたり、御菜ばかり食べたりせずに御飯と御菜とかたみに食べる事。始めからお漬物をバリバリ食べぬ事。お漬物は一番終りにお湯を頂いてから食べる事。あれこれと好き嫌いを言わぬ事。いやな物があったらだまって残して置く事。お椀は手に持って頂く事。食べた後のお椀やお皿を猫の様にベロベロ舐《ナ》めぬ事。人の顔をジッと眺めぬ事。お膳が下がる迄キチンと坐って、膝を崩したり足を投げ出したりせぬ事。御飯さ中におしっこやうんこに立たぬ事。御飯を代えて頂く時はキチンと両手を膝の上に組んで待つ事。箸を付けた物はなるべくきれいに頂いて残さぬ事。うまいとかまずいとか云わぬ事。食事の始めに「頂きます」、終りに「御馳走様」と挨拶する事。等々、子供にはなかなか六ヶ敷《むつかし》き条件であったが、母としては自分の子が、お行儀が悪い、と笑われるのがつらいので、こんなに厳しく躾をされたらしい。実際此の日は二十人以上のお客で、子供丈でも十人以上もいて、食事の時は二室続きの大座敷が一杯であった。此の日の母の心遣いは大抵ではなかったと思う。

次に当日どんな御馳走があったかは覚えて居ない。多分おきまりのお正月料理で、年始めと大した変わりはなかったと思う。モロコの魚《ギョ》でんもあった。酢だこもあった。鴨の吸物もあった。茶碗蒸《ム》しの美味《オイシ》かった事は覚えている。皆が食べ残した物はそれぞれお重に詰めて持ち帰り、其の晩に食べた物と翌日煮直して頂いた物もあった。

夕食後、夜になると子供等は皆長屋のお部屋に引き上げ、お祖父さんからみかんを賭けて坊主めくりや宝引《ほうびき》をして貰った。遠方へ帰る人もあり子供等も睡くなるので、母はいつ迄も居たいらしかったが提灯をつけて裏から帰った。

花木の祖父は成長後観音堂筋に立派な家を建て、石ヶ崎町の田中から帰り、江戸町の山中からお千代という嫁を迎えられた。お千代祖母さんは実にやさしい気質《ショウ》のよい品のある美人であったが、私の十二三歳の頃に亡くなった。此の祖母が花木へ来てから毎年正月に里の山中へ年始に行かれたが、山中でも同じ日は親戚の者を集め新年会をされたので、私の母は姉や妹達と共に祖母につれられおよばれに行き、おじいさん、おばあさん、おじさん、おばさん、いとこ達と遊んだ事が嬉しかったので、花木でも毎年正月祖父の誕生日にお客よびをされる事になった。祖母は先方で着換える礼装の入った両掛《りょうがけ》を男衆に担《ニナ》わせ、自分はお高祖頭巾《こそずきん》を被り、道行《みちゆき》合羽を着、子供の手を引いて江戸町迄行かれたが、帰りは夜晩くなり、子供等は眠くなると両掛の中へ入れてつれて帰ってもろた、とよく母は話して居られた。其の頃、日が暮れると埋堀と堀留の御門が閉鎖されているので「花木伝之丞家内、御門願います」と云って開門して貰ったとの事であった。この山中行きが私の花木行きと同様に嬉しい思い出であったらしい。

祖母が亡くなってから暫く、大工町からお久様という人が祖父のお世話焼きに来て居られた。この人は病弱で羽根箒やはたきを内職に作って居られた。私はよくこの羽根をおもちゃにして叱られた。其の後、羽田からお千鶴さんと云う母のいとこの人が祖父の後妻として来られた。この方は先のお千代祖母によく似たやさしい方であった。この人に栄三と六一郎と云う二人の男の児が出来た。この二人の児は私の叔父様であるが私より年少なので、よく負ってお守りをさせられた。栄さんは後年渡米してかなり成功された様だが其の後全く消息がない。六さんは英二郎叔父の嫁の里の勝へ養子に行かれた。

勝はもと尾末町に邸があって千石取りの立派な家柄であった。祖父が廃藩後県の参事を勤めて居られた時、白壁町の学校へ巡視に行き、学校一番の美人を見出し、息子英二郎叔父様のお嫁さんになさったが、正式の結婚前から花木へ来て居られ、皆が「お亀尾さん」とか「きいさん」と云うので私もこの叔母に当たるべき人を「きいさんきいさん」と呼んで居た。いよいよ結婚式の日に祖父が「今日から、きいさんと云わず、おばさんと云え、さもなければお饅頭をやらん」と言われ、其の日から改めて「おばさん」と呼ぶことにしたが娘様のようで「おばさん」の感じがしなかった。このおばさんに實《ミノル》という花木の初孫が出来たのも間の無い事であった。

二十五日—初天神

今日は初天神でお天気がよければ北野神社へお参りする者が多かった。特に寺子屋時代の遺風で、文筆の上達を祈る子供連のお参りが多かった。西北風の吹く伊吹颪《おろし》の寒い日でも雨や雪の降らない限り、石の鳥居の側に小田巻屋の猪首の爺様が、評判の美味《おい》しい一銭に三本の小田巻焼を水洟《みずばな》を啜《すす》り乍ら焼いて売って居た。私はこの小田巻が買って欲しさに母に天神詣りをせがんだ事もあった。小田巻とは菓子の名で小麦粉と砂糖と卵とを、大きな紅鉢に入れて捏《コ》ね、ドロドロ流れる位の濃さとし、火鉢にカンカンと炭火を起こし、鉄板を焼き、其の上へ貝杓子にて練りたる汁を流し、手早く薄き板にて五寸角位の大きさに広げ、狐色になった焼き加減を見て、箱に盛りたる甘い漉《こ》し餡を割れ竹の篦にて掬い取り、手の平にて長く棒に伸ばし、焼きたる皮に包むと掛軸の巻いた様で、両端から餡がはみ出して居る。普通一銭に三本であったが稍《やや》大きくして五厘のも作ってあった。プンプンとよい香がするのと温かいのと美味しいとの三拍子揃いが評判となり、いつも此の店は列を作って待たねば買えぬ繁昌振りであった。

二月

雪掻き

湖国江州は日本一の琵琶湖を扣《ひか》えて居るので湿気が多く、特に四面山で取り囲まれて居るから湖東湖北方面は雨量多く、随って伊吹颪《おろし》や比良颪の強い彦根では十月の北時雨と云って、寒い北風が吹くと冷たい雨が降り、十一月のお火たき頃になると霙《みぞれ》も交じり、十二月の中頃から三月の彼岸頃迄は雪も相当に降る。此の雪掻きは冬の朝の一仕事であった。夏の夕方の水撒《マ》き同様、相当広い間口の門前の雪をゴイズキ（掻鋤かどんな字を書くか知らぬ）と云う板に柄のつけた物で掻き除け、御苦労様にも隣の空き家や桑畑になっている邸の前迄も路をつけ、通行人の難儀を幾分でも少なくしようとした。それで雪降りの朝はなるだけ早く起きて、御近所でまだ雪掻きをなさらぬ間に他家の分まで雪あけをし、隣の人が起き出て驚き喜ばれるのが嬉しかった。私の負けじ魂は又他家よりも成るたけ広くあけて、家の威厳を保つことに努力したので、雪の朝はビッショリと一汗かいた。雪の多い時は子供の私の背丈より深い事もあった。特に宅の前は浜から突き抜けの吹きつけで、西風の強い時は他よりも一層深く積もった。

私が雪除けをして居る頃、竹畚《モッコ》に、大根、蕪《カブラ》、胡蘿蔔《ニンジン》、水菜、葱等を乗せて担《ニナ》い、草履や藁靴で道のない雪の中を漕いで、松原の子供等が威勢よく「ねぶかあんよ」「かぶらんよ」「水菜あんよ」「にんじんや大根ーよ」とふれて町へ売りに行く姿は勇ましかった。早く売り上げて学校へ行かねばならんので、宅の前辺りでは我先にと駈けて行った。あまり早過ぎて町家ではまだ寝ていて表の戸が開いてないから、遠い上辺まで行ってヤット売り上げて来る者もあった。町家ではこの松原から朝早く売りに来る野菜が朝の味噌汁の実や総菜になるのだから、雪の日でも此の野菜売りは出かけた。

節分

節分とは季節の分かれと云う意味で、季節が立春、立夏、立秋、立冬と移る時を言うのであるが、何時の頃からか節分といえば立春の前日、大寒の末日に当たる二月三日丈というこことになった。この日私の宅では大豆を熬《い》って一升桝の中に入れ、神棚に供え、夕食後神棚にお灯明を掲げ、拝んでから取り下ろし、座敷から台所に至るまで、各部屋を順々に「福は内　福は内　鬼は外」と大声で唱え乍ら豆を撒《マ》いた。この豆で鬼を追い払うというから、猫か鼠でも追う様な気で、目に見えぬ鬼が居るつもりで、力一杯強く投げつけて障子の破れる事もあった。隣の室に移る時、鬼が後戻りして入るとでも思ってか、豆撒きのすんだ部屋は急いで障子や襖を閉《シ》めた。宅で福は内を始めると隣近所でも始める。北隣の本多では主人公の太郎様が特に大声で演《ヤ》られるから、負けぬ気になって益々大声で力強く撒いた。撒いた豆は掃き寄せて翌朝捨てる事にした。大掃除の時、箪笥や戸棚の後ろからこの豆が出て来たし、又当分箪笥の後ろで鼠がガリガリ豆を噛《カ》じって居た。昔は一家の主人公が裃着用で豆撒きを演った。私は兄と違いこんな事が好きで陽気に演る方だから、父は毎年私に豆撒きの年男を命ぜられた。すると得意になって裃を着用し、時には髷の鬢《びん》をつけて面白半分で演った。運送問屋では鬼は外と云わず、大荷を自分の店に取り込むという意味で、「福は内　福は内　おには内」と云ったが実に勝手なものである。

さて、豆撒きがすむと一同茶の間に集まり、節分用として寒の中にかき餅と一緒に搗いた餅を焼き、大福茶《おおぶくちゃ》を入れ、自分の年齢の数より一粒多く大豆を食べてお祝をした。祖父、祖母の様な老人は歯も悪く沢山の豆が食えぬので、十年を一粒に計え、六十一のお婆さんは六粒と二粒で八粒の豆をモグモグやって居られた。私は十やそこらの豆では足らぬから、一応お祝の数丈食べてから、枡から掴み取ってバリバリ食べては福茶をガブガブ飲む。餅も沢山食べるのだから腹がポンポコに張って苦しくなった。定めし其の夜は魘《ウナ》され寝言を言ったり、恐ろしい鬼の夢を見た事と思う。この節分の豆を初雷の時に三粒宛食べると悪魔除けになるとか、夏病みせぬとかいって保存してあった。母の里の花木では門の柱に柊の葉と鰯の頭が串に挿して挟んであったので、母に尋ねると、聞鼻《カグハナ》という悪鬼が各家を巡って女子供を攫《さら》って食べるが、この鬼は鰯の臭いが大嫌いで、無理に家の中へ入らんとする時、柊の葉で目を突くのだ、と云われた。それなら宅でもして下さい、と願えば父は、そんな事は旧弊の家ですることだから、宅ではせぬでもよい、と言われた。

それから花木の年男も頼まれ、裃を着け得意で「福は内　福は内　鬼は外」と声張り上げて演って、金一封の御祝儀を貰った。花木の祖父祖母はお祝の後、自分の年の数丈の豆を紙に包み、頭の頂辺《てっぺん》より足の先迄、頭痛のしませぬ様、目のよく見える様、耳のよく聞こえる様、咽喉の塞らぬ様、肩の凝らぬ様、腹の痛くならぬ様、腰の痛くない様、足の達者な様と念じ乍ら、順次に体中を撫で廻し、これに一厘か二厘の孔あき銭を添えて四ッ辻へ捨てられた。或る年、いやがる實《ミノル》という可愛い孫を押さえつけて祖父が撫でられるのを見て、生意気《ナマ》にも旧弊だ、迷信だ、と笑ったら、實は益々いやだいやだと拒んだので、祖父は大層立腹せられた。それで翌年からは花木の節分には行かぬ事にした。

又此の夜、四十二の男や三十三の女が厄除けとて四つ辻に行き、褌《ふんどし》や腰巻を外し、一銭程の銭を投げ、後ろを見ずに帰る者もあった。翌朝早く其処を通ると、褌や湯巻の捨ててあるのを乞食が拾って居るのを見た事があった。この節分に就いては家により又地方により、いろいろ珍しい儀式や風習があったらしい。

土龍《モグラ》打ち

節分の日暮になると、子供等は畠の真ん中で石油の空き缶や十能、金盥等をガンガラガンガラと騒がしく打ちならし、「おんごろもちはお宿にか　お留守お留守　なまこどんの

御見舞じゃ　おおくろ送ろ」と大声に囃し立てた。中でももぐらの一番嫌いな音を立てるとて、田桶《タゴケ》の縁を天秤棒で前後に擦り、グウグウグウと豚の泣く様な音をさせ、鼹鼠《モグラ》追いをした。甲の家でやると、乙の家でももぐらに逃げて来られては叶わぬと負けずに始める。又帰って来られては大変と、更に一層騒がしく囃し立て、暫くは土龍追いの競争をした。農家では地方により、大晦日とか正月の六日、又は十四日にもぐら打ちを演《ヤ》った。それは藁を束ねた物や、又は海鼠《なまこ》を縄で括り、地面を打ち、「もぐらは内か　とらがどんのお見舞じゃ」と大声に囃し、金盥や空き缶を叩き、畠を歩き廻る処もあった。

初午

二月最初の午の日に初午祭とて稲荷大明神のお祭りをする。稲荷の祭神は倉稲魂尊《ウカノミタマノミコト》で、衣食住の祖神として農商業を守護し、神徳限りなきより盛んに初午詣りとて稲荷社参詣が行われた。此の日に参詣すると非常な幸福を亨《う》くるとて福参りともいった。宅の南隣は有名な瘡守《かさもり》稲荷という流行神《はやりがみ》様で、平常でもお参りは多いが、特に初午の日には朝早くから参詣人で賑わい、町の両側には露店が出た。人通りの稀な淋しい町も、此の日ばかりはお参りの人がゾロゾロ続いて絶えなかった。瘡守の名にあこがれて、袋町の芸娼妓やお茶屋の女将連が、人力車を連ねて威勢よくお参りをする。石畳の上を竹の数取りを持って徒跣《はだし》でお百度を踏む。お宮の周囲を腹の底から、南無瘡守稲荷大明神様、と妙な声を搾り出して一生懸命お祈りし乍らグルグル廻る。社殿の後ろの羽目板を握り拳でドンドンと叩き、神様を驚かして泣き声で祈願する。鐘の緒を振って、金色の大鈴をガランガランと鳴らす。バラバラとお賽銭を投げ込む。鉄のお神籤を押し戴いて、ガシャガシャと振る。パンパンと拍手打って拝む。敷石の上を日和下駄の歯をキリキリ鳴らし乍ら廻る。これが朝から晩迄一日中絶え間なく、全く耳を聾する許りの賑わいである。正面の拝殿には何段にも長い白木の棚を作り、三宝に、鰯、油揚げ、丁字麸を載せ、寄進者の名を記した札をかけた神饌が処狭き迄ズラリと並べられ、神饌が棚一杯になると古い名札を外して新しき名札と取り換え、翌日はお下《サ》がりの油揚げを隣近所は勿論、馬場町の大部分に配られる繁昌振りであった。

この稲荷様のある後閑の向い側の大鳥居という古道具屋では、店の半分に土の向い狐と十粒宛兎の糞の様な土団子を土器《かわらけ》に盛って売ってあった。この土の団子は稲荷様に供えて、御利益があると、御礼に赤飯とか真《まこと》の団子を供えるので、買い手があるとカチンカチンと切り火をして渡して居られた。後に其の北隣の本城でも土の団子を売り出し、銀色に塗って二軒で醜い競争を始め、互いに啀《いが》み合って居られた。又稲荷様には宝珠と鍵とを啣《くく》んだ土の一対の狐を供えるので、世間では稲荷様の神体を狐と思い誤っている者も多いが、狐は稲荷の神使としてあり、信仰の篤き者には如意宝珠と倉の鍵とを授かるといって、神徳を称えて居る。又此の日、諸方の邸の隅に祀ってある稲荷の祠にも、正一位稲荷大明神と記した赤い幟を立て、小豆飯、鰯、油揚げ等を供え、子供等は太鼓を打ち鳴らして賑やかに囃《ハヤ》して居るもあり、又近所の子供等にみかんや餅、菓子等を下さる家もあった。

庄平爺さんの家は馬場町の初葉《しょよう》学校の向い側にある大きな染物屋で、庭に二十程も藍瓶が列べてあり、息子兄弟で手広く盛んに商売をして居た。隠居した庄平夫婦は店の一部で学校用品を売って居たが、これは主に媼さんの仕事で、爺さんはみたらし団子とて砂糖蜜を垂らした串団子を大きな皿に盛り、荷を担いで商っていた。其の荷が甘酒屋かそば屋の荷の様で、片方の荷の上にお多福《カメ》の衣装人形を飾り、風鈴をチリンチリンと鳴らし、惚れ惚れする美音で、「おみたさんの身受けは三文と四文と五文でござい　みたらあしだんご」と呼び売りしていた。この団子は三つと四ツと五ツとを竹串に挿したもので、美味で評判が良かった。又庄平爺さんは座敷芸が上手で、よく諸方のお座敷に招かれ、手踊や手品の余興をやってお客の座持ちをする太鼓持の上手な好々爺で、団子屋の庄平を略して団庄団庄といって人に親しまれていた。

針の供養

十二月の八日か二月の八日であったかはっきり覚えていないが、母が今日は針の供養だといって、妹達から零細の銭を集め、お事汁という従弟煮《イトコニ》を造って振る舞いをせられた。よく自分勝手な事をすると祖母は「お事汁みがち」といって注意された。又十二月の八日はお事始として、此の日から正月の用意にとりかかり、二月の八日はお事納で、正月の行事を終える納めの日に当たるので、此の両日に造る汁をお事汁と名づけ、里芋、牛蒡、大根、にんじん、蒟蒻、焼豆腐等をゴタゴタに入れた小豆汁が造られた。六種の品を烹て汁にしたので、六質《ムシツ》汁ともいった。お事汁を従弟煮とも煮込みともゴタ煮とも云ったが、お事汁実勝ち、でゴタゴタと汁よりも実沢山なのでゴタ煮とも云い、何かの折に従弟達が一所に集まり、大勢でゴタゴタするから従弟煮と云ったらしい。

此の日、家々の婦女子、又は仕立屋など凡て裁縫に従事する者は一切仕事を休み、一年中に使った錆針や折れ針を集めて豆腐や蒟蒻に突き刺し、愛惜離別の情を捧げ、哀憐感謝と裁縫手芸の上達の祈願を併せ、又養蚕紡績の意味から繭形の紅白の団子を作り、淡島明神に供える者もあった。妹が裁縫の稽古に通っていた頃、今日は針の供養だからといって着物を着換え、折れ針と金一封を包み、お師匠様の許《もと》に参り、いとこ煮の御馳走になり、娘連がお師匠様につれられて、長久寺境内の淡島明神に参詣したのを覚えている。

淡島明神は俗に住吉明神の妃であったが、帯下《コシケ》の病で住吉明神に嫌われ、淡島に流されたという伝説から女の守護神、特に婦人病の神として霊験ありというに至った。又棚織姫《たなばた》神の御神衣の裁縫に御功績があり、其の御神徳により裁縫の神として針供養をされ崇敬されるので、御本社は紀州海草郡加太村にある。お事納の事は十二月八日のお事始の項で記す事にする。

紀元節

二月の十一日は皇宗神武天皇様が大和の橿原の宮で御即位の大礼を行わせられた日に当たるので、此の日を祝日として宮中では御親祭が行われ、国民一般がお祝をする。学校では一斉に祝賀式が挙行されることになっていて、荘厳なる儀式があった。其の式場の正面には神武天皇と書いた掛物を掲げ、其の前の八足台の上に御神酒と鯣《するめ》が三宝にのせて供えてあった。先生から神武天皇様御創業のお話があり、紙に包んだ大きな饅頭二つか紅白の餅と引きさき鯣を頂いた。行儀の悪い子供は学校の帰り途で饅頭や餅をムシャムシャと食べてしまう者もあったが、これは百姓や町人の子で、侍の子は決してこんな真似はしなかったし、家へ持ち帰り皆で頒かち合って行儀よく食べた。雲に聳ゆる高千穂の唱歌を唄ったり、城山の御守殿址の神武天皇遥拝所へ引率されて行ったのは、余程後の事であった。

涅槃会

印度のお釈迦様が七十九歳で二月の十五日に寂滅せられたので、此の入滅の日を祭りて仏恩報謝の為、各所の寺々で涅槃会とか涅槃忌とか常楽会とかいって、涅槃像を掲げ、茶菓や白団子を供えて、盛んなる法会を行う事になっていた。涅槃像は五十二類三十六禽以下ありとあらゆる虫けらまでが、頭北面西右脇して永久の眠りに就き給いし釈尊の枕辺を囲んで嘆き悲しんでいる。沙羅双樹の枝には天から降った薬の袋がかかっている。天人は舞っている。沢山の坊さんが泣いている。宅には涅槃像の掛物はなかったが、仏遺教経《ぶつゆいきょうぎょう》というお経本の巻頭にこの絵があるので知っていた。この絵の中に猫が居ないのを、恋の最中で来なかったとも云い、東福寺の兆殿司《ちょうでんす》の描《カ》いた涅槃像には描き添えてあるとのことであった。此の日、祖母は早く出て馬場村の涅槃様に参られ、糯米《モチゴメ》の炒って爆《は》ぜさせた花の様な粽《ハゼ》をお土産に下さった。又宅ではあられ餅と黒豆を熬《い》って黒砂糖にまぶしたのを、お釈迦さんの鼻糞、といって仏様に供え、皆にも頒けて下さった。

三月

雛祭

彦根の家中では、御主君直弼公が万延元年三月三日桜田門外で不慮の事があって以来、当時を思い出す事の堪え難く苦痛であるので、一般に雛遊びを遠慮することになってはいたが、内密で娘子《じょうし》のある家ではお雛様を飾る処もあった。母の里の花木では、女の児が多かったのでお雛様が飾ってあった。大八寸と云う御法度逃れの高さ一尺二寸もある内裏雛から、官女、五人囃《バヤシ》、使丁、随身の十五人雛の外に、左近の桜に右近の橘、犬張子から雛の調度品として精巧なる細工のした金蒔《マキ》絵の箪笥、長持、鏡台、楽器、化粧道具、お茶道具、台所道具、貝桶、お駕籠等を所狭く並べ立て、いろいろの御馳走が供えてあった。花木の祖母の居られる頃は母につれられてお雛様拝見に行き、御馳走を頂き、白酒に酔って苦しかった事もあった。このお雛様の側に、祖父の愛玩人形の松蕈抱きおかめや懐手をして坐って居るおかめの裏返して見ると、変な処へ手をあてているお行儀の悪いもの、盥で行水をして居る太った女の内股に黒い引火奴《ホクチ》のつけてあるもの、男と女が裸で角力を取っているもの等が列べてあった。よく内裏様の首を抜いたり挿したり、男雛と女雛の首を挿し換えて置いたり、祖父愛玩の人形をおもちゃにしたりなどして叱られた事もあった。母の大きな内裏雛や立派な雛道具一式が長持に一杯詰めて花木の土蔵に納ってあるのを妹達が、持って来て、宅でも飾って下さい、と母にせがむと、母の嫁入りの時宅の祖父が、宅では雛祭をせぬからお雛様は一切持って来ぬ様、と特に注意があったから飾る事は出来ない、といって応じられなかった。祖父は直弼公のお側役で御用人を勤めて居られたので、雛遊びを見ると事変当時を思い出して苦しかったからだと思う。

彼岸

春分と秋分とは一年両度の昼夜半分の日で、仏教では此の日をお中日と称え、其の前後三日を連ね七日間を彼岸とし、彼岸会とて寺々では仏事を営み、在家では特に彼岸入りの第一日と中日とには牡丹餅や団子を作り、仏様に供え、親類へも配った。俗に暑い寒いも彼岸迄といって、春の彼岸になると陽気も暖かく春めいて来るし、日も漸く永くなるので、長い冬の間家の内に閉じ籠り炬燵《コタツ》に獅咬《しが》みついていた爺媼も、梅の花が綻び椽先に鶯が来て春を告げると、そろそろ杖をついて外出したくなる。丁度此の頃、寺々で彼岸会が勤修《ごんしゅ》されるので、彼岸詣りとか六阿弥陀詣りとかいって寺参りをし、極楽往生を願う者が多い。元来彼岸というのは仏家の言葉で、凡夫《ボンプ》が煩悩《ボンノウ》に繋縛《ゲバク》せられ、生死《しょうじ》の海に漂うことを此岸《しがん》と名づけ、覚者が生死の海を超え煩悩の苦を解脱《ゲダツ》し、菩提の果を得る涅槃の浄土を彼岸とし、この迷いの岸より悟りの岸に到達するの意味である。又此の日、太陽は真東より出で真西に没するから、真西にあるという弥陀の浄土の位置を衆生に示し、落日を拝み、西方極楽往生を欣求《ゴング》する浄土門の人々の遺法《ゆいほう》で、現世の苦を逃れ極楽の岸に到達するを願って彼岸中に寺に詣で、亡き霊に供養し仏事を営むのである。子供の時にはお彼岸様といって草餅や牡丹餅、お萩団子等を頂いて嬉しかった事と、町に、オーホー、といって大勢の坊さんが往来していたのを覚えている。農家では彼岸の入りを彼岸太郎と称し、其の日の天候により其の年の豊凶を占う風があるので、一般に彼岸中の快晴を喜んだ。又此の頃より播種其の他でお百姓は忙しくなる。宮中では春秋の彼岸の中日に皇霊祭といって、御歴代の皇霊をお祭りになる皇霊殿及び神殿の御親祭がある。由来祖先を尊び神を敬うことは我が国民性の特質であるから、国民は聖意を体して遺訓を守らねばならぬ。

托鉢坊主

菩提寺の清涼寺では和尚さん始め小僧に至るまで一山挙《こぞ》って彼岸中は彦根の町へ托鉢に出られた。此の日、お坊さんは墨染の衣の袖と裾を甲斐甲斐しく紮《から》げ、白の脚絆に草鞋ばき、大きな塗笠を被り、首から紺地に白で清涼僧堂と染め抜いた頭陀袋をかけ、和尚さんは錫杖をガシャンガシャンと突き鳴らして町の中央を読経《どきょう》し乍ら歩かれる。小僧さんはチリンチリンと振り鈴を鳴らして、オーホー、と声高に唱え、各門戸に立ち布施を求め、喜捨ある毎に米銭を鉄鉢に受け、願以此功徳普及於一切我等與衆生皆倶成仏道と唱え、鉄鉢の米銭を頭陀袋に移し、袋充つる時は町の檀家に立ち寄りて米を預け置き、更にオーホーを続ける。正午前になると予《かね》て打合せのしてある檀家に集まり、読経の上お斎を受けることになっている。宅は清涼寺の檀徒総代であったから、彼岸中に一度は此のお斎《とき》を差し上ぐることになっていた。此の日は玄関に洗足用の水を充てた盥と足拭き雑巾を出し、祖母と母とは大勢の坊さんに出す精進料理の調製に朝から忙しかった。やがて正午前になると其処此処から追々と十人程の坊さんが繰り込んで来られる。一同揃うと仏間で読経されるが、御近所で何事かと怪しまれるので、此の事を予《あらかじ》め告げて了解を得て置いた。たとえ粗末な精進料理でも大勢の坊さんに御供養することは容易ではなかったらしいが、何となく賑やかで嬉しかった。お斎が済むと、又もや日の暮れまでオーホーを続けて寺まで帰られた。

畑人《ハト》の山焼き

此の頃、日暮になると東霊仙嶽の方で山焼きが始まる。火を恐れるのは動物の本能と見えて、子供の心に何となく恐ろしい気がしたが、これを紛らす為に、「はとが山焼く山椒と味噌と」「芋牛蒡　いもごぼう」と大声で呶鳴《ドナ》った。其の意味が判らずに、山に山椒味噌を塗って木の芽田楽を焼くのかと思った幼時の昔が懐かしい。今考えると「山椒と味噌」ではなく「山椒と独活《ウド》」の間違いかとも思う。この山焼きは杉坂の奥鍋尻山から霊仙岳の方で、八重練《ヤエネリ》、栗栖《クルス》、桃原《モバラ》、杉坂、川内《カワチ》、保月《ホウズキ》、五僧《ゴソウ》、佐目《サメ》、大君ヶ畑《オジガハタ》辺りの人達が春先に山の荊棘《けいきょく》を焼き払うので、あたりが暗くなるにつれ益々赤々と天も焦げる様に焼けるので、どうなるかと恐ろしかった。この山焼きの灰が肥料《コヤシ》となり蕨やうどが生えるので、此の辺りの人が彦根の町へいろいろの山の物を売りに来る。五月の天神祭頃には太い軟らかい蕨や虎杖《イタドリ》や独活を売りに来た。又山椒の葉や実も売りに来た。「木の芽わあ　木の芽」「木の芽いらんかなあ」「山椒や山椒　山椒の実はいらんかなあ」の売り声は今猶耳に残っている。この人達があの山奥で山焼きをしたのかと思うとなつかしかった。

此の人等は彦根の町の人とは言語も風俗も違っていた。男も女も皆一様に紺木綿の着物で筒袖に股引の様なものを着ていたので、烏の様に黒い人をはとと云うのは変だと思ったが、大君ヶ畑辺りの人、即ち畑《ハタ》の人というのだと聞いた。春先には女が、蕨、うど、いたどり、ぜんまい、いわなし、山椒等を売りに来たが、夏から秋になると炭や薪柴等を山から馬や車に積み、自分も天秤棒でウンと肩に担《ニナ》い、男も女も「もうぜわ　もうぜわ」とふれて売りに来た。言葉も粗朴で如何にも正直そうに思えるがなかなか欲の深いずるい者もあって、秤の目をごまかすので油断は出来なかった。宅で炭や薪を買う時、膝頭で炭薪を下に押さえ秤の目を増やそうとしたので、父は炭薪を買う時はよくはとの足元に注意せよといわれた。買い上げた炭は炭小屋に入れ柴と薪は二間梯子をかけて上る台所の上の屋根裏、天井の上の竹簾《ミザラ》の床の上に筵《ムシロ》を敷き、其の上に一年中の燃料として二年も三年も前から積み上げたのを順々に使うようにした。かく長く積み上げて置くとよく枯れて燻らないから、一度に沢山買い込んで積み上げ枯らすことにしてあった。食事の時に茶を入れてやると、風呂敷包みの中から大きな弁当行李を出して飯を食べたが、米の飯でなく麦だか稗だか色の黒いきたならしい飯であった。お漬物を出してやると、大きな鉢に一杯の塩辛い沢庵大根をペロリと平らげるので、其の大食に驚いた。年の暮れ、正月前になると見事な牛蒡や山の芋を売りに来た。

土筆《ツクシ》採り

三月の中頃になるとあちらこちらの野に土筆が出るので、日曜日などには朝早くから握り飯の弁当持ちで大きな風呂敷を持ち、土筆採りに出かけた。宅の近所にはないので、遠く井伊神社の広前から大洞、龍潭寺、清涼寺前辺りも出かけた。又浜の方では磯山の近くにある四ッ川の辺りまで採りに行った。大洞山や磯山の景色のよい処で湖水を眺め乍ら食べる弁当は一入《ひとしお》美味《ウマ》かった。犬上川の堤まで行くと長い土筆が沢山あるので、時には出かけたがチト子供の足には遠過ぎた。疲れて帰って夕食後眠いのに行灯《アンドン》の側でつくしの袴とりをするのはつらかった。私は土筆の頭の苦《ニガ》いのが嫌いで、頭を取り去った茎丈を別に酢《ス》煎《イリ》にして貰った。父は好んでこの苦い頭を食べられた。卵とじ、吸物等の料理もあったが酢煎が一番美味だと思う。この胞子で緑色になった酢を飯にかけて食うと、お寿志の様に特に美味であった。宅へ来るはとさんが短い土筆の袴を取っているのを見て、「俺《オレ》が方にはもっと長いのが山一面鎌で刈る程ある」と云ったので、翌年父は奴僕《オトコ》を伴れて五僧村の山奥まで杉坂越えて土筆採りに行かれたが、果たして山一面赤くなる程の土筆を鎌で刈り取り、炭俵に詰め、山の上から転がり落したとの事で、炭俵一杯の長さのある土筆を五六俵も持ち帰り、近所へお頒けして驚かれたとの事であった。

狐の話

或る年の三月、近所の友人数名と犬上川の土手へ土筆《ツクシ》採りに行ったが、堤の下にある、昔時軍用と堤防保護の為に植えた竹藪で黒犬が物凄く哮《ホ》えかけ、人を見ては藪の中へ逃げこみ、又出て来ては吠える風が唯事ではない。何か訴うる事のある様に思えたので、犬の後を追って藪の中へ入って見ると、中程に大きな木の根を掘り起こした跡らしい径一間程の穴の中に、大きな古狐が斃《たお》れて居る。石を投げるとムヅムヅと動くが起きては来ない。そこで狐の体の半分埋まる程磧《かわら》の石を投げつけ、近寄って触って見るとまだ暖かい。これは良い獲物だ、早速持ち帰って解剖しよう、と折角の土筆採りはおじゃんで、縄で四ッ足を縛り、青竹を通して二里許《ばか》りの路をわざわざ遠路をして善利《セリ》橋を渡り、賑やかな川原町通りを荷って帰った。途中で人が立ち止まって、どうしたのか、と聞くと得意気に、犬上の藪で悪狐を退治したのだ、とさも猛獣狩りでもした様な威張り方で威勢よく宅へ帰り、裏庭の隅、古井戸の側の柿の木の下で大きな船板の畳一枚程のを据え、其の上に狐を仰向けにし、四足の先を釘付けにし、出刃包丁でヤタラに腹から解剖した。祖母や母は「そんな事をするとキット仇をされるよ」と云われたが、そんな事に耳を貸す様な生《ナマ》やさしい悪太郎ではない。餓鬼大将の自分は得意然と執刀し、これが心臓だ、肺臓だ、胃だ、腸だ、肝臓だ、腎臓だと生意気にも解剖学の知識を誇り顔に説明し、毛皮を剥ぎ取り、胴体は其の屄庭の隅の棗《ナツメ》の木の根元に埋めて肥料《コヤシ》とし、肉の腐った時分に取り出し、骨格の標本を作る考えであった。

日暮にやっと仕事を終り、夕食をすませ疲れて寝たが、夜の十時頃になり、急に表門の扉を破れる程叩いて、「御免なさい、御免なさい」と呼ぶ者がある。私は自分の家の戸を叩いて居るとはよく知っていたが、返事をせずに息を殺して居た。今時分此の淋しい家を訪うる者のある筈はないと思っていると、祖母が出て来て私を揺り起こし、「早く起き出でて、門を開けなさい」と云われた。そして「お前が昼、犬上で狐を捕んで来たからキット仲間の狐が取り返しに来たのだ」と云われて何だか気味悪くなったが、昼間の大言壮語の手前臆病な風は出来ず、仲間の狐が取り返しに来るなんて、そんな馬鹿な話はないが、若《も》しや親戚からでも何か急変を知らせに来たのかも知れぬ。それならばグズグズして居ては相済まぬと、寝衣のまま戸の心張棒を固く握り締め、玄関から稍々《やや》距たった表門を開けに行く時の気味の悪さ、若しや狐が化けて来たのではないかとの幾分の不安はあり、内心ビクビクだが故《ことさ》らに強気を装い、門の内より大声にて、「何誰《ドナタ》ですか」と尋ねると、「今日狐を捕んで来られたのは、こちらさんですか」と聞かれ、嘘もつかれず、「そうだ」と簡単に答えたが、「どうか其の狐を見せて下さりませんか」という。さてはいよいよ祖母の言われる通り、仲間が取り返しに来たかも知れぬと思ったので、「狐は埋もんでしまったよ」と云えば、「埋もんであってもよいから御面倒でも一寸見せて下さい」という。「何処《ドコ》から来たか」と聞くと、「鳥居本です」という。さては愈々《いよいよ》以て怪しい。鳥居本と云えば、彦根の東一里余りの宿で狐の沢山居る処だから、正しく狐の仲間かも知れぬ。それとも本当の人であったら、折角遠方から態々《わざわざ》来たのに、此のまま追い返すも気の毒と思い、とにかく十二分に警戒して門の扉を開きしが、百姓らしい老人が立って居た。少しでも怪しい節があらば、容赦なく其の場に叩き伏せん、としっかり用心棒を握り締め、少しも弱気を見せじと先に立ち玄関へ案内せしが、老人の語る様、「実は今日、村の人があなた方が古狐を持って帰らるるのを善利橋で見たが、如何にも珍しい古狐であったと聞いて、早速出かくも夜道ではあり、お宅は判らず、尋ねあぐんで、ヤット捜しあてたので、こんなに遅くなりましてどうも済みません。私は永年、古狐を手に入れ度いと念願して居りましたが容易に手に入りません。どうか御迷惑でも其の狐を一度見せては下さりませんか」とのことに、私は茨木童子が叔母に化けて渡辺の綱の処へ鬼の腕を取りに来た話を思い出し、油断はならぬ、と思ったがいやとも云えず、先に剥いだる毛皮を取り出して見せた。其の皮をとみこうみ撫でたり透かし見たりして、「白毛交じりの如何にも立派な古狐だが、惜しい事に皮が傷だらけである。私は鼓に張る古狐の皮を求めて居るが、此の傷ではどうにもならず、併し御不用ならば是非御譲り願い度い」と申し出た。素人では鞣《なめ》す事は知らず、皮を剥いでは見たものの二三日中には臭くなって埋めなければならぬか、実は始末に困っていた処であったから、狐の皮の首巻なんて知らぬ時代ではあり、「そんなに欲しくば差し上げるからお持ちなさい」と云えば、大喜びで押し戴き、「それでは頂戴致します。猶序《つい》でに胴殻も一応見せて下さりませんか」との懇願いなみ兼ね、さらばと裏庭に案内せしが、若し此の暗闇に乗じ後ろから跳びつかば、一撃の下になぐり殺さんと、鍬の柄を掌に汗の出る程固く握り、玄関から半丁程離れた棗の根元迄来たが、途中の藪の側を通る時など、藪の中でゴソゴソと音がするとビクッとした。そこで私の手から鍬を受け取り老人は掘り出したが、赤裸の狐が提灯の火に映った時は残酷で物凄かった。それから包丁で舌の根元より切り離し、藁にて縛り、元の玄関に持ち帰り、この舌も是非お譲り下さい、との事に、そんな舌が何になるか、と聞くと、「この古狐の舌を松の根を燃やした焔に照らして見ると蛍の様な青い光を放つので、こんな舌こそ梅毒の妙薬である。お陰様で日頃の念願が叶い、結構な物が手に入りました」と大喜びで、腰の巾着より二十五銭取り出し、「誠に少々で失礼ですがほんの志ですからお納め下さい」といった。当時の二十五銭は相当の額であったが、翌朝になり木の葉になるかも知れず、又人から銭を貰う事がきまり悪かったので、「そんな心配はいらぬ」と押し返したが、「それでは気が済まぬからどうかお納め下さい」といってきかずに立ち上がりしかば、押し問答し乍ら門まで送り出し、悶固くさしてヤレヤレとホッと一息した。

翌朝、昨日犬上へ同行した連中を呼び集め、昨夜の話を語り聞かせ、二十五銭で大量の菓子を求め一同に頒かち与えたが、昨夜の恐ろしかった気分は少しも知らず、沢山の菓子の振る舞いにありつき、近頃にない仕合せと大喜びであった。少しでも弱気を見せまいと、空元気を張って応対して居た昨夜の恐ろしかった十五六歳の時の記憶、今猶ありありと思い出されておかし。

伊勢参り

此の頃になると気候も余程暖かくなり、出歩きにも都合よく、日も長くなり、お百姓も忙しいとはいってもまだそれ程でもないので、あちらの村でもこちらの村でも伊勢詣りが始まる。まだ汽車のなかった時分だから、気の合った者同志数人で誘い合い出かけたが、この伊勢詣りの送り迎えがなかなか盛んであった。何日に帰ると判ると、綺麗《キレイ》に飾った馬を牽き、彦根の町外れか高宮の宿まで親類や村の主なる人達が総出で出迎え、此処からヤートコセーの伊勢音頭賑やかに村へ練り込み、無事参詣を祝して徹宵飲めや唄えの大騒ぎ、太鼓を叩き紅木綿の手拭を頬冠りして、伊勢音頭に和し踊る狂うのである。幼時、馬場町の汽船問屋の岡島屋や松原口の三笠屋の二階で騒いでいるのを面白く見た光景が、ありありと目に映ずる様である。

四月

佐和山祭

四月一日は佐和山神社のお祭りである。石田三成の城址である佐和山の中腹に、井伊家中興の祖直政公直孝公を奉祀した佐和山神社があり、社の前の御手洗《みたらし》の側に、大坂夏の陣に若江堤で木村長門守重成の首を取った時の血染めの薄《すすき》が一株移植してあった。花木の祖父が井伊家に勤めて居られたので、四月一日のお祭りには「佐和山さんへ連れて行ってやるからついて来い」と云われたのでお伴して、能舞台で演ぜらるるお能や狂言を拝見した。午食には勢助という奴僕《オトコ》が花木から担《ニナ》って来た重詰め弁当の、胡麻のつけた握り飯とお煮〆と豆腐の味噌汁を社務所で頂いたが、頭の禿げた御老人許りで、話も子供には判らずつまらなかった。

此の社務所には大坂夏冬陣の極彩色した軍絵の屏風が立ててあったので、誰の御先祖様がここに居られる、これは何処《ドコ》の御先祖だ、と背に挿したる赤地に金文字で名の記してある旗印を見て知った。アア勇ましく奮闘して居る、とか、強そうだなア、鬚を生やして恐ろしい顔をして居る、などと思って見て居た。神官の貫名の徹さんは御家老で井伊家の御親類であり、若い時に鳥羽伏見の戦に奮闘せられた勇将と聞いたが、如何にも品の良い柔和な方で、白の着物に空色の袴を着けて居らるるのが神々《こうごう》しかった。私が一人で退屈そうにして居ると、よくお菓子を下さったり大坂陣の話をして下さった。

佐和山神社には別に氏子という者はなく、彦根町一般の祭礼ではあるが、天神祭や千代の宮の祭りの様な賑わいはなく、町家では軒に井桁の紋のある提灯が吊してあって、朝から士族の者が続々参詣した。お宮には野路の入口に佐和山神社と記した大幟が風にはためいて居り、山上で打つ太鼓の音がドンドンと遠く谺《コダマ》していた。三百年祭の時には赤備えの甲冑をつけた侍の渡御があり、爾来《じらい》毎年のお祭りには招魂社を御旅所として、彦根の主なる町を練り歩く御宝輦のお渡りがあった。騎馬武者や赤旗を持った徒士《かち》の行列が松の下から佐和口を内廓に入る壮観は、実に軍絵巻物を見る様であった。騎馬武者の中で一際目立つ威風堂々たる者は、大坪流馬術の師範、本城善右衛門の姿であった。落ちぶれて乞食同様の生活をして市民からも蔑視されていたが、この堂々たる雄姿を見て、流石《サスガ》に本城様だ、と感心して居る者もあった。

清涼寺

佐和山の麓に曹洞宗の巨刹清涼寺がある。この寺は彦根城主井伊氏の菩提所で、開山は上州叢林寺十五世愚明正察大和尚、開基は井伊直政公で、公の法名を祥寿院殿清涼泰安大居士といったから、山号を祥寿山、寺号を清涼寺とした。曹洞宗でも特に格式の高い禅寺で、代々の和尚はいずれも名僧知識であり、井伊家の盛んな時代には其の高僧の徳を慕い、天下の雲水が多く集まり、百人僧堂の建設されるに至った。井伊家の菩提寺であると共に重臣の墓も此処にあった。宅の墓も此の山上にあった。地内に長林院と云う稲荷の社があって、島左近の邸址と聞いた。

お花見

四月になるとあちらこちらの桃や桜の花が咲き、お花見の時節である。昔井伊家御繁昌の時、観徳院様（直中公）か天徳院様（直亮公）の太平の時代に、京の東山に擬し、大洞から井伊神社、愛宕の仙琳寺、千代の宮、天寧寺へかけての東山一帯に桜を植え、花盛りの頃衆と共に楽しむの意で、市民の婦女子に盛装して花見に出かくる様奨励されたと聞いたが、私の幼少時代は旧幕時代と違い、明治維新後士族は禄に離れた最窮迫の時代で、お花見などと暢気な事をして居る悠長な時代ではなかったから、お花見に出かける者もなかった。又邸の庭にはいろいろの花の咲く樹も沢山にあったから、態々《わざわざ》ひまと金を費やして出かけなくとも居乍ら椽側からゆっくりと楽しめた。それでも昔お花見に使ったという金蒔《マキ》絵梨地の立派な弁当箱に、酒器や木皿重箱など揃って提げ箱になったのが、売りもせずに残ってあった。父は植木好きでいろいろの芍薬を庭に作り、数十鉢の珍しい朝顔や菊の花壇も作り、丹精して居られた。其の花盛りになると田楽を焼き、お客招びをして喜んで居られた。お追従《ついしょう》で褒められるとも知らず、お客様をだしにして酒が飲めるので御機嫌であった。母も賑やかな事が好きな質《ショウ》であったから、忙しくもあり、金もいるのにいやな顔もせず喜んで居られた。子供は勿論、不断恐ろしい学校の先生達が皆揃って来て、お酒を飲んで騒がれるのが面白かった。酔いが廻ると皆手を叩いて、「桜名所　天寧寺大洞　愛宕や清涼寺　浮御堂亀山　ヨサコイデ参りましょう」と歌い乍ら、スットコスットコと踊られた。此の歌は昔の花見時代のお名残りであろう。

魚釣

春先、水が暖かになるとあちらこちらの城の堀で魚釣が始まる。団庄の店へ行って、一銭に十本の黒い雑魚《ジャコ》針と鉛の沈み、赤と白とに塗った浮標《うき》、これは山吹の髄でした事もあった、一丈程の菅《スガ》糸と葦の釣竿の全部を二銭程で求め、早速用意して、飯粒に小糠《ヌカ》をまぶした餌を反古《ほご》紙に包み、一ッかどの大漁をするつもりで大きな重い手桶を提げ、裏から花木の邸を通り抜け、観音堂筋の堀で江坂の家の前から野澤の辺り迄を漁区として雑魚釣を演《ヤ》った。偶《タマ》には遠く高橋《バシ》から御蔵の辺りまで出かける事もあったが、堀が深いので、はまったらどちや河太郎に引かれて死ぬといって、祖母や母が心配して遠くへ行く事は許されなかったし、又自分でも何だか恐ろしい様な気もした。或る時、不開《アカズ》の橋の辺りまで釣りに出かけたが、あたりがあまりに静かで物凄く、鸊鷉《カイツブリ》が意外の処へピョコンと首を出したり沈んだりするのが恐ろしく、逃げて帰った事もあった。

さて、飯粒半分を釣針の先に刺し、魚の居そうな所へ糸を垂れ、一生懸命息を殺して浮標を見つめているとビクビクと動いて波紋が出来る。胸がドキドキする。急いで引き上げるがチト早過ぎる。こんどは辛抱してゆっくり引き上げるとマンマと餌を取られて居る。

なかなかむつかしい。又餌をつけて糸を垂れる。グイグイと強く引くので胸を躍らせ乍ら引き上げようとするがなかなか重い。竿の折れぬよう、糸の切れない様といろいろ工夫して、定めし大きな奴だろうと喜んで引き上げると気味の悪い赤腹の蠑螈《イモリ》がくらいついている。毒々しいので手で触れるもいやになり、癪にさわるので地面に叩きつけてやるとヤッと離れるが、釣針を飲んでいて糸が切れる。いまいましいが仕方がない。新しく釣針をつけかえ、又もや糸を垂れる。なかなか引かない。どうかすると針の先が餌の外へ出ている事がある。そんな時にはいつ迄辛抱しても引きッこはない。一層引き上げて調べて見ようと思うと、漸く浮標がビクビクとして環状の波紋が出来る。ジーッと我慢をしているとグリグリッと手応えして浮標が沈んだ。占めたッ、ここぞ、と引き上ぐると小さな雑魚（鱮《タナゴ》）がピンピンと跳ね上がって来る。嬉しくてたまらんが容易に捉《ツカ》めぬ。ヤッと捕えて針から離し、手桶に堀の水を汲んで放すと跳び出しそうにする。逃げられては大変と藻を入れて蓋にする。これに元気を得て又釣針を下ろす。こんな事を繰り返して居る内に次第にコツが判って、時には黒い石モロコも釣れるし、銀白色の鮠《ハヤ》もつれる。平ボテとかボテンジャコというきれいな鱮やムツも釣れる。調子がよいといろいろの魚がつれるが、又大きな鮒がかかって藻の中へ引き込み糸を切られる事もある。又釣れないとなると、いつまで待ってもビクとも引かぬ。酒屋の徳利拾いや桶屋の丁稚が、「どうだ、釣れるか」と覗きに来る。相当の漁獲のある時は得意であるが、さもない時は如何にも下手《ヘタ》糞の様に思われて気まりが悪い。おまけにベチャクチャ余計な事を言われると腹が立つ。

兄は辛抱強いのか、確かに釣りは私より上手であった。あまり釣れないから帰ろうかと兄の方を見ると盛んに釣り上げている。何でもこれは兄の処に魚の巣があるのだと傍らへ行ってソーッと糸を垂れると怒られる。物を言っても怒る。癪《しゃく》に触るので竿の先で水をジャブジャブとさせたり、残りの餌を皆バラ撒《マ》いて帰る事もあった。又反対に地の利を得たか兄よりも大漁の事もあった。こんな時には兄は鬱《ふさ》ぎこんでいる。又兄は大きな鰻針に蚯蚓《みみず》を刺して日暮から堀の石垣の魚の入りそうな虚《ウ》穴《ロ》に挿しこみ、夜晩くか翌朝早く出かけて引き上げると、どろんぼう、ぎぎ、へこき鯰、時には鰻のつれる事もあり、又いもりの食いついている事もあった。

又花木の叔父は肴を食うことは嫌いだが魚釣は好きであった。好きこそ物の上手なりで、芹川尻から四ッ川辺り迄の湖岸を漁区として蚊針で釣りをされたが、鮠がよく釣れる。小鮎もつれる。時には大きな鰣《ハス》も釣って来られる。祖父は一人息子の叔父を心配して、食はぬ殺生をするな、と釣りを禁じられたが、親孝行の叔父さんでもこれ丈は止められんといって居られた。

或る朝早く、祖父が珍しく叔父の釣竿を持ち出し、敬坊ついて来い、といって湖辺で流し釣をされたがどうした拍子か、馬鹿な魚もあったもので、今迄魚釣の経験のない祖父が大きな雄鮒を釣り上げ大喜びで、タッタ一尾釣った丈でニコニコの蛭子《えびす》顔で帰り、「お種これ見てたも、わしが釣ったのだよ。英《ヒデ》（叔父の名英二郎）が釣りが止められん筈だ」といって大得意で居られた其の顔が、いつまでも目に浮かんで来る。

山行き

四月五月のよい時候になると友達を誘い合ってよく山行きをした。蕨、ぜんまい、岩梨、虎杖《イタドリ》等を採りに行くので山遊びとはいわない。又近頃流行る大袈裟なリュックサックを背負い、登山服、登山靴に身を固め、登山杖をついて行くのでもないから登山とも言わなかった。子供の足では遠くへは行けないし、何となく山行きは恐ろしい様な気もしたので、伊吹山や霊仙嶽の様な高い山へは行かず、最も多く行ったのが磯山で、佐和山や大洞山、物生《ムシ》山から磨針《スリハリ》嶺《トウゲ》などへ行った。

磯山は松原の北に在って、中世浅井の家臣磯野丹波守の城址のあった山。佐和山は古城山ともいって石田三成の城址。大洞は有名な弁天様の祀ってある山。物生山は磯の差合《サシアイ》という松原内湖と米原内湖の連絡する水峡で距てられた磯の東南にある山で、よく蕨採りに行った。

磨鍼《スリハリトウゲ》嶺は中仙道の鳥居本の駅《シュク》と番場の駅との中間に在る嶺で、小野の荘と箕浦の荘との境で頂上に有名なる峠茶屋があり、評判の餡ころ餅を売って居た。昔は中仙道の旅客の休憩所で相当に賑わい、湖水の眺望の絶佳なので座敷へ上がって休む者も多く、文人墨客の足を留め、詩歌を詠じたり、揮毫する者も多かった。実際眼前の好風景なり、山を巡りて湖水あり、島あり船あり遠村あり、竹生島は乾の方に多景島《たけしま》は指顧の間に見ゆる画にもかきたい景色で、座敷の長押《ナゲシ》に望湖亭と記した額を掲げ、床の間に「詩人到見究吟鞭湖上渺茫浪靜然　風景入樓推不出凫鴎矖羽夕陽前」の掛物がかけてあるが、其の通りである。

江州には餅の名物が多い。中でも大津の走り餅、草津の姥が餅、多賀の糸切り餅、磨針嶺の餡ころ餅、田村の権平餅等は特に有名であるが、死んでから地獄へ行くと鬼が先ず、「磨針嶺の餅食たか、姥が茶屋の餅食たか」と尋ねる。其の時、食べないというと、「なんだ、あんなうまい餅を食わぬか、吝ん坊奴《ケチンボメ》」と呶鳴《ドナ》られるといって、わざわざ食べに往く者もあった。中学生時代に試験の済んだ日が雨でも降れば、其の翌日、同級生一同で牛肉と一升徳利を提げて此の茶屋に出かけ、餅を搗かせ、飯を炊かせてのんびりと試験の疲れを休めることにして、成績発表前に何もかも忘れて底抜け騒ぎをし、日が暮れてから帰途に就く時、山の上から空徳利を転がり落したり、詩を吟じたり、歌を唄ったりして、山の静寂を破った。磨針嶺とは昔京都に出て修業をした学生が学業に倦《う》んで帰郷する途中、この嶺で老媼が斧を磨いで針を作るのを見て奮発し、再び京都に引き返し、志の足らざるを恥じて一生懸命に勉強し、業を立てたとの事で、磨針嶺の名があると伝えている。

途中の鳥居本は昔の宿場で有名なる神教丸という赤玉薬を売る大きな薬屋があり、鳥居本合羽とて合羽屋、傘屋も多く、参勤交替の御大名の御用も多かった。又鳥居本西瓜の本場であった。鳥居本から少し東の山へ入りこむと庄厳寺の滝が在って、夏は実に涼しく、汗をかいて行っても休むと寒くなる程である。或る夏、父につれられて行き、素麺と小鮎膾の滝の水に冷やしてあるのを食べて美味《ウマ》かった事は忘れられぬ。切通しの坂も其の頃は険しく、上りはなかなかきつかったが、孰《いず》れも楽しい思い出である。

蕨採り

天神祭の強飯の相手になるお煮〆は、蕨、款冬《カントウ》、筍、焼豆腐、山の芋等があったから、其の頃はよく蕨採りに山行きをした。朝早くから友達を誘い合って磯山へ弁当持ちで出かけた。松原の浜辺を一里ばかり歩いて行って山に登り、あちこち駈け廻りて蕨採りをして、手に一握りになると背負っている風呂敷に移しては又捜す。磯山には痩せ蕨が多いが、たまに荊棘《けいきょく》の中に太い長いのが見つかると喜んで採って、手を引き掻かれ、血の出る事もあった。湖水の眺望のよい処に風呂敷を拡げ、竹の皮包みの握り飯を食べた。梅干や沢庵漬とか紅生姜などがとても美味であった。其の頃、水筒があるでなし、僅かに岩梨や虎杖《イタドリ》で渇きを慰した。膝のまわりには岩かがみの花がきれいに咲いていた。しんせい豆のような兎の糞も沢山に転がっていた。足元から雉の飛び立つに驚いた事もあった。山鳩がポーポーと鳴いていた。鳶の巣のある大きな木もあって、時には鷹も飛んでいた。岩梨の実は豆粒程の大きさで、皮を剥ぐと小さな粉がついている。其の粉粒の黒いのはカネをつけているといって甘いが、黄色か紅いのは酸ッぱかった。土産に沢山採って帰り、皮を剥いで酒に浸《ヒタ》し、岩梨酒を作ったが、味醂に浸したものは特に美味《ウマ》かった。

弁当を食べて腹が膨れるとゴロリ仰向けに寝る。鳶の舞っているのが、白雲の去来が面白い。日は暖かだ。眠くなる。中には早くも大きな鼾をかく者もある。こんな処で皆眠ってしまっては風を引くと起き上がり、又蕨採りをする。風呂敷に一杯になる頃は大分太陽も西に傾きかけるので、急いで山を下り、疲れた足を引きずって家路に就く。この浜街道が長い様に思える。漸く家に帰り、夕飯をすませ、一風呂浴びてグッスリと眠る山行きの一日は楽しかった。

磯山の痩せ蕨よりも、向い側の物生山《ムシヤマ》へ行くと太い長い軟らかい良い蕨が沢山にあるが、磯の差合《サシアイ》という水峡を隔てて居るから、松原内湖の東岸を遠廻りをせねばならぬのと、途中に喧嘩山というのがあって、其処を通ると仲の良い友達同士でも喧嘩がしたくなるという伝説があるので、気味が悪くあまり行かなかった。喧嘩山の由来は、昔此処へ山遊びに来た仲の良い友達が何かの事から口争いをして、終には切合いを始め、一人を殺し、自分は其の屍体に腰かけて切腹したとかの話である。

次に磯山の蕨採りで恐ろしかった事がある。それは兄が絶壁の処に太い蕨があるので、手を伸ばして採ろうとして俯向いた拍子に、コロコロと谷底へ転げ墜ちた。これを見た私は定めし兄は大怪我をするか死んでいるに違いないと思い、大声で友達を呼び集め援助を求め、手分けをして兄の名を呼び乍ら捜したが更に返答がない。心配はますます大きくなる。若《も》し死んで居られたらどうしてつれて帰ろう、といらぬ取越し苦労までしたが、漸く谷底まで辿りつくと、幸いに兄は顔や手足にいばらの引っ掻き傷で出血してはいたが、大した怪我もなく蒼い顔してぼんやり立って居られたので、ホット一安心した。何でも腰を強く打ったらしいので、歩行困難であったから、皆で担《カツ》ぐ様にしてつれて帰った。

次に特に嬉しかった蕨採りを一つ思い出して見よう。それは珍しく母と一緒に行った事である。花木のお祖父さん、お婆さん、叔父さん、叔母さん等と女中をつれて、船で大きな飯櫃《ハチ》や重詰め、手桶に入れた豆腐、醤油の徳利、こんろ、鍋、炭まで用意して、観音堂筋の堀から内湖に出て、四ッ川畔の柳の木に船を繋ぎ、其処から上って磯山に登り、皆で賑やかに蕨採りをした。蕨は採れても取れなくても母と一緒であることが珍しくて嬉しかった。母も久し振りでのんびりと両親や子供等と山遊びをせらるるのが余程楽しそうであった。やがて城山の鐘がゴーンと響き渡ると、ソリャお昼食《ヒル》だ、と皆が急いで山を下り、柳の下の船の繋いである処へ来ると、祖母と女中は豆腐のすまし汁を作り、茶を沸かして待って居られる。腹は空いているので、お代りお代り、と盛んに健啖振りを発揮する。山行きといえば、梅干入りの握り飯に沢庵漬のお菜の竹の皮包みの弁当と定まっているのに、舟遊びと山行きを兼ね、母のお給仕で熱い汁や御飯を頂くなんて、実に豪奢なものであって、嬉しかった事は忘れ難い思い出である。

虎杖《イタドリ》とり

天神様の春祭に茹《ユ》で卵や金柑、竹羊羹、肉桂水等を売る店に手桶に入れて大きな虎杖が売ってあった。西ヶ原の土手や磯山、芹川堤等にあるのは細くて堅く味も悪いが、内廓や片原の城の石垣には相当太いのがあり、城山の天秤櫓の石垣の高い所には美事なのが生えてあったが、絶壁を攀じ登り冒険をせねばならず、折角太いのを見付けて捨てて置くは残念と登るには登ったが、さて、降りる事は更に困難で、時には蛇がニョロニョロと這い出したり蜈蚣《むかで》が出たり、熊蜂に襲われたりして危うく下の堀や谷へ墜落しそうになり胆を冷やした事もあった。前に鎌で刈る土筆《ツクシ》の話をしたハトさんが、よく太い長い柔らかい虎杖を売りに来た。天神祭に売って居るのは多分此の山奥で採った物らしい。この茎の皮を剥ぎ、塩をつけて食べるとシャリシャリと歯切れのよい、少し酸味のあるサッパリした物で、山で渇きを慰するには一番良かった。料理屋でこれを糠《ヌカ》みそ漬として酒客に喜ばれるとの事である。

行者参り

四月になると大峯入りとかで、白装束の行者の団体が先達に案内され、大きな法螺貝をプープーと吹き鳴らし乍ら行くのを見た。北野寺の境内に、神変行者大菩薩と金文字の額を掲げた御堂があって、正面の高い処に真っ黒の恐ろしい顔をして、眼の物凄く光った行者様が錫杖をつき、一本歯の足駄を穿《ハ》いて岩に腰掛けて居らるる御像が拝せられた。何の日か知らぬが此の御堂が開放され、正面の行者様に向かい畳敷きの台の上で、後ろ向きのお坊さんが判《ワケ》のわからぬ真言を唱え乍ら、天井に火のつく程盛んに護摩木を焚いて居られるのを見た。行者参りの団体は此処に参詣し、錫杖を鳴らし法螺貝を吹き、ノーマクサンマンダを唱えて拝んで居た。又町の中でも時には安宅の関の弁慶の様な恰好で、額の上に兜巾《ときん》をつけ、篠懸《スズカケ》と結袈裟を首に掛け、笈を背負い金剛杖をつき、法螺を吹きならし、一本歯の高足駄をはいて、高らかに光明真言を唱え濶歩して居るのを見たが、天狗のお化けの様で子供心に恐ろしかったが、真紅な顔して飴細工の様に頬を膨らし、プーウプーウと高く低く法螺貝吹いて居るのはおかしかった。行者様て天狗様の事かと思ったら、役の小角《えんのおづぬ》というえらいお坊さんとの事であった。

多賀参り

「伊勢へ参らばお多賀へ参れ、おいせお多賀の子で御座る」「伊勢へ七度、熊野へ三度、お多賀様へは月参り」という唄に知られたお多賀様は、彦根の東南二里、多賀山の麓に鎮座まします官弊大社多賀神社の事で、古来寿命の神様として崇敬せられ、全国からのお参りの多い神様である。今は近江鉄道の多賀行き電車が通っているが、私の子供の時にはそんな物はなかったので、テクテクと歩かねばならなかった。幾つの歳であったか知らぬが、「モウ敬も歩けるだろうからお多賀様へつれて行ってやろう」と言われ、秋に祖母につれられて多賀参りをした。彦根の町より外は、それも下辺より知らぬ子供には、この多賀参りは凡てに珍しくて嬉しかった。

風呂敷包みの弁当を背負い、草履に紐をつけて結び、祖母と兄と私の三人で出かけた。先ず四十九町の角の菓子屋で、一銭に四十枚の菊りん糖という煎餅を買って合財嚢に入れられる。八百屋の店で柿も買われる。川原町通りの賑やかなのにキョロキョロする。逸《ハグ》れぬ様と注意される。途中で芹村の西福寺《サイフクジ》に参って大きな金色のお地蔵様を拝んだ。それから町を外れて沼波《ノナミ》村へ出た。ここで着物の裾を尻からげにして下さった。ここは沼波のお仕置場の址だ。上手《カミテ》大根はこの辺りから出るのだ。沼波には名高い接骨医者がある。旭ヶ丘に上り石清水の八幡宮に詣でた。鞍掛山の裾を芹川が流れている景色がよかった。向こうに見える山が野田山の金毘羅様だ、あれが多賀山だ、鍋尻山だ、霊仙嶽だと説明して下さる。聞くもの見るもの皆珍しい。広い田畝で働くお百姓の野良仕事も見た。祖母は合財嚢から柿を取り出し、皮を剥いで下さったが、食べるのを躊躇して居ると、ここは田舎だから食べ乍ら歩いてもよいと言われたが、路行く人に見られるのできまりが悪かった。菊りん糖も下さる、芝栗の茹《ユ》でたのも下さる、蒸《ム》した甘藷も買って下さる。町の中ではならんがここでは構わぬと云われ、漸くなれていろいろの物を食べ乍ら歩いたので、足の疲れは忘れる。土田の村を通るときれいな水の流れている溝川に沢山の沢蟹がいる。珍しいので川へ入って捕えたが手を挟まれて痛かった。何疋かを手拭に包んで持って帰った。

おひる前にお多賀様に参った。正面の石の反橋を上る。なかなか六つかしい。滑り落ちる。手摺りにつかまって漸く上る。下りる方が恐ろしい。又はずみをつけて走り上がる。しまいには容易に上り下りが出来た。お宮の前でガランガランと鈴を振って無病息災延命長寿をお祈りした。なる程お宮は立派で神々しい。厩に白い神馬がいた。小皿に盛ってある大豆をやった。祖母はお宮でお守りと寿の字の焼印のあるお多賀杓子を買われた。帰りに多賀の町の中の動橋《イブリバシ》と云う石橋の畔の茶屋に上がり、川へさしかけてある部屋でお煮〆と煮肴と豆腐汁を取って、持参の握り飯でおひるを食べた。この茶店で売る糸切り餅は格別うまいとの評判で、木皿に十片ずつ盛った黒砂糖飴に紅青三条の縞の入った団子を持って来た。美味《ウマ》かったので喜んで食べると、「今日はいくらでも食べさせて上げるから腹一杯食べなさい。其の代り帰りも元気で歩くのですよ」と言われ、お代りも取って下さった。祖母はお土産に糸切り餅と莚命酒と寿命箸などを買われた。途中で閻魔堂に秤に人を載せてあるのや、しょうず川の婆が恐ろしい顔して死人の着物を剥いでいるのや、赤鬼青鬼等が人の股を引き裂いているのや、人の首の台の上にのせてあるのなどがあって物凄かった。祖母に「足は大丈夫か」と問われ、お餅を沢山食べた手前もあり、「エー大丈夫ですよ」というと、「そんなら帰りに野田山へ廻り、金毘ら様へお参りして行こう」と言われ、往きとは違う路を野田山に回った。大きな杉の木のこんもりと茂った山で、麓には緑い水の溜まった大きな池があり、石の段を上ると上に金毘羅様の立派なお堂があったが、お参りの人は一人もいなかった。絵馬堂には天狗の面や木太刀や弓箭、一本歯の大きな高下駄、鉄のわらんじなど妙な額が掲げてあった。森の中で変な声して鳥が鳴く。昼でも薄暗くて物凄かった。

此の辺りからそろそろ足が痛くなる。豆が出来て泣きたくなる。歩行が鈍ると祖母は嚢から菊りん糖や柿を出して釣られる。食べて居る間は足の痛みも忘れて歩くが食べてしまうと又痛くなる。こんどは、早く帰らぬと雨が降るかも知れんと云われる。なる程西の方に黒い雲が出た。こんな所で雨に降られては大変、と無理に我慢してあるき出すと西の方が明るくなって雨も降りそうでない。いよいよ足は痛み出す。泣き顔をすると祖母は、もう少しだ、と元気をつけられるが、もう少しもう少しが大分何度もでなかなか長い。「早く帰らぬと折角捕らえた蟹が死ぬよ」と言われ、弟や妹に見せてやろうと痛い辛抱して捕らえた蟹に死なれてはつまらん、と蟹を包んだ手拭を途中で水に浸《ヒタ》し乍ら急いで帰った。足袋を脱ぐと足の裏に大きな豆が出来ていたが、疲れも忘れて早速湯桶に水を汲み蟹を放した。鋏や脚のとれたのもあり死んだ奴もいたが、湯桶の底をゴソゴソ横に歩き、上へ登り出ようとする。畳の上へ出すとザラザラと横に走る。面白いので弟や妹が捕らまえようとすると手を挟まれて泣くなどの騒ぎだ。皆でお土産を分けて貰って夕食をすませ、グッスリと草臥《くたび》れて眠ったが、此の多賀参りは実に嬉しい思い出である。

五月

八十八夜

正月のお年玉に商家から配られた柱暦に、八十八夜五月二日と書いてあるので母に、八十八夜てなんですかと尋ねると、母は「豆撒《マ》きをした節分の翌日の立春（二月四日）から八十八日目だ」と言われた。私は又お萩かお団子を作る日かと思ったので「八十八日目がどうしたのです」と尋ねると、この頃からもう霜も降らなくなるので別れ霜といい、これからお茶や桑の新芽が出る、お蚕も出る、農家では八十八は米という字になるので、耕作を始め、苗代を作るなど追々忙しくなるから、それを知らせる為に暦に書いてあるのだ、と言われた。

端午の節句

五月の始めになると、あちらこちらに立てた鯉幟の竿の先につけた矢車が風につれてグルグル廻り、ガランガランと勇ましい音を立てて鳴り響く。風を孕んで布や紙で作った大きな黒い真鯉や真っ赤な緋鯉が空に泳ぐのを見ると、如何にも尚武の国日本らしい気がして嬉しかった。兄の初節句の時に母の里の花木から貰った布の大きな鯉の中へ、子供等何人も入って座敷でお獅子の真似をして騒いだ事もあった。笠の紋のつけた大きな布の旗、扇に桜花の花木の紋のついた旗、武者絵や鐘馗の画いた旗、紅白の吹貫きなども座敷の庭前に立ててあったので、風にバタバタと吹きなびいていた。俄雨が降り出すとこれ等を取り入れるのが騒ぎであった。又座敷の床の間には正面に天照皇太神、右に春日大明神、左に八幡大菩薩と記した三幅の掛物をかけ、其の前面に家伝来の甲冑が飾ってあった。鎧は朱塗の立派なもので大小二領あった。其の胴に傷がついてあった。これは祖父が大和十津川騒動の時、着て戦われた折に切り付けられた敵の刀傷で、其の時、旗持ちとして戦場へお伴した栄蔵が、あの時は旦那様は殺されなさったかと思って、目をつむって一生懸命に武運長久を祈り、大木の陰でガタガタ慄えて居りました。何分御老体であったのでハラハラと心配しましたが、無事で御凱陣なりまして、こんな目出度事はありません、と語った。この祖父の武勇を物語る鎧が金の大きな半月の前立ある兜《カブト》、恐ろしい鬚のある頬当、籠手《コテ》、脛当《スネアテ》など揃えて鎧櫃《ビツ》に飾られた。私は小さい方の一枚胴の具足を着け、兜を被ったが、押し潰されそうで、とても走ったり働いたりする事が出来なかったので、よくもまあ、昔の人はこんな重い物を着て戦が出来たものだと感心した。この甲冑の横に大鎧を着け、龍頭の前立のある兜を被り、太刀を佩き毛沓をはいて、床机に腰を掛けた大将様と、陣笠を冠り幟を持ち、側に膝まづく臣との大きな人形が飾られ、傍らに菖蒲が活けてあった。

五月の五日になると、錫の一対の御神酒徳利に奉書の巻いたのを挿し、大きな土器《かわらけ》に粽《チマキ》と柏餅を盛り、三宝にのせて供えられた。母は朝早くから粽や柏餅造りに大忙しであった。この柏餅を八寸の重箱に詰めて親類へ配った。又親類からも菓子屋で作らせた粽を下さった家もあり、何家のがうまいとかまずいとかの品評もあったので、他家へ配るのは特にうまくした。母はこの粽や柏餅作りは上手だとの評判であったが、砂糖を張り込んで入念に手際よく造られたからであろう。粽は真菰や笹の葉で巻いてあったが砂糖や大豆粉《キナコ》をつけて食べた。柏餅は葉の裏を外にして包んだ小豆餡のと、葉の表を外にして包んだ味噌餡のとがあった。私はみそ餡は好まなかった。三月の雛の節句に羨ましそうに指を啣《くわ》えて見ていた男の児は、今日こそ俺達《オレ》の節句だ、と大威張りで菖蒲刀などをさして得意であった。大将様の飾り人形の他に、大きな犬程もある張子の首振り虎や、子供の乗れる位な車のついた台に乗った飾り馬もあった。曳くとピンピンと鳴って、鰭《ひれ》をゆらゆらと動かす大きな鯛車もあった。

天神祭

子供の時に、嬉しくてまだかまだかと待ち兼ねたものはお正月と祭礼であったが、雪国の郷里では、正月はあまりに寒いのと幾分儀式張って窮屈であるが、祭りに至っては一年中の一番良い時候であり、しかも陽気な賑やかな物であった丈に、嬉しかった印象も一入《ひとしお》深いのである。氏神は北野神社で、私の大好きな菅原道真公を祀ったお宮である。当時彦根の町は上辺と下辺とに分かれ、上辺即ち山の手は千代の宮の領分で天宇受売命を祀り、下辺即ち湖水に近い方の町半分は北野神社の氏子であった。天宇受売命（天鈿女命）とはどんな神様かというと、天照大御神が天岩屋に御入りになった時功労のあった神様である。千代神社の方は氏子も多く、富豪の多い町家が多かった丈に、お祭りも賑やかで御渡御も盛んであったし、社格も其の頃北野神社は郷社であるのに県社であったが、子供の負けじ魂で、ナーンだ千代の宮て女の神様でないか、どんなえらい神様か知らぬが天の岩戸の前で、お乳からお臍下腹まで丸出しして踊り狂い、八百万の神々に笑われたお行儀の悪いお転婆の神様より、八歳で立派な詩を詠ぜられた誠忠無比の菅公の方が尊い様な気がして、北野神社の氏子であることを誇りとして居た。お祭りは春秋二度あった。春祭は四月二十五日であったが、同じ境内にある白山神社の四月八日のお祭りとの折合いで、明治十六年の春祭から天神様も白山様も共に五月八日春祭ということになった。此の年の祭りが例年よりも十日余りも遅れたので、つらかったのでよく覚えている。秋祭は九月の二十五日であった。祭りの前日を宵宮、当日が本祭、翌日が後宴といって三日続いたが、秋祭は本祭と宵宮との二日丈であった。お宮の境内は古より地方の氏神白山神社の社地であったが、井伊直政公が築城の際、彦根山から現在の社地へ彦根寺を移し、元和元年に上州碓氷郡後閑村の北野寺から直孝公が崇敬の菅原天神を奉遷し、彦根寺を北野寺と改め彦根藩の祈願所とし、北野神社を彦根中枢の産土神社とし、藩主の崇敬厚かったので、白山神社は廂を貸して母屋を取られた形となり、石ヶ崎町と船町との間にある一丁四方程が天神様の境内で、其の内の北の方が白山神社、南の方が天神様で、白山様の北が北野寺となっている。境内の東と南は低い土手で石の瑞垣《みずがき》を繞《めぐ》らし、南の土手には大きな松の並木があって、祭りの日には此の松の木に大字を清書した長い紙に紐をつけ、枝にかけて書道の上達を祈った。この大字の紙が風に吹かれて五月節句の鯉幟や吹貫きの様でもあり、軍絵巻に見る旗の様で壮観であったが、此の寺子屋時代の遺風が追々なくなるので淋しかった。

お宮の境内の正面入口の右の方に郷社北野神社と彫った石の柱が立ててあった。ここからお宮迄は石畳が敷いてあって、其の中程に花崗石の大鳥居があり、金文字で北野神社と書いた青銅の額が掲げてあり、笠石の上へ小石を放り上げ、うまく上に乗ると縁談が叶うとか願いが容れられるとかの迷信で、沢山の石が笠石の上に乗っていた。石の鳥居の右側に神楽堂があり、お祭りには白装束に緋の袴をつけた巫女《イタコ》が榊の枝に白赤の布をつけたのを持ち、かぐら鈴を鳴らし乍ら火焔太鼓の音に和して御神楽を舞うのがチンチンドンチンチンドンと聞こえるので、此の舞をチンチンドンといっていた。参詣人が神楽堂の板間へ紙にひねった銭を抛ると直ぐにチンチンドンの舞が始まった。子供等はこの神楽堂に登り上がっては叱られた。石鳥居の左側に御手洗《みたらし》の井戸があった。この井戸水は鉄分《カナケ》が多く、茶褐色のいやな鉄が水面に浮いていたが、水が冷たいので夏の炎天にお宮の前を通る毎に立ち寄って咽喉を潤した。お祭りの日にはこの手洗石の中に一厘銭や二厘銭五厘銭などが沢山に投げ入れてあった。御手洗井の南に一棟の絵馬堂があった。金的の下に強そうな武士の名を列ねた弓や鉄砲の門人で上げた額、韓信股潜りの絵額、北野神社境内の絵額、大角力の番付額、素人浄瑠璃天狗連の番付額、書道奨励の一字書の額などが掲げてあって、其の下に甘酒屋が店を出していた。又雨降りの二十五日におだまき屋が店を出していた。絵馬堂前の広場に角力の土俵場があり、秋祭には奉納角力、夜は踊りなどがあった。

正面の奥一段高き所に瑞垣を繞らし、神門を入ると正面社殿の奥の方に簾を距てて御幣と神鏡が光っていて、如何にも神々しく、五色の鐘の緒を振って大鈴を鳴らし、真面目に頭を下げた。笙、篳篥《ひちりき》の奏楽の音、神官の祝詞《ノリト》、拍手の音、実に荘厳であった。社殿の前向かって左に鼠の様な感じのする小さな石の牛、右に紅梅の古木があった。神門の階段の下で石畳の路が丁字になっている。神門に向かって左へ行けば社務所と神庫、右に行けば白山神社と北野寺に接続して居た。この石畳に平行して右に大きな石の牛、左に青銅の臥牛があり、石の牛の前に石の竈があり、古いお札を焼く処であった。北野寺と白山神社の境に神楽堂に並んで小さな末社の祠があった。中に石地蔵のお堂があって、穴あき石が糸で繋いで吊してあった。石畳の他は一面砂利が敷き詰めてあって歩きにくく、こけて膝頭を擦りむくもの、挫《くじ》いて下駄の歯を欠いたり鼻緒を切らす者もあった。

社殿の後方の空き地と北野寺の境内には、所狭き迄一面に大小蓆囲いの見世物小屋がかかっていた。仲の悪い犬と猿との芝居があった。鎧を着けた猿が犬の背に跨り、軍扇を開いて麾《まね》く一の谷合戦熊谷敦盛の場面を演ずる時、観客が金柑を投げ与えると、忽ち芝居そっちのけの争奪戦が始まり、キッキッと歯をむき出して敦盛卿が熊谷を押さえ付ける事もあった。山雀《やまがら》の芸もあった。よくもあんなに小鳥を仕込んだものと感心した。朱塗の籠から出て鐘楼に上り、嘴《くちばし》で紐を啣《くわ》え、数を誤らず鐘を撞いたり、伊勢、春日、八幡の三社札を命ぜられるままに啣えて来たりした。

顔をしかめて三味線を弾き乍ら、首を三尺程ヌーと伸ばしたり引っ込めたりするきれいな着物を着たろくろ首の娘も見た。看板には長い首を延ばし蛇の様な恰好で行灯《アンドン》の油を舐《ナ》める絵が描《カ》いてあった。又〝親は代々猟師で御座る。親の因果が子に報い、かあいそうな此の子で御座い〟といって手無し娘の足芸で、足先で着物を縫ったり、傘や障子張りをしたり、太鼓を叩き、糸車で糸を紡ぎ、墨を磨ったり、切紙細工や折紙細工もしたり、口に筆を啣えて立てた障子に、恋しくば尋ね来て見よ和泉なる、信田の森のうらみ葛の葉、と巧みに書いた。手は両手共臂切りの棒の様であった。又〝丹波の山奥で生け捕りした熊娘〟といって毛深い男の女装して鶏の足をしゃぶって居るのもいた。鷺娘といって白子の女を見せていた。

小夜の中山夜泣石、といって三尺四方程の蓆囲いの中に、座蒲団の上に漬物の重石位な石をのせ、子供の着物を被い、此の石の下に圧《お》し潰されたる子が痛い痛いと夜昼泣きつづけるといって、何処《ドコ》からか知らぬが妙な声で、「イターイイタイ」と泣き声を出して居た。〃大いたち、大いたち〃と云って、一間程の張板に赤色の顔料を塗り、鼬鼠《イタチ》を板血としゃれるのもあって、見た人は馬鹿にされたが、腹も立てられず、笑い乍ら出て来る。ホントですかと尋ねると、ホントですよと笑って答える。〃埃及《えじぷと》ナイル河の大蚯蚓《みみず》〃と呶鳴《ドナ》って居る。入って見ると牛の腸に鰻を入れ、盥の水の中でムズムズと動いている。〃怪満龍カイマンリョウ〃とて客を引く。看板には大きな鰐魚《わにざめ》の様なものを、洋服着た男が三人程、森陰に隠れて鉄砲を打っている絵が掲げてある。入って見ると盥の中に山椒魚が一尾入れてある。〃大蛇《ダイジャ》大蛇　丁度よい処丁度よい処〃といって鶏を逆さ吊りにし、キャーキャー泣かせ乍ら、今にも此の鶏を大蛇に呑ませる様に言うから、見損なっては大変と入って見ると、古い破れ毛布に包まり、火桶で暖めてある錦蛇（ピトン）が単に生きているという丈で、ムヅムヅと動いてはいるが、ノロノロ這い出すとも、鶏を食べるなんて何日待っても見られない馬鹿を見た。

又瓢箪男というのがあった。看板に瓢たん頭の男が着物を着て踊って居る絵が描いてある。木戸番の男が其の瓢箪男と語を交して居るらしい。こいつ珍しいと思って入って見ると、蓆囲いの中に泥水を入れた四斗桶に五合入り位の瓢箪が浮かしてある。木戸番の男が「瓢箪よ、瓢箪よ」と呼ぶと、浮いている瓢箪が水の中へドブンと沈んで浮き上がる。これは瓢箪に糸をつけて木戸番の男が引っ張るに相違ない。次に「われどこじゃ」というと、又ドンブリコをやって何処からか妙な声で「大坂、大坂」と答える。「大坂は何処だ」というと「道頓堀、道頓堀」と答え乍らドンブリコドンブリコと浮き沈みする。又看板に「世界無類の大怪物」とのみ記し、シルクハットを冠りフロックコートを着け、鼻下に髯を生やした立派な男が〝今回盤梯山の破裂に際し、飛び出したる怪物にて、東京帝国大学理科大学動物学教室に御鑑定を求めたるも、立派な博士の先生達が、そんな動物は見た事もなければ聞いた事もない、と仰せらるる折紙付の珍しい怪物。百聞は一見に如《し》かず。諸君鑑定し給え〟と呼んでいるから、珍しかろうと木戸番の口上男の堂々たる風采に瞞《だま》されて入って見ると、盥の中に塩漬にした牛の反芻胃を入れ、刻み煙草の粉を表面にふりかけ、茶褐色の毛の如く見せたるものだが、其の形は西ヶ原の屠牛場で見ているから、一見牛の胃とは判ったが、木戸番の口上に欺偽しい点もなく、争っても仕方はなし、結局馬鹿にされたと諦める。

又狼の見世物もあった。看板には眼の凄い、口の耳まで裂け、牙の鋭い、脚の爪の鷲の様な猛獣が旅人を喰い殺して居る絵が描いてある。入って見ると、シェファードの様な犬を仰々敷く太い鉄の鎖にて繋ぎ、鉄の格子の檻に入れ、其の側に豚の頭骨の血のついたのが、さも狼の食べた如くに見せかけて入れてあった。ミイラ館とて蛙や鼠の干物や、両頭の牛とて牛の仔の剥製に尻の方へ頭を縫い付けたるもの。三本足の鶏も同様、これが一休和尚の話にあるおでこ法師の仲間、西竹林《さいちくりん》の鶏三足《けいさんぞく》、といって剥製の鶏にもう一本の足を縫い付けたるもの。両頭の蛇とて青大将の頭の側に猶一ツの頭を添え、酒精漬にしたものが陳列してあった。教育参考館とて剥製の鳥獣、アルコール漬の蛇や魚類、十箱程の昆虫標本の列べて見せるのもあった。

特に大きな蓆囲いの小屋掛けで立派な看板を掲げ客を呼ぶものに、西洋奇術、曲馬、足芸、力持、綱渡り、猛獣館等があった。西洋奇術はコップに水を入れると煙が出たり、青い水のコップに水を注ぐと赤くなったり、右の掌の貨幣を左の掌に移したり、炎々たる焔の出る火を食べたり、水を呑んで煙を吹き出したり。観客に雁字搦めに縛らせ、結び目に封印をさせ、袋の中に入り、ピストル一発の相図で巧みに縄抜けするもの。美人がトランクに入り錠を下し、上下左右より刀剣を刺し、鮮血の淋漓《りんり》と流るる如く赤い汁を滴らし、エーストーの掛け声でピストル一発パーンと放てば、ニコニコとして正面の幕を開いて現れる。剣の舞とて刀剣を梯子段として登るもの、刀剣を呑むもの。台の上に男と女の生首《ナマ》をのせ、眼を開閉したり、顰《しか》み面して如何にも痛さに堪え難く見せる反射鏡応用のもの等いずれも子供には不思議であった。

足芸、軽業、綱渡りは大抵一緒で、台の上に仰向けになり、両足で小桶を高く積み上げる。水がめをくるくる廻す。水甕の中に子供を入れ、小桶を重ねた上で両足でクルクル廻転させ、甕の中からハーアと悲しい声を出して子供が這い出し、甕の上に登る。其の上にて逆立ちする。又元へ逆戻りする。三味線と唄に合わせて蛇の目の傘を足先にて廻転する。長い竿竹を肩にて支え、子供を登らせ、頂上にていろいろの芸当をさせる。野中の一本杉とか、達磨大師《アブ》は坐禅の形とか、冨士見西行とか、腹亀とか、逆さ大の字とか、太夫の語りに応じて危ない芸をして観客をハラハラさせる。綱渡りも小屋の隅から隅へ綱を張り渡し、観客の頭の上を美麗な裃つけたる太夫が傘を差して往来し、立ったり、坐ったり、臥《ね》転んだり、臥返りしたり、邯鄲《かんたん》夢の枕とて横臥したり、三味線に合わせて、一丈程の白布をつけたる団扇を左右の手に持ち、布晒しの舞を舞うもあった。又舞台の上に高く鉄線を張り、其の上を一本歯の足駄で渡る者もあった。

曲芸には、高い天井裏に吊したるブランコを、甲より乙へ空中を跳び渡る離れ業もあった。其の芸の変化する毎に胆を冷やし、手に汗を握らせるものが多かった。力持でも碁盤の上に子供をのせ、片手で差し出すもの、鉄の棒を飴の様に曲げるもの、十人程の人を頭、肩、腰、腕に乗せて舞台を歩くもの等があった。曲馬も面白かった。小屋の前には数頭の馬や驢馬を繋ぎ、可愛い子供が肉色のシャツズボン下で乗っている。中では馬の四脚を碁盤の上に乗せ、其の上で芸をするもの。裸馬に飛び乗りして自由自在に馬上で活動する。火焔猛々たる輪を潜る。馬の行動が鈍くなると、長い鞭の先に革の紐を付けたるものにて床板を叩き、馬に注意を与える。二頭三頭の馬を並馳せしめ、其の上にて芸をする。実に巧妙で鮮やかである。太夫の号令に応じて馬は前脚を折り、膝まずいて看客に挨拶する、横になって演者と共に眠るなど、子供はいつ迄見ても見飽かぬ。場内が一杯になると「先々様は入れ替わり」といって前の客を追い出し、新しい看客を入れる。折角入った許りにすぐ入れ替えで出されてつぶやく者もあり、知らん顔してヅルを極めこみ、いつ迄も見て居る者もある。それで小屋の方でも割箸の先に赤紙の付けたるを新入りの客に渡し、この印のない看客を入れ替えたりして居た。

又猛獣の見世物もあった。小屋の前に象を繋ぎ、唐子姿の子供が其の上に乗っていた。

上の方には白い鸚鵡やきれいな鸚哥《いんこ》が針金の籠の中で盛んに「お早う」「今日は」「お竹さん」「おはいり」など愛嬌をふりまいている。赤熊の大きなのが檻に入れてある。猿も沢山繋いである。小屋の中には、獅子や虎の檻もあった。象の碁盤乗り、乱杭渡り、鼻の水飲み、鼻先での菓子拾い、喇叭吹き、膝を折っての挨拶等よく仕込んであったが、其の柔順なのに感心した。それでも黒ん坊の命令通り直ちに演芸しないと、鉄の鉤《かぎ》を体に打ち込んだりして威圧して居た。又芸を済ませると、ビスケットの様な甘いものを貰って喜んで居った。藁を鼻ですごいて揃え、バリバリと食べたりした。獅子を檻から出して芸をさせたが、これは見て居る方が恐ろしかった。太夫は不絶《たえず》凄い眼付きで獅子の顔を睨み、革紐の鞭をパンパン鳴らせ乍ら一分の隙もなく威嚇して、獅子に回転横臥等の芸をさせていた。オーッと唸《ウナ》らせる時は実際凄かった丈に又面白かった。

見世物の見料は小屋掛けの小さいのは大人一銭小人五厘であったが、大抵はインチキ物であった。小屋掛けの大きいのは大人二銭小人一銭で、稀には大人三銭小人二銭のもあったが、此の方が見応えがして価値があった。木戸番は入口の高い所で木札を打ち乍ら、〝入らっしゃい入らっしゃい。代は見てのお帰り。百聞は一見に如かず。大人二銭、小人一銭〟等と声を嗄《か》らして客を呼んで居た。

又生き人形の小屋があった。入口に坊主の人形が首をガクリガクリと前後に動かし、目玉を白黒させ乍ら、カンカンと橦木で伏せ鉦《ガネ》を叩いて居る。中へ入ると地獄極楽の光景を人形を動かして見せた。疣々《いぼいぼ》のある大きな鉄《カナ》棒を振り上げて虎の皮の褌《ふんどし》をした赤鬼が出て来ると、子供等がカタカタと地蔵様の後ろに隠れる。鬼が居なくなると、又子供等が出て来る。閻魔様が目玉をギロギロ動かす。安達ヶ原の鬼婆が女の腹を出刃包丁を振り上げて断ち割り、腹の中へ顔をさし入れ、血だらけの胎児を啣え出すのが凄かった。

小屋掛け物の他に覗《ノゾ》き機関《カラクリ》があった。看板には其の芸題に相当する人形が、立派な錦襴の帛で押絵細工にして、画面を背景に配置よく立ててあった。逞しき馬に跨り薙刀を振り上げている大将、日の丸の軍扇を開いて馬上の敦盛を麾く髯面の熊谷直実等はよく出来てあった。この看板の立ててある匣《はこ》の前面に五ツ程並べてある眼鏡を覗くと、匣の左右に踏台の上に立ち、夫婦で細い竿にて押絵の人形を指して説明し乍ら、パンパン叩いて節面白く掛合いで唄っていた。一つの場面を説明し終ると、紐を引いてゴトンと場面を転換させ、又其の場面の説明をする。大抵一回が十段か十二段の場面にしてあって、一回の見料は覗き八枚で八厘であった。画題は忠臣蔵十二段大序兜《カブト》改めより、討ち入りの場面から泉岳寺引き上げ迄の十二段は呼び物であった。他に八百屋お七、宮城野信夫《しのぶ》、石童丸と苅萱《かるかや》道心、熊谷敦盛、富士の牧狩、曽我兄弟の仇討、播州皿屋敷、躄勝《いざり》五郎、会津の戦争、上野の戦争、西南戦争等で、看板がきれいで説明が面白いので、屁びり腰で覗いていたが、其の後、菓子屋の店頭にあって、一銭銅貨を投げ込むといろいろ写真が代わりて現れるとは遙かに幼稚なものであった。

今、当時覗いた西南戦争を思い出して見よう。看板には白や黒や栗毛の逞しき馬に跨る西郷隆盛、桐野利秋、村田新八、篠原国幹、谷干城等の主なる大将株の奮戦せる様、大砲の筒先から赤い真綿の火焔の出ているもの、後ろ鉢巻襷がけ白装束の婦人が、薙刀を揮って脛も露に勇戦せるもの等、立派な錦襴の押絵細工を、遙かに熊本城の櫓から火を吐いている画面の前に並べ、説明し乍ら唄う文句は、

エー扨《さて》も西郷隆盛　桐野の利秋　村田の新八　篠原少将　御大将四人は申すに及ばず
薩摩隼人や鹿児島健児の勇戦奮闘……
おんた牛　めんた牛　角に松明どっかとからげて　安政川なる川の堤へ追ッ放いなされる　そこで熊本鎮台　踏まれる突かれる蹴られる　御難儀なされる　如何ばかり……
桐野の奥様を始めとし　許多《アマタ》の女人隊は　馬に跨り薙刀かいこみ　白い太腿チョッコラコットむき出すは　黒いおまんこの見ゆるも厭わず進まれる……

等といったのが今尚耳に残っている。後世の街頭に小児を集め、銭とキャラメルとを引き換えにして画面で説明した紙芝居の、低級卑猥で非教育的なものとも見るべきであるが、絵は遠近法に注意してあるから、凸レンズの眼鏡で覗くと奥深く離れて見ゆるので、其の時代の子供には喜ばれた。祭りの見世物といえば大抵こんなインチキなグロテスクな馬鹿げたイカ物が多いが、子供には面白かったので、お小遣銭の大部分は吸収された。今から考えると実に隔世の感がある。トーキー版の原色映画などに比べて夢の様である。それでも九段の靖国神社の祭礼や明治神宮のお祭りには、今でもこれに類した人を喰った様な見世物も偶《タマ》にはある。勿論入っては見ないが、其の気分が嬉しく懐かしいので、不覚足を止めて看板を眺める事もある。

次に天神祭に出た売物店を思い出して少し記して見よう。所謂天神前なるものは、宮の正面、船町と石ヶ崎町の間にある五軒の家。其の中、中の三軒は常店で、天神参りの人で生活して居た。正面は源蔵という餅屋で、小さい親爺と大きな嬶で蚤の夫婦と言われていた。いつも白のお華束《けそく》餅と鶉焼が作ってあった。鶉焼とは餡の入った大福餅で、螺旋形の渦形の焼印が押してあったが美味《ウマ》かった。其の北隣のおこまという女主人の団子屋があった。色の白い愛相のよい一寸美しい女であって、お駒の若い時には店もなかなか繁昌したとの事だ。ここの餡ころ餅、蓬の串団子、ガラタテ団子もうまかった。南隣は鶴という主人の人車宿《クルマヤド》で、嫁入りの車引きはこの鶴に限ると言われていたが、鶴という名前が目出度いのであったろう。夏には店一面に西瓜を並べて売っていた。この三軒が境内に九尺二間程の蓆囲いの吹矢店を出して居た。金柑を木綿糸に繋ぎ、縦横に張り、其の間所々に茹《ゆ》で卵を吊し、二尺程の竹筒に五寸程の吹矢を入れ、強く吹いて金柑につき刺さると卵一個をくれるが、筒の先と金柑の距離は三尺程でも、筒が太くて矢が細く、おまけに矢の先が丸く鈍いので、金柑に当たってユラユラ動いても突き刺さらず、下に落ちるか後ろの蓆に刺さる丈で、卵はとれずに銭を取られた。又境内の入口の石堤に沿うて幕囲いの細長い楊弓店があって、ドンカチンと音をさせていた。ドンとは矢が的に中らず後ろの太鼓に中る音、カチンとは板の的に矢の中る音、バサッと云うのは矢が横に外れて幕のきれに中る音であったが、これは試みた事はなかった。

お宮の入口の左側に三軒程金魚屋が居て、浅い盥に沢山のきれいな金魚や緋鯉が泳いでいた。金魚は大抵一銭に三尾で、これは必ず祭りに買う物の一つであった。球形の硝子の金魚入れも売ってはあったが、太い樋竹《トユダケ》の筒を借《カ》りて入れ帰り、又竹筒を返しに行った。今なら缶詰の空き缶を使用するのである。買った金魚は桶に入れて飯粒や素麺をやったが、手を入れておもちゃにするので、祭りのすむ頃には大抵死んでしまった。たまに長く生き残るのもあるが、井戸へ放したり、花木の泉水へ逃がした。子供等は厭きっぽいので、観音堂筋の堀へ放す者もあると見えて、魚釣の時によく金魚の泳いでいるのを見た。

お宮の入口から神門迄の石畳の両側には食物店や玩具店が並んでいた。石の鳥居より手前の左側には玩具屋が多く、二銭九厘と一銭九厘の店があった。今の均一店であるが、僅かに一厘の差でも二銭九厘は三銭より余程安いと思う児童心理を捕えたもので、「何でも買いな、何でも買いな」といっていた。玩具店にあった主なるものは、障泥《アオリ》に㊉の紋のある張子の馬に車のついたもの。馬に肋骨のついた洋服を着た兵隊さんの乗っているもの。白牛、赤牛、犬ころ、おき上がり小法師、おかめ、天狗、狐、大将、金太ろ、ヒョットコ、桃太郎、青鬼、赤鬼、般若、牛若、瘤出来、天神、兵隊などのお面で、般若の面を被って薄くらがりの処から飛び出して、人を驚かしたりした。面を被った時の膠臭い香が今でも思い出される。それから、チョン髷、丸髷、島田髷、桃割れ、坊主頭等の鬘《カツラ》。角力取、福助、天神様、高麗犬、御神輿、人力車、鳩笛、鉛の時計、ブリキのサーベル、槍、薙刀、太鼓、横笛、笙の笛、ハーモニカ、ブリキの喇叭、トントンと叩いて遊ぶ馬の毛の脚の角力取、馬乗大将、鉄砲かついだ兵隊、扉の開くお宮、車のついた蒸気船、弓矢、銀紙の張った刀、硝子の箱の中で頭と手足をユラユラ動かす亀、鉄を吸い付ける磁鉄、磁石を応用した蛇、蛙、蛞蝓《なめくじ》の三きらいと魚釣、桐の箱に凸レンズのついたのぞき、黄赤青緑紫の硝子を嵌めた厚紙の色眼鏡、遠眼鏡、クルクル廻すと奇麗な花形のいろいろ替わる万華鏡、水鉄砲、花火線香、カンシャク玉、硝子のポキン、張子の首振り虎、招き猫、臥牛、張子の馬首に竹のさしたる竹馬、はじき猿、錦細工の鶏と雛鳥、布袋さん、恵比寿、大黒等で、女の欲しがる物では、裸人形、姉様首人形、桐の箱に入った硝子鏡、小さな琴や三味線、麦稈細工の小箱、硝子の南京玉、指輪、鍋、釜、竈、茶わん、土瓶等のまま事道具、手毬、羽子板等があった。鉛の針のめど通しを買って来て、祖母に差し上げたら、お喜びでお小遣銭を貰った。褒められて金儲けをして嬉しかった。法螺貝、海嬴《バイ》独楽、木の独楽、土面子等もあった。

福せんべいというのがあって、これも祭りに買うにきめていた。大きな煎餅を三方から握り飯の形に包み、中に緑色硝子の小さなポキン、鉛の天神、鉛のこま犬、お宮さん、ふくら雀等を入れ、印刷した赤い絵紙で封がしてある。中に何にあるか割って見なければ判らぬ。それで振り乍ら其の音で、これはポキン、これは天神と内容を想像し、自分の欲しそうな物を音にて撰り分け、一銭に三個か、大きいのは二個のを求めて帰り、割って見るのが楽しかった。予想《アテ》が外れたり、又意外な物が出たりするのが面白かった。これはつまらぬ玩具であっても、煎餅を割って見るのが嬉しいのと、あとの煎餅が食べられるので子供等には喜ばれた。

竹細工の玩具ばかり売っている店もあった。竹とんぼの棒を左右の掌で拝む様にして高く飛ばしたり、ゴンゴン独楽の糸を引いて唸らせ乍ら板の上で廻わせたり、糸を左右に伸ばしたり縮めたりして、ブイブイブイブイ鳴らす竹の松風ごま、竹鉄砲、山吹の髄を詰めて棒で押し出すとパーンと音がして飛び出す榎の実鉄砲もあった。かんな屑の紙の様な薄い木を巻いて細長い喇叭にし、赤青できれいに彩色し、ブーブーと鳴らして売るもの。絵の貼《ハ》った小さい板を五枚程三本の紙紐で挟み、上の板を下に曲げるとパタンパタンと将棋倒しの様に全部の板がかやる。「八ッ八通りに変わる不思議の板」といって、首から吊した箱の中から出して爺様がパタパタとやって売っていた。木片の組んだので縮めれば手元に、伸ばせば一間も先へ出る消防自動車の梯子の様な玩具を、子供等の前へヌーッと伸ばしたり縮めたりして売っていた。これには木片の接ぎ目に兵隊人形を立ててあるのもあった。

ガルバ滅金と称え、ぬれた綿で一銭銅貨や真鍮の煙管、銅の薬缶、銅線などを「ヤワヤワのギューギュー」とか言い乍ら擦って、ピカピカの銀色にする水銀のつけた綿を、蛤貝に入れて売っていた。面白いので買って帰り、早速父の煙管を銀色にしたり、仏具を光らして、褒められると思っているのに叱られた。又お小遣の銅貨を皆銀色にして使えなくなり、母に取り換えて貰ったりした。磨いた時はピカピカと立派に光るが、半日も経つときたない色になるのと、毒だといって警察から発売を止められた様であった。それから一升徳利にゴム管をさして、これにゴムの袋をかぶせ、水素瓦斯を充たし、糸で繋いで、フワフワと飛ばしている風船玉屋があった。青色や赤色の球が絡み合って浮いているのが面白くて買い求め、糸を長くして空高く上げて喜んだが、日暮になると萎《しな》びれて落ち、畳の上を這うのがさびしかった。又この金玉笛とて息を吹き込むと膨張し、放すとゴムの収縮する弾力で中の空気が押し出され、プーアと笛が鳴るが、あまり膨らませ過ぎてパンと破れ、悲観した事もあった。

又轆轤細工の物ばかり売る店もあった。木人形《キデコ》、独楽、臼と杵、槌の子と打盤、輪投げの五色の木の環、おしゃぶり（ネブリコ）、木の喇叭、鉄砲などを黄色に塗り、赤緑紫の色できれいに彩色してあった。弥の介とか弥次郎平といって、指の尖に立てると長い両手の先に重りのついた人形がフラフラと動いて、落ちそうにしてなかなか落ちない。又鉛の馬に乗った兵隊さんの馬の腹を弓形に曲がった真鍮の針金で鉛の玉と繋ぎ、馬の後ろ脚の蹄で鳥居形の台の上に立てると、前後に動揺し乍ら落ちない精巧な物もあった。山吹の髄に色紙を張った人形を厚紙の上にのせ、下から磁鉄で、右向け右、前へ進め、とか号令をかけて、前後左右に動かして売るのもあった。眼の中の塵埃《ゴミ》を吸いとる電気作用の琥珀玉といって、松脂の塊の様な物を擦り、煙草の粉や袂糞《タモトクソ》を吸い付けて売る店もあった。小さな台の上に緋金巾《かなきん》の布を被い、針金で作った文字や輪つなぎの智恵の輪を売っていた。注文に応じて、ヤットコ鋏一つで巧みに壽の字でも何でも直ぐに作って、これに通した小さな環の抜き方を教えてくれた。教わった通りやればわけなく、コトコトと小さな環が複雑の文字を通りぬけるが、やり方を忘れるとどんなに苦心してもつかえて抜けない。ブリキのとんぼで、螺旋形の針金の棒から放つと高く空に舞い上がり、又元の手許へ戻って来る玩具もあった。

どれもこれも上手に喋《シャベ》って、子供の購買欲をそそり立てるので、あれも欲しい、これも欲しい。買おかしらん、買うと後から欲しい物があっても買えない、見たい見世物も見えない。どうしよう知らんと思案し乍ら、鉛の時計に真鍮の鎖のついたのを半分帯の間からのぞかせて、如何にもお金持ちの坊チャンらしく見せかけ、一銭二銭の銅貨を汗で濡れる程握りしめ、欲しそうな顔して、店先につッ立って居る自分の姿が見えるようで懐かしい。

　それから子供の欲で、何でも払った金よりも良い物をせしめようとして失敗したものに、角力取落し、水漬け、ドッコイショのぶん廻し、団子細工等があった。角力取落しは前に記した吹矢店の隣に、同じ葭囲いの小屋の奥に、張板を横にした棚の上へ、一尺位の起上り角力取、梅ヶ谷とか嵐山とか記した張子の人形を五ツか七ツも横に列べ、一間程離れた手前から笊に五ツ宛盛った手毬を投げつけて角力取を落すのだが、毬は紙屑や綿をまるめて糸の巻きつけた物であるが、軽くて軟らかいから、折角当たっても手応え弱く、容易に落ちない。頭に中てると前後にグラグラとするが元の位置を動かない。右の肩に中てると廻れ右か肩すかしを食わせる。左の肩に中てれば廻れ左で、横向いたり後ろ向いたりする。力まかせに腰から下を打つと少しばかり後ろの方へずさるが、際どい処で踏みこたえる。子供の甲斐性で落ちない事は判っていても、友人の誰彼《ソレ》が落して茹で卵の賞品を取ったと聞くと、負けん気になって、一笊一銭で止めればよいのに無理しても一笊奮発し、ヤット落して茹で卵一個をかち得て、得意になった事もあり、又銭はなくしたが角力取は落ちず萎びれて帰ったこともあった。

　次に、水づけとは白紙の小片に明礬で数字を記し、紙捩《こより》で繋いだ帳面の様なのがある。

一銭を奮発して此の紙二枚を選り取り、小さな金盥の水に浸《ヒタ》すと、紙が濡れて白く数字が表れる。店には一番から二十番まで数字を仕切った紙を延べ、其の番号の上に一つ宛玩具が乗せてあるので、白く表れた番号に相当する処にかけてある物をとる。一枚五厘であるから並べてあるものはどれもつまらん物ばかりであるが、中に四ツ五ツ子供の欲しそうな立派な物があるので、それに釣られて何枚も買うが、殆どよい物の中った例がない。其の立派な蛭子大黒などの大きな物は祭りの終りまで其の侭にあり、又其の番号の紙札は作ってないとも知らず、随分欲の間違いで馬鹿を見たものだ。

ドッコイショのぶんまわしは店に円を描き、十六等分した紙を置き、其の円心を軸として廻転する棒の端に針を吊し、紙の一から十六まで区画したる処に一つ宛品物を置き、棒を指にて廻すとクルクル何回も廻り、其の止まる時、針の尖の触れている所にある物を取るが、良い物の賭けてある所へ針が止まりそうになると「危ない危ないドッコイショドッコイショ」といって下から台を傾け、其処に止まらぬ様にする。これは自分の好きな処へ品物を賭けさせるが、こんなペテンのからくりをするので中る筈がない。それでも欲に釣られて銭を取られる子供もあって、相当にはやった。

団子細工の店も忘れる事が出来ない。此の店は二軒あって、神楽堂の横に高い台の店を出していた。一人は痘痕面《アバタ》の太った秀という男で、他の一人は豊という剽軽《ヒョウキン》なよく喋る男であった。糝粉《シンコ》で手際よく、柱かけや鉢植えの梅、籠に盛ったる鯛、松蕈、蛤、海老や薄い板にのせた犬、猫、唐辛と鼠、茄子《ナスビ》、胡瓜、南瓜、西瓜、二股大根、にんじん、蕪《カブラ》、栗、柿など、中でも皮の剥きかけた蜜柑などは実物の様に上手に出来たのをきれいに並べ、一本一銭の籤を十人に売りつけ、一等に柱かけか鉢栽えの梅、二等に籠の鯛、三等に薄板もの、其の他はから籤で子供によい物の中った例がない。偶々《タマタマ》子守の負っている背の子に引かせ、大物が中り、欲がないからだと云っていたが、この子守はサクラといって仲間の者であることが後になって判った。それで中村の小父《オジ》さんに連れて行って貰うと、鉢植えでも柱懸けでも籠物でも、こちらが欲しいという物が中るにきまっていた。余談に亘るが中村のおじ様の事を思い出して記して見よう。

中村の家は馬場町の角屋敷で、主人公の群刀斎は父の友人であったので、始終私の宅へ遊びに来られて、敬坊敬坊と可愛がって下さった。時代が産んだ彦根の奇人で名物男であった。鐘馗か関羽の様な髯を生やした偉丈夫で剣道の達人であった。乱世に生れ合わせたら、天晴《あっぱれ》抜群の戦功をも樹て得べき人であったろうが、維新後不遇で、監獄の看守をして一生を終われたのはお気の毒であった。此の人は見かけによらぬ親切で慈悲深い人であるから、監獄内でも威令よく行われ、囚人共は実によく心服して居て、満期放免になると必ず中村の家へは礼に来たとの事であった。趣味の深い方で、庭に金絲南天其の他の盆栽も沢山あったし、尺八がなかなか上手で、成島翁の高弟で鶴の巣籠とか千鳥の曲などがお得意で、婆芸者をつれて宅へ来られ、三味線に合わせて吹奏された事もあった。あの恐ろしい髯面からどうしてこんな粋な音を吹き出されるかと不思議に思った。この髯面の大男が背の高い鹿児島といった表付きの桐の下駄をゴロンゴロンと引きずり、関取の着る様な荒い縞の絹の着物を着て、腰に煙草盆程もある焼桐胴藍形の大煙草入れをブラ下げて居られたから、遠方からでも此の異様な偉丈夫を見て、中村のおじ様が来られるという事が一目で判った。網打ちが好きで、よく芹川尻へ鯉、鮒、鱒や鯆《ハス》打ちに出かけられた。漁師仲間ではこの川の中に並ぶ順序がなかなか喧《ヤカ》ましいが、そんな事に頓着なく、漁師共の居並ぶ中を平気で尻をまくりジャブジャブと入りこみ、一番良さそうな場所を占領されるが、誰も不平を言う者がなかった。臍の辺り迄裾をまくり、水の中に立ってジーッと魚の来るのを覗って居るが、時々水の中で脱糞され、それがフワフワと流れて、他の漁師共の所へ漂いつくのには閉口したそうである。或る時、犬殺しが来て、何疋も殺した犬を入れた箱車を馬場町の角に置いて犬を追って居たが、其の隙に箱の中から大きな犬の死骸を引き出し、庭の金柑の根の肥料《コヤシ》に埋められた。これを知った犬殺しは呶鳴り込んで来たのをアベコベに、「あれは俺《オレ》の家の犬だ。俺の大事な犬を殺して、まどて返せ」と逆捩《さかね》じを食わされ、流石《サスガ》悪合手の犬殺しもスゴスゴと引き下がったとの事だ。此の人に二人の男の児があった。外で喧嘩をして泣かされた子が「おうちの卯さんが泣かさはりました」と訴えて来ると、「そうかなあ、それじゃ帰ったら饅頭でも買って食べさせてやろほんな」との挨拶に、泣く泣く引き下がる外はなかった。そして家の子が帰って来ると、叱るかと思いの外、「喧嘩はしてもよいが泣いたり負けたりする事はならぬ。敗けたとあっては家へ寄せつけぬぞ」と言い渡される。それで此の家の卯さんは年の割に我慢強であった。

この小父さんの為す事が総て奇抜で、茶目の私にはたまらん痛快を感じ、小父さんが好きであった。小父さんも亦、自分の家に子供があるのに、私を特に「敬坊、敬坊」と可愛がって下さって、大切な尺八を惜し気もなく下さった事もあった。天神祭に天神様へつれて行ってやるからついて来いと云われ、お伴をして行くと、私を抱いて団子細工の籤を引かせ、一番上等の鉢植えの梅が中るので嬉しかったが、祭りに行くのに平日漁に行く時の汚い乞食の様な襤褸《ぼろ》着物を着て、若い女達の大勢集まって居る所へ行き、態《わざ》と大きな放屁をせられるので、子供乍ら赤面する事も度々あった。元来、団子細工を抽籤で領つ事は射倖心を唆《そそ》る賭博類似の行為として警官から禁じられてあった。それで警察が見えると板物の瓜や茄、猫や鼠、栗、柿等の形をした糝粉細工を一つ一銭で売って居るが、警官が見えなくなると上等の品を抽籤で売って居た。この団子細工屋二人とも賭博犯で度々上げられ、臭い飯を食って、中村群刀斎の厄介になった事があるので、中村の小父さんを見ると、お世辞やら御礼のつもりで上等の品をあてたのだと思う。大分横道へ外れたが、元へ戻ってこんどは食べ物店の話を記して見よう。

食べ物店は相当にあったが、食べ物を買う事は卑しいとか、お行儀が悪いといって叱られたから詳しく覚えては居ない。石の鳥居の左側に猪首のおだまき屋が出て居た事は初天神に記したと変わりはない。石畳の右側には葦簀囲いのした大きな飴屋と菓子屋があった。大抵は戸板の上に緋金巾をかけた露店であるが、葦簀《イタドリ》囲いの店は合羽を屋根に被い、雨降りでも差し支えのない様にしてあった。春祭には虎杖、岩梨、金柑、茹で卵、竹羊羹、肉桂水の入った黄色と赤色のした瓢形の首の細長い硝子瓶、赤い帯をした柴肉桂などを売る店は何軒もあった。

飴屋は大白飴と書いた看板の額を掲げ、大きな傘を店にさしかけて、たんきり飴、肉桂飴、薄荷《はっか》飴、胡麻入り飴、黒砂糖の飴玉等、いろいろの飴を売っていた。紀州の名産みかん飴、静岡名産わさび飴とか「甘いと辛いが司で御座い　買ってらっしゃい買ってらっしゃい」と客を呼ぶ者もあり、又金時飴とて「飴の中からお多さんが　金時見よとて首出した」と節面白く歌って、棒飴の一方は金太郎、一方はお多福の顔《カメ》が折っても折っても表れる飴を売っていた。樽の中の飴の塊を鏨《ノミ》で割って売るじょうせん（朝鮮？）飴もあった。又長い葦の先に瓢簞、鶴、手まり、狸、福良雀、鶏などの形を飴を吹いて膨らませ、きれいに彩色し、ビラビラと金箔をつけなどして並べ立て、チャルメラという真鍮の喇叭を面白く吹き鳴らし、子供の購買欲を唆って居た。此の飴屋は細工飴の外に、短い葦の先にこんろで温めてある鍋の飴を巻きつけ、一銭に五本か十本で売っていた。駄菓子屋も何軒もあって、粟おこし、生姜糖、うどん粉を油で揚げた花林糖、金平糖、肉桂入りの金米糖、薄荷糖、生姜板、豆板、ねじん棒、あじゃぼじゃ、猫ちん等を売っていた。

肉桂砂糖とて、ざらめの砂糖に肉桂の味をつけ、蛤貝や小さな薄板の箱に入れ、赤紙の帯封をし、ブリキの小さな匙を添えて売っていた。肉桂の香と味は子供に強い魅力があるものと見えよく売れた。長い瓢形の薄い硝子瓶に入れ、赤紙を口に貼った肉桂水なども買い求め、一時に呑むのが惜しくてチビリチビリと舌の先につけて賞翫したが、いつのまにやら減って半分位になると、水をさして瓶一杯にしたが味が悪くなった。肉桂砂糖でも、付けたる匙で掬ってペロペロ舐めるのが惜しくて、蛤貝のまま口に啣え、肉桂くさい息を吸って楽しんだ。まだまだあると思って貝を開けて見ると、残り少なくなって居るのが淋しかった。肉桂の根を三寸宛程の長さにし、五六本宛程赤い紙帯で縛ったのも噛《カ》んだ。皮肉桂とて辛い肉桂の味のする肉桂の厚い皮も、端から少しずつ噛じった。割箸の先を肉桂油に浸した、とても辛い肉桂箸も舐めた。肉桂昆布、肉桂紙、肉桂飴などもしゃぶった。今でもこの肉桂の香を嗅ぐと、子供の時を思い出して引きつけられる。肉桂の皮や粉を入れた肉桂餅やかき餅など忘れ難いものであった。あまり辛い肉桂を食べると逆上《ノボ》せるから、子供に毒だと注意されたが、それでも眼から涙のポロポロこぼれる程辛いのがうまかった。

蒸《ム》したてのほこほこ饅頭、外良《ういろう》餅、がらたて団子、黄色の飯粒のついたいが餅も売っていた。焼板の上に真鍮の輪を並べ、金鍔も焼いていた。金の匙で叩き乍ら焼く紅梅焼もあった。型に入れて焼く太鼓まんじゅうもあった。醤油の焦げつくうまい香をさせる串団子もあった。蓬団子も売っていた。長い棒の様な麩に黒砂糖を塗った材木の様なのが並べて売ってあった。煎餅まんじゅうの皮で作ったお多福の面、蛭子、大黒、招き猫、福助、赤い鯛等に砂糖で甘味をつけ、笹に吊したのもあった。肉桂水の赤や黄色の瓶の並べてある店には皿に赤いうみほおずきと白い長刀酸漿《ホオズキ》が入れてあって、よく女の児が買って口に啣えてグーグー鳴らせていた。これは食物ではないが口に入れるから思い出した。甘酒屋が、三国一と記し、お多福の面をかいた看板を出し、絵馬堂の中で腰掛けを出し、「甘い、甘い」といって客を呼んでいた。客があると柄杓で真鍮の釜から甘酒を茶碗に注いで出した。母はこの甘酒が好きであったが、私は爺が水洟を垂らして居るのと、人の呑んだ茶碗を十分に洗いもせずに使われるのがいやであった。

食べ物の事はこれ位にして、石ヶ崎町の角を廻ると、両側に沢山の植木屋が並んでいろいろの木を売って居た。軒より高い木も沢山あって、森の様であった。どんな木があったかよく覚えて居ないが、石楠花や牡丹、芍薬、藤の花等がきれいに咲いていた。祭りの最終の日の夕方、父に連れられ安くまけさせて買った沢山の木を荷って帰った事もあった。庭の芍薬畠のは大部分此処で買ったのであった。私の家の庭園には植物園とでも言う程いろいろの種類の木や盆栽があったが、大部分は天神祭に買ったのと、本城から押し売りされたのであった。

この他、境内の砂利場に大勢の見物人を円形に集め、黒紋付の襷がけ、高足駄を穿《は》いた男が、一間程もある大刀を腰にして、居合抜きをしたり、独楽廻しをして歯磨き粉を売っていた。大人の袂の下を潜って見ていると、見物の子供を引き出し、白い粉をつけた紙を咬ませ、長たらしい口上の後、痛みなしに抜歯するといって、ブラブラになった虫歯を抜いて見せ、「どうだ少しも痛くないだろう」と云われ、痛かった、と云えばあの長い刀で切られるとでも思ってか、ビクビクして涙をポロポロ流し乍ら、痛くない、といっている子供もあった。私は引き出して歯を抜かれると困るが、独楽廻しや大刀抜きは見たいので、固く口を結んで長い間立っていたが、銭が要《イ》らぬ芸当だから辛抱して見ていた。三宝の上に山の様に積んだ虫歯を見ると恐ろしくもあった。又別に、切り創、突き傷、火傷の妙薬ガマの油と長口上を演《の》べ、干ぼしのガマを並べ、朱肉の様な赤い油薬を、人相の悪い男が刀で自分の腕を切り、其の薬をつけて実験して居るのが凄かった。

　無銭見物の序《つい》でにチト書き残すのは気の毒であるが、さりとて天神祭の思い出から除外する事の出来ないものがある。人寄せのうまい源水の独楽廻しや居合抜きにも増して、大勢の人が黒山の様にたかって居る店がある。ソーッと潜って前の方へ出て見ると、勘助、お兼の夫婦が物凄い勢いで掴み合いの大喧嘩を始めている。見世物なら木戸番が、丁度よいとこ丁度よいとこ、と呼び立てるのだが、あまり毎度の事で、こんな犬も喰わぬ夫婦喧嘩の仲裁する者もなく、寧ろ、ヤレーヤレーといった様な煽動《オダテ》気分で、余興でも見る気持ちの面白半分で見ている。

勘助は石ヶ崎町の井伊様の門長屋に住み、日頃は日雇拵《ひようカセ》ぎをして能く働く黒痘痕の小男で、嬶のお兼は色こそ黒いが目鼻立ちもよく、チャンとお化粧でもしたら相当に見られる質《ショウ》の大女で、芹橋組の足軽士の娘であった。勘助が日雇働きに同家へ出入りして居た時に出来合った野合の夫婦である。このお兼は平生髪の毛は牛の糞にキリリッと結び、襦袢に腰巻姿で赤児を背負い、なりふり構わず桑摘《ツ》みでも洗濯物でも賃仕事に雇われて、一生懸命に働く口も八丁手も八丁の仲々の甲斐性者である。何の因果か恋し合って一緒になったにも似ず、日々《ヒニチ》毎日寄ったら夫婦喧嘩の絶え間がないので、あの十人もの子供をいつの間に作るのだろうといらぬ心配する人もある位である。天神祭には遊んでは居られぬ、一文でも儲けようと境内に出す勘助夫婦の店は、戸板の上に緋金巾を被い、竹羊羹と肉桂水の瓶を綺麗《キレイ》に並べ、虎杖を入れた桶と茹で卵を作る七厘にかけた釜から成るささやかな物ではあるが、大勢人の居る晴れがましい場所でもお構いなく例の喧嘩を始めるので、店は引っくりかえり、肉桂水の薄い瓶は破れて損害も少なくない。こんな事なら一層店を出さぬ方が結局徳な位に思われる。

さて、喧嘩の発端は何であるか知らんが、互いの口争いが嵩じて、「ナーニ、殺す。殺すなら殺しやがれ」と嬶が疳高い声で呶鳴る。親爺は「ヨーシ、殺して欲しけりゃ、殺してやる」と天秤棒を振り上げる。嚊は、ナーニ糞、と必至になって親爺の胸倉取ってギューギュー押さえつける。小男の悲しさ、親爺は嚊に押し倒され、組み敷かれ、手足をピンピンと亀の子の様にも掻く、嚊は馬乗りになって咽頭をしめつける。親爺は窮して嚊の髪の毛を掴む。嚊は恥も外聞もかまわず髪振り乱し、脛も露わに親爺の睾丸を掴む。背の子はヒーヒーと火のつく様に泣く。親爺は急所の痛手に堪え兼ねて降参する。やがてブツブツ小言を言い乍ら二人して転覆した店を直し、品物を並べ乍ら、こんどは群衆に向かって嚊は「何を見て居やがるんだい。見世物じゃないぞ」と悪たいをついて喰ってかかる。群衆は「あの蚤の夫婦の様な大女に小男の取組では叶いっこないよ」とか「アア面白かった。無銭で見物しては勿体ない」とか「あの嚊は流石侍の娘で柔術の手を知って居る」とか噂とりどり退散する。子供心にホンとに殺すのか知らん、どんなになるかと心配したが、案外あっけなく済んで物足らぬ様でもあった。

売物店もすんだから次にお祭りの御輿の思い出を記そう。本祭の日の午前十時頃になるとドンガンドンガンと鉦太鼓の音に、お宮から三丁程離れた私の家の障子がビリビリと響く。「ソリャ、御神輿が来た」と大急ぎでお宮へかけつける。祖母と母とは「危ないから気をつけなさい。御神輿や太鼓の側へ行くのではありませんよ」と注意される。直径六尺程の大太鼓の上へ、綺麗な襦袢を着たまんじゅ頭の子が乗っていて、若い衆や子供連中が太い綱でエイヤエイヤエイヤと曳いて来る。太鼓の重みで台の車がギーギーと音を立てて軋《キシ》る。後ろから太い丸太棒を挺子にして台をこじて押す。腕自慢の若衆が、右手に三尺程の太い撥棒《バチ》を振り上げ、左手に稍《やや》短き棒を持ち、先ず左手の撥棒にてドンと叩き、次に右手の棒にて力任せに強くドンと叩く。このドンドドン、疲れる迄繰り返すと次の若衆が代わって叩く。この叩く数の多いのを自慢にする。鉦は径二尺五寸程の叩き鉦で、台車に載せて曳いて来る。若い衆が大きな撞木で太鼓に合わせてガンガンと叩く。ドンドンガンガンの勇ましき鉦太鼓の音に、耳の鼓膜が破れるかと思われる。其の後ろから黒塗り金色金具の大御神輿が鏡を四方に吊し、金色燦然たる瓔珞をキラキラ輝かせ、紅白の太い捩り綱の金の鈴をガランガランと鳴らせ、揃いの衣裳に白縮緬の兵子《へこ》帯襷がけ、捩り鉢巻に白足袋はだしの威勢のよい大勢の若い衆に担がれ、黒紋付羽織袴に白足袋麻裏草履穿きの世話方の白扇の指揮に従い、ハヤラコイハヤラコイハヤラコイハヤラコイの掛け声勇ましく、或いは高く差し上げ、或いは低く下げ、右に押し、左に返し、道幅一杯に揉みにもんでやって来る。御神輿に圧し潰されて怪我人も出る。格子を破られる家もある。逃げ損なって潰される露店もある。前へ進むかと思えば後ろへ退く。急に駆け出すこともあり、なかなか進行しないがヤット境内へかつぎ込む。私は要領よく、安全地帯である高い石台の上の青銅の臥牛に跨り、此の騒ぎを見ていた。此処ならどんなに騒いでも祖母や母の心配される怪我の患いはない。神輿が境内に入ると一層劇《はげ》しく鉦太鼓を鳴らす。神輿を盛んに揉む。ヤット神門の前に担ぎこみ台の上に据える。此の時、神殿よりドンドンと鳴る火焔太鼓の音、ヒューヒューと或いは高く、或いは低く鳴る笙篳篥の雅楽の音が響き渡る。音吐朗々たる神官の祝詞《ノリト》、パンパンと拍手の音が聞こえて来る。境内の鉦太鼓の賑やかな音と、神殿の荘厳なる儀式と相待ち、お祭り気分のクライマックスに達する。

此の中藪の神輿や鉦太鼓と別に、稍小形の神輿や鉦太鼓が同様に繰り込んで来て、白山神社の前で囃《ハヤ》されたが、中藪と長曽根の若い衆同士の衝突から神輿がかち合いがあり、血塗れ騒ぎの喧嘩で怪我人も出来たので、警察の注意で、中藪は午前中に、長曽根は午後に神輿や鉦太鼓を繰り出す事になった。其の後、明治二十二年に立派な御鳳輦が新調せられ、有職の服を着用した男女の稚児の参列した御渡御が、一番町蓮華寺前の御旅所まで市中を練りて繰り出す祭事が執行される事になった。社格も県社に昇格した。これで子供の時に千代の宮の御渡御を見て肩身の狭い思いをしたが、御渡御も調度や衣裳が新しい丈に却って立派であって嬉しかった。

次に祭礼には宅でどんな御馳走があったかを思い出して見よう。先ず本祭の日の朝早く、赤飯（強飯）が大盥の様な飯盆に山盛りに作られる。これを八寸の重箱に詰め、南天の葉をのせ、蓋の上に胡麻塩包みの紙を添え、上辺の親戚へ贈った。彦根では祭りの時は家中は強飯、町家ではお団子と定まっていた。それから直径の二尺程もある大紅鉢に五目ずしが一杯作られた。其のかやくは湯葉、椎蕈、干瓢、筍、胡麻、縮緬雑魚《ジャコ》等の材料で、これも親戚へ強飯と一緒に贈った。お客に出す時はお寿司の上に卵焼の細刻み、紅生姜の細切り、山椒の葉をのせてあった。お煮〆はこれも大紅鉢に入れてあって、材料は筍、款冬《カントウ》、蕨、焼豆腐、鯣《するめ》等であった。お肴は鰣《ハス》の塩焼、石斑魚《ウグイ》や小鮎の煮付、烏賊膾、烏賊と筍の木の芽和え、独活《ウド》の酢漬、卵と款冬と独活の吸い物に木の芽山椒を浮かした吸い物、鯡の昆布巻等で、朝から何度でも食べ放題に食べ、腹が張って苦しくなると天神様へ行き、腹が空くと帰って来て、又腹一杯詰める。食べたくなくても人が食べると自分も食べる。こんなに暴食して胃腸を損す事もあるが、祭りがすむと急に淋しさを感じた。

それから祭りのお小遣銭として父から貰うのが、宵宮が二銭、本祭が三銭、後宵が二銭、計七銭であるが、特にお願いして三銭、四銭、三銭の十銭に増額して貰う事もあり、祖母や母からも幾らか貰い、強飯や寿司を親戚へ持って行ってお駄賃に二銭三銭と貰ったり、八幡から松村の叔母が来て臨時にお小遣を頂いたりしてどうにかやったが、見たい物、買いたい物が沢山で、子供に取っては大蔵大臣相当の悩みであった。早く使ってしまって、後から見たい物買い度い物があるのを辛抱せねばならんのも辛かったが、こんな事が今思い出してたまらなく嬉しい。も一度こんな子供時代に帰り度いとつくづく思う。

松原天神

隣村の松原では、松原天神といって春日神社があり、祭神は天児屋根命、応神天皇様と菅原道真公がお祀りしてあった。ここの春祭は四月の八日で、父が小学校の校長をして居たので松原の生徒の家から大きな蓬団子を貰った。赤ん坊の頭位もある様な大きな団子で、皮が厚く一口食べても餡が出ない程だ。勿論、先生様の処へ差し上げるのだからとて、特別に餡も砂糖を張り込み、皮も薄くしたのだそうだがこんなであった。白い団子と青い蓬団子とあって、上に大豆粉《キナコ》がまぶしてあった。この大きな団子を何軒からも貰って食べきれず、親類へ頒けたり、又中の餡丈食べて皮を洗い、焼いたり乾したりした事もあった。母は生徒の家から貰ったのは、重箱の上へ美濃紙一帖か筆を一対宛位のせて、お移りとして返して居られた。このお宮には御渡御も御神輿もなかった。

千代神社

佐和山の南、彦根から中仙道の鳥居本の宿へ出る道に切通しの坂がある。其の南の山麓に千代神社がある。俗に千代の宮さんと言っている。御祭神は天宇受売命という女の神様で、古事記によると（以下、略）

とある。こんな功績のある神様を、お臍の下まで出して踊り狂う女の神様が何だい、天神様は文学の神様で忠義な方だよ、御渡御が何だい、天神様には大きな太鼓があるよ、と子供丈の負け惜しみをいったが、四月十五日の春祭は御渡御もあり、金持ちの氏子の多い丈に賑やかであった。

六月

蚊と蚊遣り

天神祭がすむと早や蚊がブーンと出て来るので、蚊帳を吊らねばならぬ。彦根は実に蚊の多い所だ。城の周囲の濠が多いのと下水が通ってないから、何処《ドコ》の家でも庭の隅に台所の流し水や風呂の落し水の溜め池があって、孑孑《ボウフラ》が一杯に出来ている。小さなアカイエカから昼間でも出て来て血を吸う大きな藪蚊まで其の種類も多く、日が暮れるとブンブンと家の中へ襲って来るが、曇った鬱陶敷き日には昼間も遠慮なく入って来てチクリと刺すし、又中にはマラリヤを媒介する恐ろしい奴も居るので、夏はマラリヤ患者も相当に多い。実際、夏に蚊と蝿が居なければ、裸でくらせてどんなに楽かと思う。高宮蚊帳とて全国に売り出して有名なのも、結局蚊が多いから自然と良い蚊帳が出来る様になったので、意張った話でもない。

此の頃になると、原、小野、鳥居本、或いはもっと奥の山から、朝早く神仏に供うるお花売りが蚊燻《ふす》べを売りに来る。このお花売りは、竹畚《モッコ》の一方に荒神松と俗に下くさという榊《ヒサカキ》の枝を束にしたものをのせ、他の一方に五寸程の長さに切った杜松《ネズ》の束をのせたのを担《ニナ》い、〝ヒョンヒョンシタンヒョン荒神松ワー〟〝ヒョンヒョンシタンヒョンモロダの蚊フスベワー〟と何売りとも判らぬ妙なふれ声で町中を売り歩く。モロダと云うのはネズの方言ムロをと誤り、モロダと訛ったのである。このモロダは松や杉の様に燃え上がらないで、燻べると白煙濛々と立ち上りいぶるので、蚊はドンドンと外へ逃げ出す。夏の日暮になると、「サア蚊燻べをしなさい」といわれ、提手のついた蚊燻べ火鉢にモロダを心に蚕《ソラ》豆《マメ》の殻（莢《さや》）、みかんの皮、鋸屑等を添え、薄暗い部屋の隅の蚊の多く居そうな処から、団扇でバタバタ煽《アオ》ぎ、煙くて目から涙をポロポロ零《こぼ》し、咽喉がいがらっぽくてコンコン噎《ムセ》び乍ら、盛んに燻べて蚊を追い出す。時にはパッと燃え上がる事もある。其の時は火鉢の箱の隅に入れてある徳利の水をかけて消す。軒を伝って屋外へ立ち昇る白煙と共に蚊は外へ逃げ出す。外には高く低く蚊柱が立っている。ここ暫くは裸でも居られるので此の侭に部屋を閉《シ》め切って置けば良いが、熱くてたまらず、開ければ又もや直ぐにブンブンと襲来する。談《はなし》をすると顔にトントンとあたる。口を開いて息を吸うとのどへ飛び込む。ウーと低い声を出すとワーッと蝟集する。実に仕末に了えない奴だ。夜、お客があると先ず蚊遣り火箱を持ち出し、接待のつもりで盛んに蚊燻べをやる。お客が、モウもう結構です、と辞退されるまで御馳走ぶりに燻べ立てる。中には、私は狸でありませんよと噎《ム》せ乍ら言われる方もある。「もてなしに痛み入ったる蚊遣哉」とは全くこれをいったものである。

蚊帳の中へも子供の出入りが多いのでいつのまにやら入って来る。蚊を入れない様、とやかましく言われ、渋団扇で蚊帳の裾をバタバタ煽って置いて、なる丈低く屈み、ポイと急に中へ入る。それでもついて入ると見え、夜中に目を覚ますと、子供が蚊を入れたから眠れないといって、父は蝋燭の焔で蚊を焼いて居られる。蚊帳に止まっている蚊に焔を近づけられてポッといって焼け死んで落ちる。蚊の方でも安全地帯と心得て蚊帳の天井や隅へ逃げこむと、ゆすり出して焼く。厄介な事だ。

後年、除虫菊や蚊取線香が出来てこんな旧式な蚊燻べもなくなり、懐かしいモロダ売りの声も聞かなくなったが、夏の風物の一つがなくなった様な気もする。それでも蚊も少なくなり、随《したが》ってマラリヤも少なくなったのは有難い事である。

マラリア

彦根地方の風土病におこり（瘧）というのがある。これは支那では瘴といい、医者の方ではマラリアといっている。伊太利語で「マラ」は悪い、「アリア」は空気という意味で、悪い空気にふれるとかかる病気と考えていた時代もあったらしい。彦根でもアノフェレスという羽斑蚊が「プラスモヂュム」という原虫を媒介して起きるという事の分らなかった時代には、青梅を食うとおこりを震うとか、不思議な病気であるので何か憑《つ》き物がするのだともいった。盆のお墓掃除に清涼寺へ行くとよくマラリアに罹るので、亡者が憑いて来たとも云った。実際お墓には大きな薮蚊が多く、人の血に飢えて居るので、人の匂いがすると蝟集して来て螫《さ》す。お坊さんがお墓でお経をあげられると沢山の蚊があの坊主頭にたかる。見るまに尻から血をポトポト滴らすという劇《はげ》しい吸い方である。墓掃除に一番困ったのはこの薮蚊退治で、盛んに煙を燻して防いだが、それ位で退散する生《ナマ》やさしい奴ではない。それも単に吸う丈なら痛い我慢も痒い辛抱もするが、おこりを震うので困った。

五月から十月頃まで、蚊の出ている期間はおこりの患者も多く、土地の者はあまりに多いので珍しがらず、又おこりかと軽く見る風もあるが、他から来た人には随分重く感ずると見え、中学校の英語の教師のファーレルという英人が彦根でマラリアに罹り、暑中休暇に死んだ事があった。蚊に螫されて「マラリア」をうつされると、十日か二週間程経って、体中がだるいとか、腰がだるいとか、頭が重いとか、頭痛がする、食物がまずいという風に工合が悪くなる。それから二三日すると急に悪感《サムケ》がする。体がガタガタとふるえる。夏の炎天に出ても歯がガチガチと音がする。顔の色は蒼白くなる。手足が冷たくなる。唇は紫色になる。めまいがする。はきけがして食べものを吐く事もある。布団を沢山頭からおっかぶせて上から人が押さえても、からだがガタガタふるえてやまない。これが一二時も続くと寒気はなくなり、こんどは反対に熱くなって、三十八度から四十度迄位の熱が出る。体温が高くなると顔が真紅になる。眼も赤くなる。口が乾く。頭や体中が痛み出す。あまり熱が高いと頭が変になり、囈言《ウワゴト》をいったり、あばれたりする。この灼熱が四五時も続くと全身から汗がダラダラと流れ出て、風呂から上がった後の様な気分になり、寒くも熱くもなく平温になってけろんとしている。翌日は悪寒もしなければ熱も出ないが、一日置いて又其の時刻になると寒気がして熱が出る。なる程、昔の人が憑き物がしたと思った筈だ。これを「三日熱マラリア」というが、偶《タマ》には「毎日おこり」といって毎日熱が出るのもあった。これは「熱帯熱マラリア」とも「悪性マラリア」ともいうので性《タチ》が悪い。

南アメリカの土人は「キナ」の木の皮をかじって此の病気を治すので、「キナ」の木の皮から「キニーネ」という特効薬が発見されてから、医者はこの「キニーネ」を飲ませて治すようになった。しかしこの服用する時間が六ヶ敷《むつかし》いが、土地の医者はよく心得て服用させた。まだ「キニーネ」のなかった幼少の時代には、憑き物と思って居るので、刃物をソーッと病人の寝床の下に入れたり、急に喫驚《ビックリ》させて落したが、大抵四五回も震うと自然に回復はしたが、発熱の日になると何だか朝からいやな気がした。熱は多くは午後になって出るが、昼飯の時にガタガタ震え出すこともあった。子供の時、マラリアに罹ると水泳が出来ない。それでも間日《マビ》に波止場《ハトバ》の桟橋に立って、他の子供等の元気よく泳いでいるのを羨ましそうに蒼い顔して見ていると、友人が側へ来て、何故泳がぬか、と聞くので、おこり震っているんだい、と答えると、いつのまにか其の友人がソーッと後ろへ廻り、私を桟橋から湖水の中へ突き墜とす。汽船の発着する所だから深くて背は立たず、溺れまいとしきりに藻掻《モガ》くが、着物が濡れて重く沈みそうになる。一生懸命になってヤット泳ぎ上がると不思議におこりが落ちて、翌日から震わない。この手でよく友人のおこり（ダル）も落してやった。それでも度々おこりを震うと貧血になり、脾臓が腫れて身体が倦《ダル》く、蒼い顔して元気がなくなる。

先年、私は十月十七日に帰省して松原でマラリアに罹り、東京へ帰って十日程経って発病したが、熱が高いので医者はチブスと診断した。私は子供の時の経験でマラリアと判って、其の事を話しても「マラリア」の経験のない医者は頑としてチブスを主張し、入院をた、と負け惜しみをいっていた。

それでも頑固の医者で沽券にかかると思ってか、あなたのは「マラリア性チブス」であっ

勧めるのに困った。それで私は「キニーネ」を服用して治したが、医者は驚いて居たが、

梅雨《ツユ》

夏の始め、六月の中旬から七月の上旬にかけて、北西の季節風が変わりて南東の季節風となるが、土地がまだ冷えているから多量の水蒸気が凝結して、支那の南方から我が国一帯、引き続き雨が降る。これを梅雨又は五月雨《サミダレ》といっている。六月の五日頃、芒種の後、壬（ミズノエ）の日を入梅（ツユイリ）と云い、夏至の後の庚（カノエ）の日を出梅（ツユアケ）といって、其の前後に降り続くので俗に梅雨三十日といっている。入梅前の雨を迎え梅といい、出梅後に降り続く雨を送り梅といっている。この季節は田植の期節だから、田植笠を被って植え付けするお百姓には水が多くて喜ばれるが、養蚕家は困る。

この梅雨の季節は雨降りの日が多く、毎日毎日シトシトシトシトと降り続き、軒の雨垂れがジョボジョボと不快な音を立てて受樋を叩く。空気は湿っぽく、畳はジトジトになり、汚れたるものには黴が生える。飲過ぎた畳の酔は梅雨に出る、で畳に酒のこぼれた処がわ

かる。食物は早く腐敗する。お茶や海苔は色も悪く香もなくなる。煎餅やかき餅がクナクナになる。子供等は温めた煎餅を巻いて巻き煎餅にする。食欲は減退する。飯櫃《ハチ》は乾かず、いやな匂いがする。無理に茶漬飯を掻き込む。腸胃は弱る。身体が倦怠《ダルク》なる。下痢患者が出来る。頭痛持ち、疝気《せんき》持ち、神経痛が起きる。脚気も出る。気がクシャクシャとして鬱《ふさ》ぐ。太鼓も三味線も変な音を出す。三味線も風声の出る梅雨の内、で皮が離れる。膠着けの物が離れる。臭くなる。五月雨のかまどへくべる口小言、で薪や柴も容易に燃えつかない。火打箱鍛冶屋程打つ五月雨、で引火奴《ホクチ》が湿って燧石《ヒウチ》と火打金をカチンカチンと打っても火が移らぬ。五月雨下女あつくなる火打箱、でマッチも湿り、擦れば頭が飛んで火はつかぬ。鯣《するめ》は臭くなる。鰹節は青くなる。鯡《ニシン》は青い粉が立つ。餅は黴びる。糊は臭くなる、毛が生える。床の掛物や額、屏風、衝立、襖までダラリと紙が伸びて垂れ下がる。連日の雨に意外な所に雨漏りがする。

母の寝物語に、山中の一軒屋に一人の老婆が住んでいたが、家が荒れても修繕が出来ず、雨の日にはひどい雨漏りに困っていたが、或る夜狼が来て、この老婆を食わんとソーッと軒下に隠れて忍んで居ると、俄に雨が降り出して雨漏りがするので、老媼は、狐よりも、狸よりも、狼よりも漏るぞ恐ろし、といった。これを外で聞いた狼が、自分よりも恐ろしいモルゾという奴が此の家に居る。こりゃたまらんと尾を巻いて逃げ出した、と話されたので、子供等は古い家でどの室もどの室も雨漏りがすると〝モルゾ恐ろし、モルゾ恐ろし〟と云って、大盥、中盥、足盥、洗濯盥、湯桶に手桶、小桶に金盥と総動員して雨受けをする。ポチョンポチョンといやな音がする。受け物が浅いとはね出す。ひどくなると伝うので、畳を揚げる。天井では鼬《イタチ》や鼠が騒ぐ。天井から蜈蚣《むかで》がバサッと落ちる。蚰蜒《げじげじ》がゾロゾロ這い出す。湿った畳から蚤がピョンピョン飛び出す。腐った物に蛆が出来る。蝿がブンブン飛び出す。食物にたかる。伝染病が流行する。物干竿や釣瓶竿、流し元の水甕や柄杓の柄に蛞蝓《なめくじ》がヌラヌラ這い出す。竹垣や板塀に蝸牛が痕をつける。傘は乾す間がないのでロクロが損じる。紙は破れる。下駄の鼻緒が切れる。靴は青かびになる。裏皮が伸びてグチャグチャになる。軟らかくなってすぐに破れる。水が洟る。履下がぬれる、臭くなる、破れる。外出は臆怯《おっくう》だ。気が滅入って身体が腐りそうになる。実に幽鬱だ。毎日毎日空ばかり眺めて、早く上がらないかと歎つ。寝小便垂れの布団は乾かず臭くなる。ぬれたおしめは山の様にたまる。火にあぶりて乾かす。いやな臭いが部屋中に広がる。赤ん坊を持つ母親の苦労も一方でない。この梅雨を喜ぶのは植え付けをするお百姓は別として、傘屋に桶屋、下駄の歯入れ、蛙に蝸牛、魚位なもので、池の緋鯉が大きな音を立てて跳ねる。鮒や鯉はぞくぞく湖水から川へ溯る。蛙が池や田圃でゲラゲラと楽しそうに鳴く。雨蛙は木の葉や枝の上で人の心も知らず、切《しき》りにフレフレフレフレと雨を呼ぶのも腹が立つ。戸障子もきしんで思う様にあかぬ。引出しはこだわる。煙草は湿って火がつかぬ。癪《しゃく》に触ること夥しいが仕方がない。降る丈降れと諦める。

やがて雷がゴロゴロと遠くの方で鳴り出す。雲が切れる。ニコニコと陽《ヒ》がさす。そろそろ梅雨も上がるぞと漸く愁眉を開く。ヤット七月になり、町に〝つけ梅、つけ梅〟と青梅売りの声が聞こえる様になると、長雨もカラッと霽《ハ》れて、やがて真夏の炎熱がやって来るのである。

桑摘《ツ》み

江州の湖北、坂田、東浅井、伊香の三郡は古来養蚕の盛んな地方で、彦根の邸址の桑畑も大部分は其の地方の需要を充たす為で、六月養蚕の盛りになると、其の地方から桑買い船が何艘も何艘も天神前の船着場へ殺到する。茶伝と山捨との両仲買人が大勢の桑摘み女を狩り集めて桑買いに来る。あちらの桑畑からもこちらの邸からも賑やかに桑摘み唄が聞こえて来る。平生、狐狸の巣窟である馬場町や観音堂筋も桑畑が多いので、忽ち物凄い活気を呈して来る。東中島でも西中島でも西ヶ原でも桑摘みが始まる。どこそこでは何銭《イクラ》に売ったからとて一銭でも高価に売ろうとする。買い手の方でも一銭でも安く買って儲けようとする。算盤珠をパチパチ弾いて値が定まり、話が纏まり手を拍つと、待機していた桑摘み女がドヤドヤと入り込んで来る。家では番茶とかき餅か煎餅位は出してやる。此の辺りの桑は皆喬木仕立てで、三間梯子が桑の木にかけられ、高い脚立梯子が桑の木の下に立てられると、大きな目籠を腰に結び付け、ましらの様に梯子に登り、桑の枝に跨り、桑摘みを始める。摘んだ葉が一杯になると一々秤で量り、蓆で造り、茶伝とか、山捨とか大きく墨で書いたたてに詰め、車に積んで天神前へ搬ばれる。ここで一刻も早く持ち帰り、飢えたる蚕に与えんと物凄い争奪戦が始まる。予定の量を買い得た船は急いで漕ぎ出すという大騒ぎを演ずる。

　宅の桑を売った時には母も桑摘みをせられる。私にも手伝いをさせられる。一貫匁二銭の摘み賃を貰う。この臨時収入が魚釣針になったり、とんぼさしの鳥黐《もち》になったり、夏の間の寺々で勧修《ごんしゅ》する法会の小遣銭になったりして潤うのであった。信《ノブ》という大工の嬶や勘輔の嬶は桑摘み女の大関で、他の女達がヤット七八貫匁位より摘めないのに、「手前等は何をグズグズしていやがるんだい」と叱り乍ら、悠々と十二三貫匁は摘む。口も八丁手も八丁の女であった。信の嶋は三間梯子の上から墜ちて大腿の骨を折り、梯子乗りが出来なくなった。湯本の奥様も桑摘みに来られたが、子供に菓子の一つも買ってやろうと思うと遊んではいられません、と言われた。蚕の出来が意外によいと桑の相場も上がり、あまりに高くなって繭や生糸の相場の釣り合い上、引き合わぬとなると、折角の蚕を湖水へ流すことになる。西北風の強く吹く時、沢山の蚕が浜辺に漂着することも度々あった。又不作の年には桑が売れなくなる。折角あてにしていた収入がなくなるので、桑が売れたら買ってやるとの言質《げんち》の物がフイになり、失望することもあった。こんな不況が私達の夏の浴衣地や白の金巾《かなきん》の兵子帯《へこ》にまで影響するのであった。

それから桑の木には苺の様な桑椹《クワツボ》という実がなって、未熟のものは紅くて酸いが、黒紫色に熟すると甘くなるので、よく採って食べた。桑の実を食べると下痢するので、食べることを禁じられていた。それでも内密で食べて唇を紫色にして見つかったり、袂に入れて潰れ、浴衣の袂を紫色にし、洗っても落ちないので叱られたこともあった。

子守

六月二十一日は夏至で、夏の最中昼が一番長く、夜の一番短い日である。此の頃になるとお百姓は田植と養蚕がかち合うので目の廻る程忙しく、猫の手でも借《カ》り度いと云う程で、年よりや小さな女の児は赤ん坊の守りをさせられる。子守女が手拭で鉢巻きをして、背に首のグタンと後ろに垂れた赤ん坊を負っているのも見るが、又ヒーヒーと火のついた様に泣く児を揺りあやし乍ら、自分も泣き声になって子守唄を謡い、切《しき》りに背の児をねかせようと努力するのはいじらしい。又腰の屈んだ婆さんが、ヤーンヤーンと無理をいって後ろへ反りかえり、むずかる児を危うく背に負うて、痛い腰を擦り乍ら、歯の抜けた口で、皺《しゃ》嗄《が》れ声で子守唄を謡い、あやしているのも御苦労様である。

ねんねんころ市　竹馬よいち　竹にもたれてねんねしや
ねんねなさいませ　ねやる子はかあい　起きて泣く児は面憎い
かあい児にや又旅させ親よ　旅はういもの　つらいもの
ねんねなさいませ　ねやる児はかあい
あすは此の子の誕生日《ニチ》　誕生日には何買て祝う　赤い御飯にととそえて
坊やのお守りは何処《ドコ》へ行た　あの山越えて　里へ行た　里の土産に何もろた　でんでん
太鼓に笙の笛　起上り小法師に犬張子

などと低い調子で背の児の眠りを誘うのである。貧乏の家の女の児で、田植時に田舎へ子守に雇われて行った者もあった。又子守をする婆様や守り子のない家では、畚《フゴ》の中へ赤ん坊を入れて田の畦に置き、赤ん坊が腹が空いてヒーヒー泣き出すと母親は田から上がって来て、泥足を投げ出し大きな乳房を含ませている。「早乙女は子を菅笠へ植えて置き」「早乙女は子の泣く方へ植えて行き」「早乙女は子を寝かすにも田植唄」などの光景は屡々《しばしば》見る処である。宅では幸いに農繁期に田舎へ子守にやられる事はなかったが、私の学校よりの帰りを待ち受けて、学校道具と引き換えに母は小さな弟や妹を括り紐で私の背に負わせ、夕方迄頼むといわれた。それで弟や妹を背負ったまま竹馬にも乗った。木登りもした。鬼ごっこもした。走りっこもやったが、背の子供も苦しかろうがなかなか走るのに骨が折れた。かくれん坊をすると背の子は暗い処で窮屈なので泣き出して見つかって困った。背の子が小便をするとヌクヌクと背が温かくなり、いやな気持ちであった。夏は浜へ行って、大きな石や木の根に括り紐で子供を縛って置いて、水泳をした事もあった。妹が大きくなってから、其の色の黒いのは敬さんの所為《せい》だと恨まれたが、私も丈の高くなれなかったのはお前を負ったからだと云ったが、妹は負けん気になって、「嘘を仰《オ》っしゃい。私は肥料《コヤシ》をかけて上げましたよ」と人を大根か菜っ葉の様に応酬したが、こんな弟や妹も皆先に行ってしまって、只一人私丈が残って居るのが淋しい。

養蚕

母は少しの繭でも取っていくらかお小遣銭の足しにしようと、毎年忙しい中で僅かの蚕を飼われた。始めは小さな菓子箱半分位の黒い蚕がだんだん大きくなり、お膳や麹蓋、通い盆から蓆と拡張される。蚕が大きくなるにつれ桑摘《ツ》みもなかなか忙しく、母の手一つでは到底廻りきらんので、私にも桑摘みを命ぜられる。雨でも降りそうになると急に桑を摘まねばならず、日の暮れかかって薄暗いのに、母と桑摘みをした事もあった。ヤット大きく育てて胸の辺りが透き通るようになると、一々拾って藁の簇《まぶし》に入れ繭を作らせる。ヤレヤレと思うと鼠がガサガサする。夜中に起きて鼠を追いまわす。やがて繭掻きのすむ頃になると、長浜の方から生平《キビラ》の甚平に白縮みの腰巻をした男が秤と目籠と大きな麻の袋を持って繭買いにやって来る。母は繭を玄関の板間に拡げて見せると、ヤレ汚班《シミ》があるとか、繭の皮が薄いとか、粒が不揃いであるとか、鼠喰いがあるとか、何とか彼《カ》とか難癖をつけて安く買い取ろうとする。母は折角丹精して作った物だから一文でも高値に売ろうとする。そんなに小言をいうなら買って貰わなくとも他にいくらも買い手はあると拒絶される。商人は折れて、それでは損がいくがいくらで買いましょうと談《はなし》が纏まる。繭買いはいくらかの銭を置いて繭を袋に入れて背負って行く。母は御苦労であったと其の銭をいくらか私に下さる。皆の御蔭でこれ丈儲かった、と喜んで大勢の子供等に菓子を買って振る舞って下さる事もあった。それで金を儲けるにはどうしても働かねばならんと子供心につくづく感じた。

蛍狩

夏の始めになると、日暮から川端や堀のほとり、田圃などに蛍が飛び出すので、蛍狩りが始まる。堀のある観音堂筋では女の児が多くて、盛んに蛍狩をやっている処へ、馬場町から大勢の男の児が手に手に笹の葉のついた青竹やら竹箒を持ってドッと押し寄せる。「絽の羽織蛍が着ると仕舞なり」という。祖父さんか親爺の古羽織の絽とか紗とかの帛で張ったすいのうの蛍籠やら、古い蚊帳の布で作った袋を下げ、飛んで来る蛍を叩き落しては籠や袋に入れる。「一疋の蛍でくづす門涼み」。宵の内は蛍の数も少なく、一疋の蛍を争って踏み潰す争奪戦が其処此処に起こる。観音堂筋の子供等は堀の蛍を自分等の物の様な顔をして馬場町の子供等に取られるのを喜ばないでぐずぐず言うが、そんな事でひるむ様な男の児ではない。「ぬかるみへ娘を入れて蛍にげ」。女の児たちは叶わぬと退却する。くらがりで蛍を捕えようと手をさし延べて石垣から堀の中へ滑り落ちたり、蛇を知らずに掴んで喫驚《ビックリ》したりした。あまり子供等が騒ぐので、蛍は皆堀の向う側へ行って光って居る。そんな時には大声を張り上げて

蛍来いこいこい山吹来い　あんどの火影《ホ》で光って来い

蛍来いこいこい　あっちの水は苦《ニガ》いぞ　こっちの水は甘いぞ　蛍来い来いこい

蛍来い　金千代さん　昼はお笹の露ねぶり　夜は提灯竹の先　蛍来い来い来い

と叫ぶ。其の内に一人去り二人去り、あたりは益々暗くなると堀の水が凄く恐ろしい様な気がするので引き上げた。片原の堀や田圃にも沢山蛍が居た様だが遠くへは出かけなかった。

捕えた蛍を籠の中へ天門冬《てんもんどう》の葉を入れ水を噴きかけてやったが、椽側に吊したまま夏の日光の直射して居るのも知らずに殺してしまったこともあった。蛍の死んだのは瘭疽とかで指先の痛む時、飯粒で練って貼《ハ》ると治るといって祖母は保存して居られた。又蛍をすり潰して顔に塗り、暗《クラ》がりに立って、青白く光った顔がお化けの様で、人を驚かした事もあった。

七月

半夏《ハンゲ》休み

柱暦に、半夏生七月二日と書いてあり、南部の盲暦には禿頭の人が頭を手で叩いている絵が描《カ》いてあるが、夏至から十一日目をいうので、此の頃盛んに田の畦などに半夏―からすびしゃくともかたしろくさともいう―という草が生えるので名づけたことであるが、此の日を田植の終りとし、農家では半夏休みとて団子を作って休むのである。栄蔵と云う出入りの男が大きな団子を沢山造って持って来てくれた事は嬉しかったので覚えている。

栄蔵

祖父の時代に若党として召し抱えた男に栄蔵というのがいた。開出今村の者で片山栄蔵という極めて実直な男で、父の幼少の時には負ってお守りをしたといっていた。私の家では皆が栄蔵栄蔵といって家の者同様に思って親しんでいた。祖父が大和騒動十津川征伐に行かれた時、若くて元気な栄蔵は若党として旗を持ってお伴をしたので、よく其の時の話をした。祖父は此の時六十歳以上であったが、敵と槍を合わせられたのを木の蔭に隠れて見て居たが、相手は血気壮な男であり、旦那様はお年よりで危《アブ》なくてハラハラしたが、一生懸命お念仏を唱え、ガタガタ慄え乍ら旦那様の御無事を祈った甲斐あって、旦那様は相手を突き伏せになったので、ホッとして飛び出し、御側に参り、旦那様御無事でお目出度う、と申し上げたが、嬉しくて涙が止まらなかった。旦那様も少しお怪我をなさって血が流れてありましたし、余程苦しそうな息使いを遊ばして居られた。今思っても恐ろしいことでした、といった。

祖父は戦いから帰るとすぐに隠居を願い出で、息子の作十郎に世を譲られた。其の後、栄蔵は村へ帰り、百姓をして私の家へは毎月肥料《コヤシ》取りにやって来たし、又宅に用事のある時は朝早くから手伝いに来た。栄蔵の来る時によくゆり粉団子とて小米や未熟の米を粉にして作った赤ん坊の頭程もある大きな団子を焼き、中に紅蕪《カブラ》の漬物の葉を刻んで入れたのを弁当に持って来た。私等はこのゆり粉団子が欲しくて、栄蔵が来ると先ず、今日はゆり粉団子を持って来たかと一番に尋ね、宅の白飯と代えて貰った事がある。栄蔵はこんな白い御飯はお正月か祭りの外には食べないので、ふだんは麦飯か粟や稗の交じったまずい御飯なので、喜んでいた。又そんなに皆様がお好きならといって、次に来る時に風呂敷包みの中からゴロゴロと大きなゆりこ団子を五ツ六ツも出してくれた。又お祭りや半夏休みとかには特別にうまくした大きな団子を沢山持って来てくれた。又祭りの日に私を負って二里程ある村へつれて行き、お赤飯や団子や五目寿し、お煮〆などの御馳走責めで、御遠慮なく十分召し上がって下さい、とやたらに勧められて苦しくなった。泊まるつもりで行ったのに夕方になると帰り度くなって、もう帰ると言い出したので、日暮に又もや負ってつれて帰ってくれた事もあった。

栄蔵が肥料取りに来ると何かかか其の季節のお野菜を持って来て、朝早くから庭の掃除もする、割木割りもする、畑もする、種蒔《マ》きもする、風呂も沸かす、一日中休みなく働いて、夕食後、日が暮れてから村へ帰った。大掃除や餅搗きには朝暗い内から来て手伝いをし、夜晩く村へ帰った。汲み取った肥料代として金納でなく、糯米《モチゴメ》で子供は一年に三升、大人は五升の定めで年末に糯米を納めに来た。この他に小便代として幾らかの糯を納めたので、父は正月の餅は自分達の糞便を食うのだと笑われた。又母は此の子は来年から十五になるから五升にしてくれと言われると、栄蔵は快く、「ハイハイ宣敷う御座ります。もう十五におなりですか。ついこの間お産まれの様な気もしますに早いものですなあ。自分の年とって役に立たぬ様になる筈です」といった。其の頃の栄蔵は五十前後であったろうが私はよい爺やと思っていた。

夜盲症

七月になると学校の試験が始まる。ふだんに充分勉強して置けばよいとは知り乍らも、さて、そうも行かず、時間割りが発表されると大周章《オオアワ》てで俄勉強を始める。時間が足らんので夜晩くまで夜更しをする。睡眠不足になる。此の頃、買物の支払い、米屋酒屋八百屋の払いやお医者の薬礼などの大口は盆暮れの二季払いで、相当の額に嵩み、青息吐息で槍くり算盤し、ヤット工面してどうにか払うが、臨時の物入りがあって槍くりのつかぬ時には哀訴歎願して、盆の払いの一部を暮れに延ばすの止むなき事もあった。そうなると急に倹約倹約とやかましく、此の上に締まり様のない活計を更に一層引き締めねばならず、さりとて父の酒代や肴代を彼此言うことは出来ず、結局他の方で出来る丈の始末をすることになる。父が米がいり過ぐると言わるれば三度の食事も一度はお粥にする。麦もまぜる。薪が余計にいると言わるれば、煮焚きの物も少なくする。湯で洗う物は水で我慢する。油が余計にいると言わるれば洋灯の数も減らし、芯《シン》も細くする。点灯の時間も少なくする。

母の夜作《ヨナベ》仕事も子供の勉強も皆薄暗い一灯の下でやることになるが、どうも試験勉強という奴は気が散っては出来ず、特に暗記物と来ては側で弟や妹がガヤガヤして居てはとても覚わる物でない。夜が更けて弟や妹も眠り、あたりが静かになると能率が上がるので、無理にお願いして仏様の御灯明用にする一分芯の洋灯を使用することを許可せられ、自分の部屋で勉強することにはしたが、この薄暗い光で細かい字を見ては眼の疲労も甚だしく、それに私は魚類嫌いでなまぐさ物一切食わず、其の頃の彦根では牛肉は冬寒くならねば売り出さず、日頃のお菜は裏の畑で作った大根、茄子《ナスビ》、胡瓜、南瓜の類で、それも好悪が多く、沢庵とか糠《ヌカ》味噌漬、梅干や韮丈ですます事が普通で油気の物は更になく、営養不良と眼の過労とが祟り、試験勉強を始めると意地悪く鳥目という夜盲症にかかり、日暮になると眼の前に直径三尺位な真っ黒の円盤が出来、それに遮《さえぎ》られて何も物が見えなくなる。それでお飯櫃《ハチ》に躓《つまず》く。お茶の入った薬鑵を引っくりかえして足を火傷する。柱に突き当たって額に瘤が出来る。手さぐりでなければ一歩もあるけず、気をつけろと叱られるが俄か盲でどうにも仕方なく、泣くにも泣かれぬ仕末であった。八目鰻を食え、鰻の蒲焼を食えと勧めて下さる人もあり、早く眼医者に診て貰え、八丁に良い眼医者があると教えて下さる人もあった。自分でも脂濃い物を食べて十分営養を取れば良いとか、早く良い眼科医にかかれば治る位の事は、何も教わらなくても知って居たが、何分物入りが多く、盆の払いに四苦八苦される母を見ては、いくら何でも命に別条のない限り、勝手なお願いも出来ず我慢をする。折角今度こそ最優等の成績で御両親に喜んで頂こうとの最初の意気込みも水の泡で、悔《クヤ》し涙に泣いた事があった。

洋灯掃除

ここで少し照明《アカリ》の思い出を記して見よう。長い間にいろいろの変化を見て来たが、其の最も著しいものの一つは照明の変遷である。

子供の時の行灯《アンドン》、燭台から無尽灯、洋灯、電灯と変化して、其の照明の度は比較にならぬ程明るくなった。今から思うと、よくもあんな暗い処で読書や裁縫の出来た事と驚くのである。先ず燭台なり行灯なりに火を点《トボ》すには火を出さねばならぬ。それで其の火を出すのに大古は桧《ヒノキ》の木を摩擦して其の木の粉に火がつき、其の火を移して灯明にした事は今でも伊勢の大廟や出雲の大社でやっているらしい。こんなに火を起こすのには骨が折れるので、一度起こした火は永く消えない様に保存しなければならぬ。お寺でもこの浄火を消さぬ様にすることが和尚さんの務めである。それで和尚が代を続ぐことを、法灯を嗣ぐともいっている。桧の木を擦って火を出す事は風の劇《はげ》しい時、山の木が擦れ合って火が出て山火事になった処から思いついたのだろうが、次に斧などで過って石を切り、火花が出たので何とかしてこの火花を捕らえたいと思って考え出したのが燧石《ヒウチ》と火打金とホクチである。硅石の様な硬い石片の稜を、手頃の木片に鋼をかすがいのように打ち込んだ火打金とか火打鎌というものでカチンカチンと打つと、膝の前へ火花が飛ぶ。この火花をホクチで捕らえる。始めは芒《すすき》の枯れ穂やパンヤの綿などを使ったが、後に蒲の穂のよく乾いたのを白ホクチとして売り出し、更に火のつき易い様に木炭末を交ぜ、又体裁の為に墨汁に浸《ヒタ》して乾かし、ホクチは総体に黒い物となった。又お灸に使う艾《もぐさ》もホクチとして用いた。夏の炎天に老眼鏡でホクチを照らすとプスプスといって白い煙を出して火がついたが、黒いのが火を引き易い様であって、火口《ホクチ》を扱うと指の頭が真っ黒になり、其の指で知らず顔を撫でて笑われる事もあった。これらのものを入れるのに火打箱という木箱があって、其の中を二つに仕切り、一方に燧石と火打金、他の一方に火口を入れてあった。蜀山人の狂歌に、「火うち箱ふた明け方に啼きつれて鴻雁なんぞほくちより来る」というのがある。唐詩選の、鴻雁那従北地来という一句より来たのである。

家々の主婦又はおさんどんは朝早く起き出て火打箱を出し、カチカチと一方のホクチの中へ燧石の火を切り入れるのが毎朝の役目だが、ジリジリと燃え拡がるので、手早くこの火を付木に移し、急いで火口に蓋をして火を消した。火口の火を次の燃料に移すにはあぶら松を細く割った物や鉋屑、竹屑等の燃え易い一片を付木として使用したが、次に付木の頭に硫黄の溶液を塗った物が出来て女共は大いに助かった。それでもこの燃え上がらないでプスプスしている硫黄の煙を吸って、噎《ム》せて咳をしたり、涙を出すこともあった。私はこの硫黄の臭いを嗅ぐ毎に、朝早く起きて竈の下を焚きつけた事を思い出すのである。ホクチは古来の日本の商品の最も廉価なもので、灯芯《シン》や艾に比べても猶安く、一文の穴あき銭でも買い得たが、それでも銭を出して買う品物であり、我々の祖先から粗末にすることを嫌ってだだくさにしない事と、火を大切にすることと、なる丈少しでも銭を使わずに済ます事が一種の勝利とも感じた。それが硫黄の付木が出来て、いくらかでもホクチを倹約することが出来た。硫黄の付木に、たとえ一把何厘という程の安い物でも、金を払って買うことを躊躇し、猶暫くは細割りの松や鉋屑で我慢したが、こんな便利な物を使わずに居られなくなっても、一枚の付木を二つに折り、四つに折り、細い物にして火をつけるのが普通で、一枚を一回に使うと、だだくさだとか、勿体ないといって注意された。

それから日本人の社交は、もと物品の交換を中心として居たので、葬式や其の他特別の場合を除いては物を贈られると是非とも其の器の中へ何かおうつりを入れて返さなければならなかった。お彼岸に牡丹餅のやり取りをしたり、又祭りの赤飯の重箱に片隅丈残して返したり、最初は同じ品物でも構わなかった様であるが、後にはどうしても別の品、それも金銭で買った物を入れて、こちらでも少しの心遣いをして居る、という事を示さなければならんことになった。これに用うる品は今でも半紙一枚をおため紙として入れたり、マッチ一箱を入れたりするが、硫黄付木の出来た時代には便利重宝な品物として、其の一枚を入れて返すのがごく普通で、それで返礼の事を「ホンの付木の代り」とか、「硫黄も入れずにすみません」とか云う言葉も聞いた。硫黄は「祝う」だから縁起がよいという人もあった。又おうつり用として付木を大きく立派にしたのもあって、使う時には細く小さく折って使った。

子供の時の夜の灯火は行灯で、菜種油に灯芯を浸し点灯した。行灯には丸行灯と角行灯とあって、お座敷や部屋には丸行灯、台所や女中部屋には角行灯を用いた。丸行灯の方はしゃれた物で、有名なる小堀遠州の発明といわれ遠州行灯ともいい、朱塗や黒塗りの骨に白い継ぎ目のない行灯紙を貼《ハ》ったのは品の良い物であった。この行灯には風流な考案がされてあって、台の縁につけた丸い溝で半円宛開閉《アケタテ》が出来る様になっていた。紙の貼った円い筒の半分が重なっていてクルリと廻すと閉《シ》まり、風のない晩には其の半分を開けたままにして、光の輪が広いので本を読んだり仕事をするに便利であった。角行灯の方は四角の一方の扉を開けて火をつけたり油をさしたりするが、残りの三方は紙に遮られて薄暗く、おまけに中へ手を入れて灯芯をかき立てるのが稍々《やや》不便であった。丸行灯だと油皿が半分外へ出るから、皿を傾けたり油をこぼしたりする心配が少なく便利であった。行灯の高さは大人が上の把手を持って引き摺らずに歩ける丈に出来ていた。大きくなって行く子供が特に興味をもって、行灯より高くなったとか、行灯よりまだ背が低いなどといった。

　行灯の台には引出しが付いていて其の中に灯芯が紙に巻いて入れてあったが、付木とか火打石、火打金や後にはマッチなどあかりをともす一切の道具が入れてあった。油を入れて灯芯をともす皿をスズキといった。行灯の下から三分の二位の高さに十文字に木が打ってあって、其の結び目の処を少し窪めて上に油皿が乗っているのが普通であったが、お座敷の行灯は上の把手から鉄の皿受けが下げてあって、十文字の木の框《かまち》はなかった。灯芯は藺《いぐさ》から抜き出した物で、油を吸わせると端の方からよく燃えるので、其の火を油皿の縁の処で押さえて置くと、そこでとまって明るい焔になる。灯芯はホクチと同様、商品としては尤も安い物ではあるが、それでも倹約して、お客でもあれば二筋にするが、家の者丈で仕事をする時は一条に減らして、三本も灯芯を入れると貧乏するといって叱られた。これは灯芯が大切なというよりも、油のへり方が大きいからであった。灯芯が油皿に浮いていると油がよく浸まず、又火が動き易いので、其の上に灯芯押えという物をのせて灯芯搔きを兼用にした。この灯芯押えには白い瀬戸物の観音の像にかたどった物もあった。普通は下の方から輪になった棒の様な物で、平たい輪の上に鶴の立って居る形の金属製のものもあって、搔立て法師ともいっていた。明るくする為に灯芯を搔立てる其の端が油皿の裏に曲り、黒い塊になり、油が皿の裏につたい、焰も十分に燃えずに暗くなることがある。この黒い塊を丁字といったが搔立て法師で取り除けねばならん。下手《ヘタ》すると火が消えるので、ソーッと搔立て法師の下の輪で掬い取り、火を消さぬ様にする。其の時、「丁字丁字福丁字　あすはよいものどっさりこと持って御座れ」といって巧《ウマ》く掬い取り、油皿の中へ入れると吉い事があるといわれた。

灯盞即ち灯明皿は昔は一枚であったが、後にリントウとかスズキ皿という物を上下二枚重ねる事にしてあった。実際、上の皿に灯芯を入れた場合、灯芯の吸い上ぐる力で油が上に集まり、それが皿の裏面へ廻って下へ滴るのを防ぐ為に二枚にしたので、下の皿に溜まった油を上の皿に戻した。それでも油は物を伝って流れ易いので、行灯の底に別に行灯皿があった。普通は瀬戸物で簡単な絵模様が描《カ》いてあったが、近年ゲテモノとして集めて居る者もある。行灯皿は青漆の塗盆や銅の皿のもあり、其の上に種油を入れて油差しが置いてあった。冬の寒い時にはこの油を入れた油テンコの油が凍って白い塊になることがあると、油テンコを温めて油を溶かした。又冬になると、氷止めにして下さいと油屋にいって、榧《カヤ》の油を混ぜる事にした。

行灯も一夜ともすと翌日は掃除して、毎日綺麗《キレイ》にして置かないと無精者だと笑われるので、母は毎日髪を結った後の油手で汚れを拭き取り、油をさすなどの掃除をして居られた。行灯は邪魔になるので、昼間は行灯部屋という押入れの中へ入れてあった。この部屋の中にはいくつもの行灯があり、油壺もあり、短檠や雪洞《ボンボリ》、青銅の燭台なども入れてあって、奥の方にはよく鼠が巣を作っていた。夜になり、子供等は騒いで行灯に当たったり、又位置を変えようとして油をこぼして叱られた事もあった。「行灯のはたで騒ぐ事はならん」とは耳にたこの出来る程聞く注意であった。行灯の紙にチクチクと穴をあけたり、糸の繋いだ針の挿してあることもあった。これは忘れてならぬ事を、夜、火をつけた時に思い出す様との事であった。

幼少の時、夜、お客があると燭台や雪洞に蝋燭を立てて出した事があった。風のある晩には燭台の焔が揺れるので、被いのある雪洞を用いた。燭台は真ん中の柱の中程に芯切り鋏が掛けあり、下の皿には摘《ツマ》んだ芯を入れる青銅の入れ物が置いてあった。蝋燭が燃えたつと芯が長くなり、焔がポカポカと煽《アオ》るので、芯を摘まねばならず、この芯切り役を仰せ付かったが、下手に芯を摘むと火が滅えるので、子供には相当六ヶ敷《むつかし》かった。其の後、座敷も丸行灯を出す様になって、燭台は不用になった。花木の叔父様の結婚式の夜、いくつもの燭台が大座敷にズラリと並び、百匁蝋燭がカンカンとぼしてあったのは実に綺麗であった。

夜、お客がお帰りになる時は、遠方の方には家の定紋のついた弓張挑灯《ちょうちん》に火をともしてお貸しした。御近所の方は私が提灯を下げて御送りした。「提灯持ち先にたて、槍持ち後ろにつけ」という諺があったので先へ立って案内した。父が夜、他から挑灯を借《カ》りて帰られると、其の翌日、新しい蝋燭を一本入れて返しに行った。

次に行灯に用うる菜種油は、石ヶ崎町のおじぎの松次という油屋の爺さんが、天気のよい日のおひる頃、ウーーといって売りに来るのを買った。内朱黒塗りのきれいに油光りのした桶に油を入れ、細いよく撓《しな》う天秤棒で嫋々《じょうじょう》とゆすり乍ら、炎天の日和をよって売りに来る。この日和をゆさゆさ油桶をゆすり乍ら歩くと、日にあたりて油桶は熱くなる。中の油は沸き上がって泡立ち量が殖える。これを小さな銅の柄杓で高い所から枡の中へ、細い糸の様にチョロチョロと流して量ると、泡が出来て少ない量ですむ。量ってから、これはおまけで御座います、と云って又少し量り込むが実はお負けではない。枡についた油はすっかり流れ出るものではないから、幾分かずつ元の桶へ返ることになるのだ。この油はかりは一つの技術で、其の為に油売りの枡と杓とは特別精巧な物を用い、穴あき銭の真ん中を縁へかからず油を通わせる様になるのが一人前だという位、手がきっちりきまっていなければならぬとの事である。

この薄暗い行灯が洋灯に代わったのは私の十五歳位の時であった。今迄の行灯に比べて遥かに明るくまぼしい程であった。ランプと石油が突然入って来たので、以前の種油の灯火道具は何一つ役に立たず、それでブリキのカンテラが出来たが、危険でもあり臭くもあるので硝子のホヤが出来た。この洋灯は毎日掃除をせねばならん厄介物で、此の役は私に課せられた仕事であった。学校から帰って弟や妹のお守りをし乍ら、日暮迄にホヤの掃除、芯切り、油注ぎをして置かねばならなかったが、うっかり忘れて遊びに出て日暮になり、点灯する頃にヤッと気がつき、あわてて掃除するのもつらかった。ホヤはラッキョウ形の円ホヤと竹ホヤという円筒形とあって、一尺位の細い竹の先に布片を捲きつけ、内部の油烟を拭い落し、一点の曇りなき様きれいにせねばならず、なかなかの加減ものので、力を入れ過ぎて弱い硝子のホヤを破ることもあった。

油壺には一斗入りの石油缶から、キーキーと音のするブリキの汲み上げポンプを上下して油を注ぐ。これも加減もので、大抵よかろうと思って止めると案外少なかったり、又多過ぎて大切の石油をジャージャー零《こぼ》す事もある。其の頃、石油は一斗入りのブリキ缶二ツを一つの木箱に入れ、松印と塔印とあったが、大抵一斗入り一缶一円から一円二三十銭位の相場で、当時では相当の高価であったから、油の節約をやかましく言われたの無理はない。又芯切りもなかなか六ヶ敷く、円ホヤのは山形に、竹ホヤのは平らに切るのだが、少しでも歪んであると焔が平らにならず、片燃えがしてホヤの一方に黒く油煙が付着したり、又上方へ黒い煤が上がったりするので、芯の切り方が悪いと注意された。この洋灯にも釣ランプと台ランプとあって、下の方を明るくする為に笠をかぶせた。笠にも縁を波形にして赤や青で彩ったものや、石笠といって乳白色の硝子のものもあった。

其の頃、又マッチという便利な物が出来た。始めは舶来の蝋マッチで、蝋の塗った糸芯の棒の頭に紅や青の薬がつけてあり、板の間でも靴の底でも何処《ドコ》でも擦るとパッと火がつくので、今迄燧石や火打金でカチンカチンと火を切り、付木に移して居たものには、全くキリシタンバテレンと驚かれた。このマッチの頭を唾でなめて顔に塗ると、青臭い匂いがしてポーと燃え上がるので、暗《クラ》がりで人を驚かしたりした。それでもこのマッチは高価でとても日用の品にはならなかったが、其の後、神戸で安く出来る様になった。それでも付木より高いのと、死人の灰で作る汚らしい物といって一般に行われなかった。そこで抜け目のない商人は「清浄燈火御本山用」というレッテルを貼って売り出したが、御本山でお灯明用にお使いになるなら大丈夫と一般に使用する事になった。

お客があって筒ホヤ丸芯の洋灯を夜晩くまであかあかと点し、碁打ちなどせらるる時は、中途で油が少なくなり注ぎ足さねばならず、薄暗い豆ランプの下で勉強して居た私は、こんな明るいランプの下で勉強させて欲しいと思わぬでもなかった。

七夕祭

天の川の東に織女《タナバタ》という美しい女の星様が居て、年中機《ハタ》を織って御座る。又天の川の西には彦星《ヒコボシ》という牛を牽いた男の星様が居て、毎年七月七日の七夕の晩に鵲《かささぎ》という鳥が翼を並べて造った橋を渡り、織女様が彦星様とお出逢いなされるが、若《も》し此の夜一粒でも雨が降ると天の川に水が出て織女様は川を渡る事が出来ず、又来年をお待ちになるのでお気の毒である。それでこの七夕様を祭ってお願いすると、男は字が上手になり、女は裁縫や機織りが上手になると母が話された。それで此の日の朝早く、まだ太陽の出ない内に、田圃の稲の葉の上の水玉か、畠の里芋の葉の上の銀色の水玉を茶碗に掬い取って来て、きれいに洗った硯に入れ、墨を磨って、団庄から買って来た五色の紙に、天の川とか七夕様とか書いて、薮から切って来た長い青竹の先の笹の葉のついた枝に結びつけ、女の子は五色の糸をかけ、居間の前の庭先に立てた。この竹に風が吹いて五色の紙や糸がヒラヒラと戦《そよ》ぐのは威勢がよいが、雨がシトシト降って、濡れた紙がダラリと下って居るのを見ると、何だかお気の毒の様な気がした。

「サアサア、今日は七夕様だから椽側へ机を出してお手習いをしなさい」と母に命ぜられた。日が暮れると椽側の机の上へ胡瓜や茄子《ナスビ》、玉蜀黍《トウモロコシ》やねじった団子や素麺を供えた。意地悪く此の晩雨が降った様に覚えている。又女の児は紙で男と女の人形を作り、つゆくさ（こう屋の太郎兵衛と云う）の花の青い汁で紙の着物を裾模様に染め、照る照る坊主の様に竹の枝に吊し、お針子はお師匠様につれられて浜辺に出で、この紙人形に石を包み、湖水へ投じて流した。

土用

土用といえば真夏の暑い盛りと思っていたに、暦には春夏秋冬の四季の土用が記してあり、春の土用は四月十七日頃から立夏まで、夏の土用は七月二十日頃から立秋まで、秋の土用は十月二十一日頃から立冬まで、冬の土用は一月十七日頃から立春までのいずれも十八九日間をいうのだが、一般には夏の土用だけを土用といっている。其の初めの日を土用の入りと云い、土用餅とて餡ころ餅を食べると腹わたになり、夏の病気をせぬといって、天神前の源蔵やお駒の店では土用餅として売って居るのを買って来て食べさして下さった。夕方迄置くと饐《ス》えて臭くなるので、仏様に供えてもすぐに下げて頂いた。又土用の三日目を土用三郎といって、梅雨《ツユ》太郎、八専二郎、土用三郎、寒四郎の四日をお百姓は四大厄日として、此の日の平穏無事を祈って餅を搗き、神仏に供えた。この土用三郎の日に雨が降ったり風が吹いたりして荒れると秋の田は不作となり、上天気ならば豊作といって、この天気を気にしたものである。又土用になると紋付きの帷子《カタビラ》を着て、絽とか紗とかの薄い羽織や袴をつけ、白扇を持って親類の方が土用見舞に来られるし、父も亦親類へ行かれたが、帰る匆々《そうそう》、ああ暑い暑いといって裸になられた。お客があると冷たい砂糖水とか葛素麺や寒天に砂糖のかけたのや冷やした西瓜などを差し上げた。土用の丑の日には鰻を食うと夏病みせぬとて、此の日朝早くから大きな塗箱を担《カツ》いで、「おなぎやーい　おなぎやーい」と松原から爺さんが売りに来たので、買って皆に一片宛でも食べさせて下さったが、丑の日の鰻は特に高いので、同じ事だといって別の日に鯰やぎぎの蒲焼を買って下さった事もあった。

土用干

夏の土用中で天気の良い風のソヨソヨと吹く日を選んで、部屋の襖や障子を開放し、柱から柱へ細引きの綱を張り渡し、幾日も幾日も箪笥、長持、葛籠等に仕まってある衣類を掛けて、土用干しの風通しをされた。湿っぽい梅雨《ツユ》を経て来たので黴臭くなって居るのもあり、又樟脳の強い香のするのもあった。夕刻になると一々畳んで元の所に仕舞うのが、母には一骨折りであった。お正月や祭りに着た着物を見ると、思い出しては嬉しかった。母のお嫁入りの時の立派な着物や帯もかけてあった。子供の袢があって、裸の上に着たら汗がつくとて叱られた。五ツの年に碁盤の上ではかせて貰った小さな袴もあった。手を通すと臂迄より袖のないツンツルテンの小さい熨斗《ノシ》目の着物もあった。父が維新後、銃隊の調練に着られた金釦《ぼたん》の沢山ついた百襞のマンテルや、緋羅紗のズボンもあった。子供等は面白がって、干したる衣類の下を潜ると、頭の汗がつくとて叱られた。又祖父祖母の衣類は別にお新建《シンダ》ちのお部屋で干して居られた。中には裃もあったし、神官の着る様な装束もあった。祖母の箪笥の引出しの底には江戸絵やら妙な絵が入れてあって、出して見ると、子供の見る物でない、と取り上げられた。又父のお手伝いをして、座敷の押入れに一杯詰まってある桐の本箱から、沢山の本を出して一々開いて干したが、衣魚《しみ》がゾロゾロ這い出したり、紙が衣魚の食った穴でつながり合って、開くとベリベリと破れるのもあったし、ジトジトに湿って一塊になったのもあったが、風が吹くとバラバラッと散る様になった。これを夕方になると一々順を揃え、元の本箱に納めた。本箱ははたきで掃って虫の糞を落し、日和に干した書籍には紙に包んだ樟脳を入れたが、昔のには菖蒲の葉が入れてあった。祖父は学者であったので、こんな六ヶ敷《むつかし》き漢籍や和歌俳句の本が沢山あった。

法会

七月になると市内の寺々で法会が営まれる。法会とは法を説く為に衆生を集むる会との事ではあるが、別にお説教のあるでもなく、唯其の寺の御本尊様とか境内にお祀りしてある仏様のお祭りで、要するにお寺の銭儲けに外ならんのである。其の日になると其のお堂を綺麗《キレイ》に飾り、紅や紫の幕を張り、提灯を吊し、瓜や茄子《ナスビ》、南瓜、西瓜、冬瓜などお供え物のお膳を所狭く供え、夜になると何々講とかいう講中の世話方の人々が、狭いお堂の中にあつ苦しく詰めかけ、ガンガンガンガンと鉦《カネ》や鈴《リン》を鳴らし、拍子木や木魚に合わせてお経を唱えたり、お和讃や御詠歌をあげたりしている。小僧さんや子供連中は、幾段にも晃々と点《トモ》した蝋燭立ての側で、「おろうそくをお上げやーす。僅か三厘で献じられます。御信心のお方は近うよって拝観をとげられましょう」と無意識に唱えている。参詣の人がお銭を上げると小さな蝋燭に点火して蝋燭台に立てる。

この法要は七月九日の大信寺に始まり、十三日の蓮華寺、二十日の江国寺、二十三日の宗安寺、二十四日の聞光寺から長松院、円常寺、大雲寺、妙源寺、慶山と順次に、八月九日十日の長久寺の観音さん、十七十八日の安清の観音堂とそれからそれへと殆ど休み日なく毎晩のように行われ、いろいろ寺々で趣考を凝らして人寄せの催しがある。お寺の一室に瀬戸物一式とか青物や乾物で作り物がしてある。大抵人の顔は白い一升徳利に目鼻が書いてある。お化けの顔は西瓜で紅い口を開いた処にし、着物は昆布や湯葉、瀧は干瓢で、又皿をずらりと並べて俵藤太郎秀郷の退治する蜈蚣《むかで》をしたのもあった。又お寺の書院を開放し、緋毛氈を敷き、活花の陳列した所もあり、盛装した娘連が世話をしていたり、又寺の宝物を陳列して、小僧さんが勿体らしく説明するのもあった。寺の門の入口には大きな掛行灯《アンドン》が吊され、境内の処々にあかあかと松明や篝を焚き、松割木の煙が火花と共に濛々と立ち上がって、実に夏の夜らしい熱苦しい気分である。近所の家には軒並みに四角な地口行灯が掛けられ、滑稽な鳥羽絵の上に謎々が書いてあったり、地口や川柳が書いてあった。

境内や門前にはいろいろの売店がギッシリと出て居た。氷店、おだまき屋、赤い扇形の行灯をつけた西瓜店、よい香をさせる玉蜀黍《トウモロコシ》を焼いて売る店、小さな串団子をつけ焼きする店、甘い甘いと呼ぶ甘酒屋、飴屋、おもちゃ屋など所狭く並び、互いに大声を揚げて盛んにお客を呼んでいる「一杯五厘の寒氷」など、如何にも夏の夜らしい気分が漲《みなぎ》っているので、日暮から浴衣がけでゾロゾロと出かける。私も御多分に洩れず、下辺から長久寺や安清のお観音様まで遥々出かけた。遠方で帰りは疲れて足が重いが、今日はどこそこの法会と聞くと家の中にジッとしては居られず、昼間の水泳でヘトヘトになって居るにも拘わらず、ヨシヨシと此の法会気分を味わいに出かける程の魅力があった。蓮華寺、妙源寺、蓮乗寺などの日蓮宗の寺では、講中が盛んに団扇太鼓でドロツクドンドンと囃《はや》し立て、汗を流して、南無妙法蓮華経、とお題目を唱えていた。又広い境内のある寺では盆踊もあって大賑わいであった。此の懐かしい法要気分は、夏の夜の思い出として忘れ難いものである。

夏休み

小学校時代の幼少の頃は暑中休暇を夏休みとも土用休みともいって、大抵七月の下旬から八月一杯、学校はお休みであったと思う。それも以前は別に夏休みはなく、暑い期間丈朝の間二時間程の授業があって、暑くなる時分には帰った様にも思う。さて、学校がお休みになるといろいろ家事の手伝いをさせられるので、却って忙しかった。大抵朝の涼しい間は勉強をした。それが済むと子供の守りや家の手伝いをする。昼食後は彦根では何処《ドコ》の家でも大抵二時過ぎ迄午睡《ヒルネ》の時間で、よく、午睡をしろ、午睡をしろ、午睡をせぬと体が疲れる、といわれた。又おひるねの時間に他家を訪問する事は禁じられていた。私等はこのおひるねの時間に、蝉つかみ、とんぼつり、螽斯《きりぎりす》取りや水泳に出かけた。二時半から三時頃、おひるね起きの時間にお八ツを頂いたが、井戸の中に網袋に入れて冷やしてある大きな鳥居本西瓜を切って下さった。此の時刻になると外で盛んに、「雪や氷　雪や氷　一

杯五厘の寒氷　寒氷　函館本氷　本氷　伊吹山のどてっぺんのどつめたい本氷」「飴やじょうせん」「かるやきせんべやい」「ところ天や寒天」「まくわうり」などとふれて売りに来た。時には雪や氷を買って下さる事もあった。深いコップに分けて貰って砂糖と水を入れて飲んだし、宅で作った寒天をニョロニョロと寒天つきでついて下さる事もあった。このお八ツがすむとソロソロ風呂沸かしの仕度をする。日蔭が出来ると、植木の水かけ、庭や門前の水撒《ま》き、畠の肥かけ、時には泥鰌割《さ》き、鶏料理とそれからそれへなかなか忙しかった。

夕飯もすみ、サッと一風呂浴びてから後は一寸暇なので、子供等の最も楽しい日暮になると、大勢の子供等が稲荷様の境内に集まり、いろいろの遊びをする。面白い話に耽る。中居の楊桃《ヤマモモ》の木に黄鼬《テン》や鼬鼠《イタチ》が居るので、石を投げてやまももの実を落して食べたり、長い竿竹をビュービューと振り舞わして蝙蝠を叩き落したり、母の長い髪の毛の両端に紙に包んだ小石を縛り、高く投り上げてとんぼを捕まえたり、草履や下駄を投り上げて、其の裏表により明日の天気を占ったり、薄暗くなって星が出ると「一番星見つけた。二番星見つけた」と叫び、月が出ると「お月様いくつ　十三七つ」とか「お月さん何処へ行く　油買いに酢買いに」とか大きな声を張り上げて呶鳴《ドナ》る。

日が暮れてあたりが暗くなると、家々から「早く帰りなさい。帰らないと子買おが連れに来るよ」といって呼びに来るが、いろいろの怪談に話がはずみ、何処のだまの木からつるべおろしが出るとか、どこの塀から白馬の首が出るとか、雨降りの晩に一ッ目小僧が徳利さげて酒買いに来るとか昔からの言い伝えを聞くと、一人で帰るのが恐ろしくなる。日が暮れたら帰るのですよ、と固く言われていても、皆が遊んで居るのに自分一人で先へ帰るのも惜しいのでつい晩くなると、厳格なる母は門を鎖して内へ入れて下さらぬ。外から「御免なさい　御免なさい」と泣き声で叫んでもお答えがない。仕方なく観音堂筋へ廻り、花木から入ってソーッと裏から帰ることもあったが、観音堂筋へ廻るには、先の話の釣瓶下しや白馬の首の出る処を通らねばならず、こんな恐ろしい思いをする位ならモッと早く帰ればよかったと思うこともあった。

又庭の涼み台で花火線香で遊んだこともあった。少し大きくなってからは、夏の夜は長曽根の桟橋へ夕涼みに行くとか、寺の法会を見に町へ出かけるなどして、充分夏の夜の気分を味わった。

夏休み中の家事の手伝い

㈠ 米搗き

宅では大家内であったから毎朝二升ずつの御飯を炊いたが、どうかすると夕方足らぬので、冷飯をお粥にしたり、又夕飯の焚き足しをすることもあった。それでお米は一俵の月と二俵いる月とが交互であって、四十九町の忠三《ザ》という米屋から取って居た。忠三の親爺は角力取の様に太った男で、米を車に積んで持って来ると、大きな飯盆にあけ、枡で一ツ二ツと計り、四斗ずつ角桶《ツノオケ》に入れて置いて行ったが、数を胡麻化されぬ様について居れ、といわれて見張って居たが、糠《ヌカ》が枡の底から内側一面に厚くこびりついてあり、量る時には太い拇指を枡の隅に入れたまま量り、上手に斗掻《とかき》をサーッとかけるので、上面に凹んだ処が出来たり、油屋のおじぎの松次以上にずるい事をやるので、実際米屋の量った四斗は宅で量ると三斗七八升により量り得なかった。

それで白米で取っては損だといって、玄米で取って村山の忠内様に立臼で搗かせた事もあった。馬鹿力があるので、ストンストンと大きな杵を振り上げ、褌《ふんどし》一丁で庭に蓆を敷いて搗いていた。疲れると台所へ入り、戸棚から一升徳利を出し、喇叭呑みをやるので、父が怒って徳利の中へ酢を入れて置かれたのを酒と思ってガブリと例の一口やって、小言を言い言いプップッと吹いて居た。又茶の間に上がりこみ、飯櫃《ハチ》から手づかみで飯をガツガツ食べるのを見た事もあった。「忠内て鼠の様な奴だ。人が居ないと何をするか汚くて叶わぬ」と困って居た。

それで学校が休みになると花木の碓《カラウス》を借《カ》りて米搗きをした。杵の端を踏むと杵の頭が上がり、足を放すと杵がストンと落ちて臼の中の米を搗く仕《シ》かけになってあるが、杵を重くする為に大きな石が杵の頭に縛ってあるので、子供が踏んだのでは容易に上がらぬ。それで弟や妹を負ぶって体重を増やしヤット搗いたが、退屈なので二宮尊徳さんの真似をして読書し乍ら米搗きをやった。花木のおばあ様が、よくやるなあといって、あられの炒ったのや蚕豆《ソラマメ》やかき餅を下さった事もあった。さて、其の精《シラ》げ加減が判らぬので母に見て貰うと、もうあと五百とか八百とか言われ、それ丈踏んで杵を上げ、篩《ふるい》で米をふるい、糠と小米を篩い出した。

後には中村の群司さんに勧められて監獄署で搗いて貰う事にした。忠三から一俵ずつ俵のままで買ったのを、赤い獄衣を着て腰に鉄の鎖をガチャガチャとつけた囚人が、看守につれられて米を取りに来たり持って来たりするのが気味が悪かったが、看守から、この米を取りに来るのは泥棒でなく賭博犯の軽い罪人である、と聞かされ幾分安心した。其の頃、監獄での搗き賃は一俵十二銭位であったが、他で搗かすより安くて搗き減りも少なく、糠も小米も持って来て下さるので、多少気味が悪くても監獄に頼む事にしていた。

㈡糊米磨りと糊たき

漬梅、漬梅、と青梅売りの声を聞くと共に梅雨《ツユ》が霽《ハ》れると、いよいよ真夏がやって来る。主婦は衣類の張物、洗濯、糊付けに忙しくなる。天気のよい日は朝早くから、「ひめえのり　ひめえのり」と糊売り婆が手桶に糊を入れて売りに来るが、朝曇っていても急に天気がよくなって糊売り婆さんが来なかったり、又買い損なった時には、重箱下げて、軒下に円い板にのりと書いた看板の吊してある店へ糊買いに走らされた。母はこんな糊を買っていては高くつくので、小米やこぼれ米などを集めて糊米として水に浸《ヒタ》し、糊磨臼で磨り、これを煮て糊を作られた。お天気が悪くて、水を換えてもかえてものり米が臭くなって困る事もあった。糊磨臼は宅のは大きくてしかも石が欠けていたから、花木へ磨りにやらされた。臼が流し元にあるので、お勝手をする意地の悪い女中が邪魔になるので、ブツブツ小言を言ったり、わざと流し元一杯に御飯後の洗い物をちらけて置いたりするので、厭な思いをさせられた。

それからこの糊汁を母の洗濯したり、ほどき物したりして居られる間に、糊たきを仰せ付けらるる事も度々であった。糊焚きは竈にかけた大鍋に臼で碾《ひ》いた米汁を入れ、ドンドンと火を焚く。糊汁は熱くなるに従ってドロドロ粘って来るので、大きな杓子で焦げつかぬ様断えずクルクル鍋の中をまんべんなく底の方から掻き廻して居る。暑いので汗がダラダラと流れる。裸になる。やがて糊がクタクタと煮えて来ると、鍋の底からプクプクと膨れ上がって来て、表面でパチンと跳ねる。飛び汁が跳ねて、熱い糊が裸のからだにペチャッと粘りつく。アッ…と飛び上がる。手がお留守になる。糊は焦げつく、黄色くなる。白い襦袢や浴衣につけられなくなる。母には叱られる。夏の糊焚きは楽ではなかった。この糊をつけた洗濯物を夕刻になると取り入れる。お天気が良いと糊がよく利《キ》いてシャッキリコになる。面白がって袢を着た案山子の様な恰好で室の中をあるく。母は一々これに霧水を打ってキチンと畳み、敷のし御座の下に敷いて坐って居られた。

㈢風呂沸かし

私達は夏になると、毎日琵琶湖という大きな風呂で水浴びをしているから、別に風呂に入らなくてもよさそうであるが、それでも夏の夕刻サッと一風呂浴びて汗を流した気持ちは又格別であり、家には水浴びをせず汗を流している者も多いから、夕刻には風呂を沸かす事にしてあって、其の三助の役は私が勤める事になっていた。

風呂桶は道中膝栗毛の弥次喜多が下駄ばきで入り底を抜いて失敗したあの五右衛門風呂で、手桶に七八杯も汲みこめばよいのだが、井戸端から手桶に一杯の水を両手で抱え、ヨチヨチと運ぶ。水はダビダビと零《こぼ》れる。都合の悪い事には、茶の間の椽側を通って風呂場へ行くので、一々履物を脱いだり穿いたり、上り下りをせねばならず、樋で搬べばと思っても、井戸端からの距離もかなりにあり、路も曲がって居り、茶の間を通る不便でどうしても一々手で運ぶより仕方がなかった。それから水汲みがすむと次には焚きつけをする。風呂焚き用として庭の塵埃《ゴミ》、腐った俵、傘の損じたもの、下駄の割れたもの、箱の毀れたものと何でもお勝手の竃で焚けない燃料が積んであった。これに一把の藁をたして燃やすが、雨がかかって濡れていたり湿って居たりすると、お勝手の竃で上等の柴や薪を使う様には燃えつかず、涙を流して煙い我慢もせねばならず、ヤッと燃えつくと何か骨になりそうな燃えでのある木の根株の様な物をくべる。

其の間に風呂溜に溜まっている汚水を汲み出して畠の作物にかける。一荷の田桶《タゴケ》を左右に担《ニナ》うお百姓の真似は子供には出来ず、僅かに半分宛位汲み込んで危《アブ》ない腰付きでヨロヨロ運ぶ。母は忙しい夕方のお勝手仕事をさし置いて、見兼ねて差し担いをして下さる事もある。母が畠にかけて居らるる間に、次の桶に汲み込むので捗《ハカド》る。この労力の結果が畠の里芋、茄子《ナスビ》、胡瓜、南瓜から大根、蕪《カブラ》、葱等になるのであるから、どんなに忙しくても、亦つらくてもやらねばならぬ仕事であった。

さて、風呂が沸くと裏隣の花木へ「お風呂が沸きましたからお出で下さい」と知らせに行く。父から順に入るが、時に来客があり、碁でも打って居られると、「先へ入《ハイ》れ」と言われ、「お先へ御免蒙ります」と挨拶して兄から順に入るが、どんなに遅くなっても女は男より先に入る事はなかった。風呂の浮蓋が子供の重みでは浮き上がり、端へ乗って熱い釜の底の上へ尻をつく事があるので、兄と一緒に入る事もあった。中で湯のかけ合いをして騒ぐと、「底が抜ける」と叱られる。又手拭を伏せて空気の入った坊主を作って遊んでいると、「後がつかえて居る。サッサと洗ってお上がり」と注意される。ドボンと入って洗いもせずポイと上がると、「烏の行水」と笑われる。「よくかかり湯をして入るのですよ」とか「首筋をよく洗ってお出で」とは其の都度される注意であった。

宅の風呂桶が損じなどして沸かさぬ場合には、日が暮れてから提灯つけて母のお伴をして裏の花木へ貰い風呂に行った。母の話が長くて帰りが遅くなり、睡くて困ったが、祖母がお茶を入れて、あられや炒豆、かき餅などを下さるのは嬉しかった。母の帰りが遅いので、父は「何処《ドコ》の風呂へ行ったのか」とお小言を言われる事もあった。花木の風呂桶は宅のと違い戸棚風呂で、前の入口に扉があり、桶の上に開閉《アケタテ》出来る天井蓋があり、冬などこの扉をしめると蒸《ム》し風呂の様になり、暖かであったが息苦しかった。宅のは開け放しで蓋がないから、湯がすぐにさめるので、休みなく順々に早く入らねばならず、何故宅のには扉がないのかと尋ねると、祖母は、何時敵に襲われても直ぐに飛び出せる様に侍の家の風呂はしてあるのだと言われたが、風呂場まで敵が襲い来るなんて変だなあと思ったが、義朝や幡随院長兵衛の例もあるから、侍という者はここまで用心堅固にするのかと思った。

㈣ 灌水《ミズカケ》と撒水《ミズマキ》

父は植木が好きで、庭一面に植物園の様にいろいろの種類の花卉を沢山に植え、四季花の絶えない様にしてあった。来客が「あの珍しい花は何ですか」と尋ねられると得意で、其の産地から培養法、用途まで詳しく説明して居られた。又盆栽も好きで、万年青《オモト》、石斛《セキコク》、蘭、金絲南天、仙人掌等の種類も多く、特に朝顔は数十鉢もあり、畑には芍薬、牡丹、菊なども作ってあった。この沢山の庭の木、盆栽に水をやるのは夏の夕の私の仕事であったが、まだ陽《ヒ》のあたっている葉に水をかけるなとか、この種類には水をやりすぎぬ様とかいろいろの注意があって楽ではなかった。植木の灌水がすむと庭前から玄関前より広い門前までの撒水で、重い手桶で運んで撒《マ》いたが、路を通る人が「御苦労様」とか「よくなさいます」とか言われると、子供心に何か善い事をして賞められる様で嬉しかった。この水撒きには座敷の庭の中央にある井戸水を使ったが、炎天が続くと水の量が乏しくなり、終には釣瓶が覆《カヤ》らぬ様になると、遠い裏の竹藪と土蔵の間にある深い井戸の水を汲まねばならなかった。

さて、水撒きも終り、梢や葉先から水の玉がポトポトと滴り落ちると、涼しい西風が湖水の方からソヨソヨ吹いて来る。父は一風呂浴びて夕食の膳を座敷の椽側に持ち出し、庭一面にシットリと撒水がしてあり、蘇《ヨミ》返った様に活々としている植木や躑躅の間に隠現する尾の上の青石の飛石が、洗った様にきれいに濡れて光っているのを眺め乍ら、好物の小鮎膾や鰣《ハス》の塩焼、冷豆腐、芋茎《ズイキ》の酢煎《スイ》り等でチビリチビリと嬉しそうに晩酌をやって居られた。

㈤鰌《どじょうサ》割き

真夏の午後に「ドジョヤ　ドジョヤーイ」とふれて、目籠と魚捕り笊を竹の棒で担《ニナ》い、袖無しの尻きり繻袢に縄の帯を〆め、醤油で煮しめた様な汚い褌を〆め、尻の切れた藁草履をつッかけ、目の縁の赤く爛れた人相の悪い男が鰌売りに来た。これを買って桶に放し、死なぬ呪《まじな》いとかいって大豆が十粒程入れてあったが、ゴチャゴチャとして豆腐か石鹸の泡の様なのが一杯浮いていた。夕刻になるとこの鰌を裂いて蒲焼や柳川にし、細い奴は其のまま豆腐と一緒に味噌汁にした。丸なりの豆腐に熱いので頭を突っ込んで死んでいた。又生きた鰌を丸なりに鍋に入れ、酒を注ぎ、パッと火をつけ、跳ね出さぬ様に蓋を押さえていると、暫く鍋の中でパチャパチャと跳ねるが、まもなく往生する残酷な料理もあった。

この鰌割きは六ヶ敷《むつかし》きもので、馴れぬと出来ない芸だ。父は上手にやられたが、父の忙しい時や不在の時には私にやらされた。見て居ると何でもない様だが、さて、自分でやって見るとなかなか六ヶ敷い。先ず俎板の上へ左の手で鰌を押さえ、食指と中指の間から頭を出させ、錐の柄でポンと叩く。うまくいくと目をまわしてのびる。其の処を首筋に背の方から錐をさして俎板にとめる。よく切れる切り出し小刀で背開きにし、背骨を抜き頭を切るが、鰌の頭を叩き損ねて指の頭を強く打つ。痛いので手を弛めるとヌルヌルと逃げ出す。又目をまわした奴の首筋に錐を刺しても其の刺し処が悪く、途中で活き返りグリグリと動くので、首がちぎれて割けなくなることもある。ヌルヌル滑って、よく切れる小刀で指を切り出血することもある。死に損なって溝の中へ逃げこむ命冥加な奴もあるが、この割いた鰌を大きな皿にズラリと花形に並べた処は、黄色の卵の彩りもあって、大いに食欲をそそるのであった。

㈥ 鶏料理

夏中には少なくて二三回、多ければ四五回も父は鶏や鶩《あひる》の料理をせられたが、いつも首絞めと羽根毟《ムシ》りとは私に仰せ付かった。鶏の首を絞め、羽根を毟っている最中、一寸手を弛めたが、死んだと思った奴がバタバタと飛び出し、椽の下へ逃げこんで困った事があった。猫や鼬《イタチ》に取られては大変と、長い竿竹を持って蜘蛛の巣だらけの椽の下に這いこみ、やっと追い出した事もあった。又鶩を殺すのに、首を絞めても鶏の様には死なぬので、足に石を縛りつけ、湖水に沈めて、泳いでいる間に殺す法もあったが、中途で縛った石が抜けて飛び立ちそうにするのを押えるには、子供には骨が折れた。若《も》し逃して深い方へ泳ぎ出されては大変と一生懸命つかんでいるが、バタバタと羽叩きをし、頭や手を嘴でこつかれるのを我慢して痛い目に逢ったが、幸いに脚が縛ってあったので、泳がれなかって助かった。

父は器用な質《シヨウ》で、鶏料理でも上手であったので感心して見ていたが、終には見様見真似で私もどうにか鶏料理の出来る様になった。鶏を料理するには先ず首を絞め、其の死にきらぬ温かい内に羽毛を毟りとり、指にて抜けないムク毛は藁火で毛焼きをする。それから両脚の付け根の内股の皮に薄く切れ目を入れ、手で両脚を外の方に向けて押し開くと腰の関節が離れるから、これを引き裂き、又胸身に薄く切れ目を入れ、肩のつがいを離し、手で同じく引き離し置き、笹身を骨より引き離し、次に胸廓を引き離すと背骨に包まれた内臓がゾロゾロと出るから首のつけ根を切り離し、頭に食道から肛門まで続いた内蔵をつけたまま取り去り、肉の処分をし、次に骨と臓物の順序に始末をする。

水泳

水泳の事を彦根では水あびといっていた。私は確かに其の当時の河童の一人で、浜辺では相当幅の利いた者であった。私等の水泳の習い始めは誰も教えてくれる人もなく、唯大きい人が、まだ泳ぎの出来ない者を「アイツ、アババさせてやろ」といって、無理にいやがる子供を背に負い、深い処へ行き、急に肩から湖水の中へ投げ込むと、泳ぎを知らぬ者は苦しくなって藻掻《モガ》くが、ブクブクと沈む者もあり、幸いに浮き上がって来ると又もや頭を押えて沈められる。水を呑み、アババといって溺れそうになる処を救い出すという乱暴なやり方をして、自分で泳ぎ方を体得せしめる方法を取ったのである。私も最初、何回もこのアババをやらされたが、次第に顔つけあび、犬掻き、平泳ぎ、仰流《アオナガ》れと人のするのを真似して覚える様になった。それからは我慢次第で遠く泳げるのである。

其の頃は本式の水泳術は誰も知らないので、在来の泳ぎ方は、徒《いたずら》に労多く功少なき犬掻き、平泳ぎ等で、両足の甲で水面をドンドンと打ち前進するか、仰流れとて仰向けになり、両足で水を蹴り前進するのであった。後年、小学や中学で水泳の教師を雇い、本式の水泳法を教えたので、泳いで多景島往復をする者も珍しくなくなった。私の幼少の頃に出来た長曽根港の汽船の着く波止場《ハトバ》の桟橋から、向こう側の一文字といった防波堤まで泳ぎ得る者は先ず上の部類であった。

私は桟橋の端にある荷物小屋の屋根から桟橋を越えて飛び込み、暫くして漸く浮き上がり、向こうの一文字迄泳ぎ、其の侭休まずに泳ぎ帰るので、羨ましがられた組であるが、所の四郎という我慢強い友人が、この一文字から松原の出先まで泳いで見よう、といって一文字から泳ぎ出したので、ナーに、負けるものか、と自分の力も知らず、例の負けじ魂で直ぐに後を追って泳ぎ出したが、途中の水の冷たい処があり、疲れて手足がだるく、呼吸も困難となり、死ぬるかと思ったが引き返す事も出来ず、仰流れや、犬掻き、平泳ぎと様々な方法でヤッと松原の出先へついた時はヘトヘトになって物も言えぬ位で、ヤレヤレ命は助かったが二度とこんな冒険はするものでない、とつくづく思った。四郎もよほど苦しかったと見え、帰りは泳ぐ勇気もなく、二人でヒョロヒョロと浜辺を磯伝いに歩いて長曽根へ帰ったが、途中で、下手すると今頃此の辺りへ土左衛門になって漂着したかも知れんと思って、ゾーッとして恐ろしかった。

五月八日の天神祭には西江州の山にはまだ雪があり、湖水の水は冷たいのに水泳の皮切りをしたということが得意であった。

暑中休暇になると朝、昼、晩と水泳に行った。先ず朝のお稽古がすむと、家事の手伝いを命ぜられぬまに、子供の守りさえして居れば別にお小言も食うまいと弟や妹を負うてソーッと家を出て西へ、キリギリスの盛んに鳴く、蛇のニョロニョロと這い出す草蓬々と繁れる中を、蛇苺に足を引っ掻かれ乍ら、手拭を頬冠りにし、盥や手桶、張板等を担《カツ》ぎ出し、西ヶ原の屠牛場や蛹の干してある臭い所を通り抜け、朽ちて橋桁だけ残っている居る危《アブ》なかしい新橋を渡り、浜辺に出て、小屋乞食の住む松原寄りの方を避け、長曽根寄りの水清く砂白き三本柳で泳ぐ事にした。

此処で背の子をおろし、紐にて大きな石や木の根に縛りつけ、盥や手桶、張板にしがみつきバチャバチャ泳いで居たが、此処三本柳には長曽根の堀田材木店の木材置場で、大きな木材が山の様に積んであった。この木材をソーッと抜き出し、四五人もつかまってドンドンと足で漕ぎ乍ら遠く沖の方へ泳いで出る事もあった。泳いだ後、元の位置へ材木を返して置けばよいが、放り離しにして置くので、時には堀田の雷爺が出て来てどなりつける。それでも懲りずに又引き出して泳ぐ。こんどは沖の方から船に乗って来て、愉快に材木につかまって泳いだり、馬乗りになって落しっこをして居る処を、長い竿竹で擲《ナグ》られた事もあった。

疲れて帰り午飯をすますと、家の人の午睡《ヒルネ》の間にソーッと抜け出し、夕刻まで泳ぎ暮らす。疲れたり寒くなると、浜辺の熱砂の上に腹這いになり、甲良干しをしたり、砂を掘って池を作り、手拭で掬った魚を入れて弟や妹を遊ばせたり、蜆取りをして手拭に包み、持ち帰り、翌日の汁の実にした事もあった。

こんなに疲れて帰ってからの風呂沸し、灌水《ミズカケ》、撒水《ミズマキ》、施肥等の家事の手伝いは楽ではなかったが、それよりもお八ツ頂戴の機を逸した事が残念であった。それでも橘の木に登って酸っぱい橘の実を取ったり、中居の楊桃《ヤマモモ》に石を投げて落したり、桑の実や、草苺、草葡萄などで我慢した。

かく夏の日の大部分を水泳で過ごしたので、印度人の様に真っ黒になり、栗皮色にピカピカと皮膚が光る様になったのが自慢であった。二学期、学校が始まり、目と歯とを白く光らした黒ん坊の多い中でも其の大関は私であった。或る時、動物学の講義の時、「水の中でも陸上でも生活する水陸両棲類とはどんな物ですか」と先生が質問された時、一人の茶目がスックと立ち上がり、「例えば高橋君の様なものです」といってドッと一度に笑わせたが、聊《いささ》か気まりが悪かった。

八月

鬼債《キセ》ない

一年二期の総決算である盆の掛取りもすみ、中元の贈答も了えた町家では、八月の一日と二日を盆として休み、お寺参りをしたり、又お坊様に来て、お仏壇にお経を上げて貰ったりする。門徒宗の町家では他宗や又侍屋敷でする様な複雑な仏事は営まない。それでも此の日の暮れ方になると、組邸や町の娘子《じょうし》はサッと一風呂浴び、髪をきれいに結い、ビラビラと光る花簪を挿し、コッテリと白粉を白壁の様に塗り、首筋に三本の白い足を描《カ》き、絽や縮緬のきれいな着物を着飾り、錦襴の帯をたてこに結び、赤い縮緬の兵子帯《へこ》（腰紐）をダラリと下げ、鈴入りの桐の朱塗に蒔絵《マキ》のしたコボコボ下駄を穿《ハ》き、五六歳から十四五歳位のものが年の順、背丈の順に並び、互いに手を繋ぎ合って、きせないきせない、の唄を合唱し乍ら京都の舞妓の様な風で町を練って歩く。十五六歳から年上の娘も出来る丈の盛装して、黒骨紅金地の扇子をかざし練り歩く。子供の後見として、汗を拭いたり、鼻汁をかんだり、帯を直したりの世話を焼き乍ら歩くと、其の後ろをゾロゾロと見物人がついて来て、あれは何処《ドコ》の娘であるとか、養子とりだとか、着物がどうの、帯がどうのと品評する者もあり、丁稚小僧などの此の一行を乱す悪戯者《いたずらもの》もあった。

この、きせないきせない、の唄と行列は昔、井伊家御盛んの頃、太平の御代に何代目かの殿様の御発案で、唄も殿様のお作りになったのもあるとか。町の女にお花見奨励されたと一対で、太平の御代の夏気分の横溢した見物の一つであった。今其の歌を思い出のままに記して見よう。

△ 天の七夕ばたついて　こけていーんで　おーかさんに叱られた　のーヤッサイ
　いんでおかさんに　ヨーホイ　叱られた　ノーヤッサイ　キセナイキセナイ

△ 盆の十六日お精霊《ショライ》様よ　蝉がお経よむ　弥陀如来　ノーヤッサイ
　蝉がお経読む　ヨーホイ　弥陀如来　ノーヤッサイ　キセナイキセナイ

△ 長い竿竹江戸までとどく　江戸のかち梅かち落す　ノーヤッサイ
　江戸のかち梅　ヨーホイ　かち落す　ノーヤッサイ　キセナイキセナイ

△ 天の星様数えて見れば　九千九ツ八つ七ツ　ノーヤッサイ
　九せんここのつ八ツ七つ　ヨーホイ　八つ七つ　ノーヤッサイ　キセナイキセナイ

△よんべ寺から茄子《ナスビ》をもろた　しかも精霊の長茄子　ノーヤッサイ
しかも精霊　ヨーホイ　長茄子　ノーヤッサイ　キセナイキセナイ
△あの子しほらし塩屋の娘　お玉だすきで塩はかる　ノーヤッサイ
お玉だすきで　ヨーホイ　塩はかる　ノーヤッサイ　キセナイキセナイ
△あの子よい子じゃぼたもち顔で　きな粉つけたら猶よかろ　ノーヤッサイ
きなこつけたら　ヨーホイ　猶よかろ　ノーヤッサイ　キセナイキセナイ
△盆の十六日足拍子手拍子　足も揃うたら手も揃う　ノーヤッサイ
足も揃うたら　ヨーホイ手も　揃う　ノーヤッサイキセナイキセナイ
△姉がさしやるなら妹もさしやれ　同じ蛇の目のからかさを　ノーヤッサイ
同じ蛇の目の　ヨーホイ　傘を　ノーヤッサイ　キセナイキセナイ
△江戸のかち梅かち落されて　紫蘇とまぜよて色づいた　ノーヤッサイ
紫蘇とまぜよて　ヨーホイ　色づいた　ノーヤッサイ　キセナイキセナイ
△内の裏には茗荷やふきや　みょうがめでたやふき繁昌　ノーヤッサイ
みょうがめでたや　ヨーホイ　ふきはんじょう　ノーヤッサイ　キセナイキセナイ
△銀の盃中見てのみやれ　中は鶴亀五葉の松　ノーヤッサイ

中は鶴亀　ヨーホイ　五葉の松　ノーヤッサイ　キセナイキセナイ

△彦根袋町尾のない狐　人をだまして金をとる　ノーヤッサイ

人をだまして　ヨーホイ　金をとる　ノーヤッサイ　キセナイキセナイ

時に悪太郎連が悪戯をして行列を乱す時は

△あいつどこの子じゃけつらかせこかせ　槍でつきたや細槍で　ノーヤッサイ

槍でつきたや　ヨーホイ　細やりで　ノーヤッサイ　キセナイキセナイ

△あいつどこのがきどこ町のどがき　槍でつきたや突き殺せ　ノーヤッサイ

槍で突きたや　ヨーホイ　突き殺せ　ノーヤッサイ　キセナイキセナイ

△槍で突くのも愚《オロカ》な事よ　かねのまな板でチョキチョキと　ノーヤッサイ

鉄《カネ》の俎板で　ヨーホイ　ちょきちょきと　ノーヤッサイ　キセナイキセナイ

又御殿様がお忍びで町にある士の屋敷へお出ましになって、御覧になった事もあったと聞いた。

中元の贈答

盆暮れのつけとどけといって、中元と歳暮には親戚故旧相互いに思い思いの贈り物を交換する事が古くから行われて来た。それで盆前になるとお中元として、親戚や、お医者や、先生とか其の他特にお世話になった、例えば結婚の仲人といった方へ、素麺とか葛粉とか白玉、寒晒し粉、道明寺や砂糖袋や西瓜などの贈物をした。この貰った物を又他の家へやりくりするのが主婦の頭の働きで、時には一旦他へ贈った物が循環して、再び舞い戻って来る事もあった。此の贈答の使者は大抵私の役であった。この口上が子供には六ケ敷《むつかし》いので困ったが、先方でお駄賃として紙に捻った天保銭や一銭二銭のお金《カネ》を下さるので、この役徳が又夏の法会のお小遣銭になるので嬉しかった。

精霊《タマ》迎え

(一) お墓掃除

盂蘭盆が近づくと父と兄と私はお墓掃除、祖母はお仏間の掃除、母はお団子の粉碾《ひ》きなど、皆それぞれ忙しくなる。大抵八月の七八日頃になるとお墓に立てる竹の花筒を作らねばならんので、父は竹藪の中から恰好《かっこう》の太さの竹を七八本切って渡される。私は其の竹で三十対程の花筒を、息の切れる様な切れない鋸で、油汗を流し乍らゴシゴシと引き切り、一々いろはの番号をつけて、細い縄で筒の割れぬ様に巻くのである。父は上等のよく切れる竹切鋸を持って居られるが、いつぞや内密で竹馬を造る時使って、曲げたとか切れなくしたとかでひどく叱られた事があったので、頼んでも父の大切な鋸は貸して下さらず、仕方なしに歯の鈍くなった鋸で引いたので捗《ハカド》らず、蝉取りや水泳に放たれたいからだを丸二日縛られるので、子供には相当の苦行であったが、一年一度の仏様への御奉公と諦めた。

さて、花筒が出来上がると、父の都合で十日から十二日迄の間に清涼寺へお墓掃除に行った。其の日は朝早く身拵えをし、花筒と弁当、鉈、金槌、鎌、柄杓、簓《ササラ》、たわし等を左右の手桶に入れ、天秤棒で担ぎ、竹箒を携げてヨシヨシと下の馬場町から清涼寺迄行くと、なる丈日の高くなって暑くならぬ間と思っても、荷が重いのと道が遠いので、汗ビッショリであった。時には観音堂筋の船を借《カ》りて行く事もあったが、何処《ドコ》の墓掃除も大抵一どきになるので、舟の都合のつかぬ事が多かった。

さて、町を通り抜け、日蔭のない野道へ出ると、其の途中にある花屋で一抱えの下草(柃《ヒサカキ》)を買いこんで持って行った。清涼寺に着いて、本堂の左側の石の雁木坂を上り、井伊家の御廟の前の車井戸で水を汲み、白壁の塀に沿い少し許《ばか》り左へ行くと、路の右側に他と全く型の違った古い石碑が二基あった。父が、これは御先祖様と二代様の石塔でえらいお方であると教えられたので、特に鄭重に掃除し、花筒もなるべく丈夫そうなのを選って立て、お花も特に大きなのを供え、簓やたわしでゴシゴシと入念に石碑を洗い、お水もたっぷりと上げて恭《うやうや》しく拝礼した。其処から五六十歩上ると、樫の木の下の一廓に祖父(柏樹院前巖楽庭居士)の大きなお墓を取り巻いて数基の石碑が並んであった。私は先ず去年の古花筒を取り集め、木の葉や枯枝をかき寄せ、火をつけて、襲来する藪蚊の群を防ぐ事にしたが、此位の事でふだん血に飢えて居る蚊群を撃退する事は出来ず、暑いので褌《ふんどし》一張で働く父のからだは見る見る蚊で飛白《カスリ》の様になり、蚊の螫《さ》した跡が赤く腫れ上がり、鹿《か》の子班《こまだら》になった。猿股一張で働く私の体も同様で、この蚊にはつくづく困らされた。この蚊の為とは知らず、墓場で亡者に憑かれるとおこりを震うとか、墓場で倒れると三年以内に死ぬ、という迷信があり、石の雁木坂で烏蛇に追いかけられ、草履を脱いで逃げた事もあり、何となくお墓は子供には陰気な気味の悪い処であった。又昔は皆土葬であったから、埋めた棺箱が腐朽して、石碑の倒れそうに傾いたのを見ると厭であった。

祖父の墓の一廓の掃除をすませ、坂の途中にある桂昌院様の笠石のない大きな石塔の掃除も了え、又百歩程登ると一段高い石囲いの上に二十基程の石碑が行儀よく前後左右に三列に並んであった。此処には父の兄なる高源院様やら祖母、さては幼時亡くなった弟や妹の墓があるので、何となくなつかしさを覚えた。三才で死んだ弟正三の了春禅童子という舟形の小さな石碑もあった。この正三の亡くなった時には、母は若《も》しや正三に逢えるかと思って、其の死を諦めらずに四十九日の間、降っても照っても一月二月の寒空に、朝の用事を急いで済ませ、父や子供が学校へ出た後この墓場に参り、賽の河原の地蔵和讃を唱え、愛児の冥福を祈られたとの事であった。父は石段に腰かけて煙草一服吹かせて居られたが、感慨無量の態《てい》であった。私は古い花筒や古卒塔婆《そとうば》、枯枝等の火を焚いて茶を沸かす用意をし、井伊家の御廟所の井戸まで重い手桶を担《カツ》いで、山を上ったり下りたりして度々水汲みに通うやら、筅《ささら》や束子《たわし》で石碑を洗うやら、花筒を立て替えるやらなかなか忙しい。

其の間に薬缶の湯が沸いたので、父は、チト早いが昼食《ヒル》にしようといわれ、手を洗い、其の辺の石に腰を下ろし、藪蚊を払い乍ら大きな握り飯を頬張った。蚊は不相変《あいかわらず》ひどいが、始め程の痛痒を感じなくなった。陽《ヒ》はカンカンと照りつける。蝉時雨は耳を聾する許りである。其処此処で花筒を打ち込むコンコンという冴えた音が龍潭寺山や谷に谺《コダマ》して杣人《そまびと》の斧の音が如く、深山幽谷にある様な気がした。

さて、昼飯もすませ腹が膨れると、暑いので睡気がさす。さて、草臥《くたび》れて働くのが少々厭になるが、遠くの空に入道雲がムクムクと起り、涼しい風が颯《さっ》と吹いて来たから、夕立が来るかも知れんと、急いで赤松の根元にある一基と河北の墓の掃除をすませ、これで仏様も清々としてお喜びの様な気がして、善い功徳をしたと子供心にも思った。それでは夕立の来ない間に急ぎ帰ろうと、道具を纏めて帰途に就くと、野路の真中で急にピカリゴロゴロザーの大雷雨に逢い、逃げ込む場所はなく、坊主濡れになって帰った事もあった。家に就くと祖母は、御苦労御苦労と丁寧に礼を述べて迎え、何か茶菓を出して下さったが、役目を果たして重荷を一つ下ろした様な気がした。

㈡ 粉碾《ひ》き

お盆に仏様に供えるお団子を作るため、洗米を米揚げ笊に入れ、中央にお呪《まじな》いの菜切包丁を入れ、椽側の日当りのよい場所に干してあると、雀が来てチュンチュンと鳴き乍ら米を啄《ついば》む。鼠がチョロチョロと出て来て、米を前足で持ってキョロキョロあたりを見乍ら噛《カ》じるので、可愛いが追わねばならず、シーッと声を掛けると周章《アワ》てて遁げる。さて、夜になると母は大きな飯盆盥の中へ重い石臼を据え、襷がけで、時には身持ちの大きな腹を抱え乍ら、粉碾きをされる。私は其の手伝いを命ぜられるが、昼間の水泳や何やの疲れで不覚眠りして、却って臼を重くする事もあった。母は右手で臼を廻し乍ら左手に一掴みの米を握り、上手に少しずつ、チョイチョイと臼の穴に入れられた。米の乾燥が悪いと、粉が素麺を食った金魚の糞の様に捩れて臼は重く、又一度に多く米を入れるとガラガラと臼は軽く廻るが、粉が荒く小米が沢山に出来る。母の立たれた間に一寸自分でやってみたが、なかなか其の加減が六ヶ敷《むつかし》い。側で見ていた小さな子供等は眠くなると、グズグズ泣き出すと母は美音を張り上げて、

臼も御苦労様だ　ひき手も御苦労さんだ　見てる子供衆はなお御苦労じゃ　アリャどんどんどん　こりゃどんどんどんどん

高い山から谷底見ればな　瓜や茄子《ナスビ》の花盛り　あれはどんどんどん　これはどんどんどん

おばばどこへ行きやる　三升樽さげてな　嫁の在所へ孫抱きに　あれはどんどんどんどんこれはどんどんどんどん

と唄われる。これを添え乳《そえぢ》の子守唄にして、弟妹などがスヤスヤと罪のない顔して寝入るのもいじらしかった。やがて二升の米を碾き終ると私の手伝い役は御免になるが、母は蚊帳の中へ子供を入れ眠らせてから、碾いた粉を粉篩《ふるい》でトントン篩い分け、粗い小米は糊米にされた様であった。母の臼を片づけられる頃は、短い夏の夜は相当更けて居た事と思う。

(三) 仏間の掃除

祖母のお盆の奉仕も決して楽な仕事ではなかった。お持仏堂の大掃除や仏具の真鍮磨きもせねばならず、三十余りの大きなお位牌、頭の笠が取れたり、台が毀れたり抜けたりするのを、一応全部外へ出し、一々蜘蛛の巣を払い、鼠の糞や埃を手箒にて掃い落し、清い布帛で拭い、又元の通り順序よく狭い所に列べるのは六ヶ敷《むつかし》い仕事であった。持仏堂は四畳の室で、正面一間幅の中床が仏殿で、下が燭台、提灯、経箱、木魚、其の他いろいろの仏具の入れ場で、四枚の襖は白地に蓮の花と葉との大きな藍模様であった。御仏殿は更に上下二段に分かれ、上段を三分し、右の三分の一がお位牌堂、中央の三分の一が印度仏のお釈迦様を中心に、子供の手を引く鬼子母神、お手の沢山ある千手観音様、頭に馬の首のある馬頭観音様、立ち膝して御座る如意輪観音様、白象に跨る普賢菩薩様、獅子に乗る文殊様、宝珠を持ち錫杖をついて御座る柔和なお顔のお地蔵様、薬壷を持って御座るお薬師様、忿怒の相をした毘沙門様、火焔の中に立って御座るお不動様など大小十余りのお厨子が左右にギッシリと並び、左側の三分の一には三個のさっぱりした飾りのないお厨子の中に、欅の板に白漆を塗り、何々神主と記した初代二代三代様の神霊代《ミタマシロ》が祀ってあった。一番左の端には飾りのない大きな位牌に三界萬霊有縁無縁位と刻んだのがあった。祖母に、何様の御位牌かと尋ねると、三界様と答えられた。三界様て何、と牛蒡の根掘りをやると、お祀りをする人のないので餓鬼になった気の毒な人をお祀りして上げるのだ、と聞いて恐ろしい様な気がした。

盂蘭《うら》盆

祖先崇拝の意味で、お盆は確かに我が国の重要なる家庭行事の一つである。特に祖先の功労により高禄を世襲した太平の御代の侍の家では、祖先の名を辱めざる事と高恩報謝の意味で、精霊祭を鄭重に取り行ったものと思う。盆とは盂蘭盆会の略称で、梵語のUllambanaの事である。さて、ウランバナとはどんな事かと調べて見ると、盂蘭とは救倒《ぐとう》懸《けん》と訳し、苦悩を救うの義で、盆は百味五果と称する種々の供物を盆器に盛り上げて、之を仏や仏弟子に供養し奉り、其の功徳で衆生の倒懸苦を救う、との意味である。仏教の方では、釈尊のお弟子の目蓮《もくれん》尊者というえらい方が神通力を得て、冥界に居らるる母を見られると、此の母は生前慳貧《けんどん》邪見の人であったから、死後に地獄の餓鬼道に墜ち、飲食物を摂《と》らんとして口を近づけると、其の飲食物が尽《ことごと》く炎々たる火焔を発し、口にすることは出来ず、飢餓に苦しめられるのを見て、何とかして救いたいと思い釈尊に相談されると、お釈迦様は罪滅ぼしの為に僧尼に供養せよ、との事であったから、早速目蓮尊者は釈迦の教えに従い、百味の飲食《おんじき》を調え、七月十五日の僧自恣《ソウジシ》の日—雨期九十日間、仏弟子が浄行禁足して、夏居を修し、身心を清め、法を守り、道を行う最終の日—に百人の僧尼に大供養法会を営み、其の回向《えこう》の功力《くりき》により、母を餓鬼道の責め苦より救う事が出来たので、爾《じ》来《らい》、仏教徒の間では七月の十五日に、有縁無縁の餓鬼に飲食を施す施餓鬼から転じて、冥界の精霊を迎え、供養する事になったのである。子供の時に、盆より正月よい物じゃ、と唄った如く、お盆の行事は何だか爺様媼様の仕事の様な気がして、子供には縁の遠い物という感じがしたから、其の複雑な行事もよくは覚えて居ない。

十一十二日には草市が開かれ、其処で精霊棚の飾り物を求めるが、草市の立たない処では八百屋とか荒物屋で盆に使用する品物を売るが、其の品は地方によって多少の相違はある。其の主なる物は、截子《キリコ》灯籠、台灯籠、酸漿《ホオヅキ》、草堤灯、小行灯《アンドン》、素麺、粳米《ウルシネ》、茄子《ナスビ》、大《サ》角豆《サゲ》、梨、柿、鼠尾草《ミソハギ》、蓮の葉、黍穂、真菰蓆、枝栗、土器《かわらけ》、苧殻《おがら》、経木《ヘギ》膳、破子《ワリゴ》等である。

さて、お墓掃除もすみ、御仏殿の掃除も出来、いよいよ十三日のお盆になると、朝来《ちょうらい》、祖母と母とは又一入《ひとしお》忙しくなる。仏間正面四枚の襖は取り外し、前面に巾一尺長一間の長机を据え、新しき真菰蓆を被い、其の上にヘソコ胡瓜と茄子に一寸許《ばか》りの苧殻四本を刺したる御精《オショ》霊様《ライサマ》御乗用の牛馬を飾り、大丼に蓮の葉を敷き、其の上に茄子と胡瓜を賽の目に刻んだのを盛り、其の隣に大鉢に清水を湛え、千屈菜《ミソハギ》の枝を浸《ヒタ》し、仏様を拝む毎に、千屈菜の葉を水に浸し、刻みたる茄子と胡瓜にふりかける。かく用意が出来ると、祖母と母とは仏様に供うる御料供の用意をせねばならぬ。此のお料供は種類も多く、何日には何と何、とやかましく順序も定められ、次から次へと殆ど取っかえ引っ換え供えねばならず、うっかりすると順序が違ったり抜かしたりする。側の見る目にも如何にも忙しそうであった。

　十三日の夕刻になると、玄関前に盥に水を入れたのを仏様の御洗足用の濯《スス》ぎとして出して置く。これも仏様の盥として綺麗《キレイ》なのがあって、他には使わぬことにしてあった。当主は精霊《タマ》迎えとして帷子《カタビラ》の紋付に羽織袴で、定紋付きの提灯を提げ、清涼寺に詣で、お寺のお灯明で提灯に火を点《トモ》し、一々お墓に向かい、「お迎えに参りました。只今よりお伴致しましょう」と挨拶して、まだ日の没《イ》らぬのに提灯下げて帰宅する。門に出迎えの祖母は提灯の火を苧殻に移し、門口で土器の上で燃やし精霊をし、其の火で家内一同喫煙すると夏病みせぬとて、一口宛吸う事にしてあった。さて、提灯の火を仏殿の御灯明に移し、截子灯籠の蝋燭にも点して、急に仏間が明るく賑やかになり、如何にも御精霊様がお出でになった様な気がする。お迎えの提灯は定紋付きでなく、五寸角位の板に四隅から二本の竹を曲げて柱とし、粗末な紙に蓮の絵を描《カ》いたのを貼《ハ》った盆提灯を用意し、一つは墓場に残し、一つを案内用として持ち帰る家もあった。又仏殿の灯籠も新盆などのある家では、親戚より立派なのを供えたり、後には蓮模様のある岐阜提灯を用うる事も多くなった。夕刻お精霊様をお迎えすると、先ずお線香を立て、お茶湯《ちゃとう》を供え、お迎え団子をいくつもの皿に盛りお供えをする。お迎え団子は米の粉で作った小さな白い団子で、お相伴をする人は白砂糖をつけたり、きな粉をつけたり、醤油で煮てみたらし団子として食べた。暑い時分で朝から作った団子は翌朝饐えて臭くなるので、夜寝る前に食べてしまう事になっていた。お精霊様にお供えした食べ物は一切家の者は食わないので、夜になると、小屋《コヤ》とて浜辺に住んでいる賤民が大きな袋、鉢、お櫃《ヒツ》、其の他の容器を持って、お下《サ》がりを貰いに来た。この小屋乞食はそれぞれ得意があって、何処《ドコ》の家は誰の受け持ちと定まって居た様だ。この賤民が大きな嚢を拡げて、お精霊様のお下がりを貰うのを見ていると、「お坊ッチャマお行儀が悪かったり、お悪戯《イタ》をなさいますと、此の袋の中へ入れてつれて帰りますよ」と言われ恐ろしかった。この小屋という賤民は、藩より住宅と捨扶持《フチ》を与えられ、乞食姿で他藩に侵入し、隠密の役を勤めた者との事で、今では士族の邸址に立派な家を建てて住んでいる者もある。

精霊迎えの十三日の夕刻より、十五日夕刻の精霊送り迄の間に、順々に供えられた御馳走は何であったかは覚えていないが、唯ぼんやりこんな物があったと記憶に残っているのは、お迎え団子と送り団子、お萩、餡ころ餅、冷し素麺、葛まんじゅう、西瓜、寒天などで、お膳の料理三度三度たきたての御飯、いそがきの味噌汁、茄子のみそ汁、豆腐のみそ汁、冬瓜の冷し汁、湯葉と麩の酢の物、茄子、長ささげ、いそがきのお浸し、いんげん豆の胡麻味噌和え、ひじきの白和え、こんにゃくの酢みそなます、冬瓜のあんかけ、芋茎《ズイキ》の酢熬《スイ》り、南瓜と茄子、長ささげの煮付、椎蕈、干瓢、湯葉、焼豆腐、芋等のお平、生《ナマ》の物では田圃の林檎、盆柿、桃、酸漿、茄子、胡瓜、玉蜀黍《トウモロコシ》、李、まくわ瓜、巴旦杏、越瓜等があった。

仏様参りに親類のお客があると、先ず仏間に案内して後、お座敷でいろいろの食物を差し上げた。亡き親の精霊に逢うとて、養子に行った人達は礼服でお参りに来られた。又棚経読みとて十四日十五日には、清涼寺から坊様がお経あげに来られたが、大きな団扇で後ろからお経を読んで居られる坊さんを扇いであげたが、汗が首筋からダラダラと流れていた。戸賀の観智院からも（智恵さんという）尼様も来られた。お坊様にはお布施の他にいろいろ御馳走を差し上げた。祖母は暇があると仏間に坐り、さも活ける人に接待してる様に「お暑う御座ります」と団扇でお位牌を扇いだり、「遠方をお出で下さりましたのに、何のおもてなしも出来ませんがお許し下さい」とか「御歴代様のお蔭で皆が無事で機嫌よく暮らして居ります」とお礼をいってお辞儀をさるるのがおかしかった。

盆中には御先祖様や御歴代様がお出でだから、子供はお行儀よくして、泣いたり、喧嘩したり、親の命令に背いたり、口答えをしたり、無理をいったり、意地悪したりする事は厳禁されて居た。娘の子が琴を弾じて御霊を慰めたり、家内の和合を示す為に盆踊とて、お念仏を唱えて踊る家もあった。この踊りが盆踊としてお寺の境内で盆に行われる事になったらしい。

十四日か十五日に当主は又礼装してお墓参りをするのであった。仏様が皆宅へ来て御座るのにお墓参りは変だ、というと、祖母は、お留守見舞だ、と言われた。理屈は何とでもつくものである。この十四日のお墓参りの序《つい》でに親類へ廻るのが多かった。

盆には子供等は李や柿の未熟なものを食べたり、腐り易いお萩や餡ころ餅や、冷たい西瓜や素麺を食べて腸胃を損じて下痢をする者や、マラリアに罹《かか》る病人なども出来た。

十五日の午後にはチト早い目に夕御飯を供え、お迎えの時と同様にお送り団子を供えると、もうお帰りになるので、提灯に火を点し、当主は礼装してお墓までお送りする。宅では門口にお送り火の麻殻を燃やす。お墓では一々、万事不行届きでした、と挨拶して帰る。総て生きている人に対する様にするのである。

十三日のお迎えの時、大久保の従兄《イトコ》が親の代理で宗安寺へ精霊迎えにやらされたが、日の暮れないのに提灯点して町中を歩くのが若い者の何となくきまりが悪く、自宅の近くになって火を点さんと提灯を袂に入れて帰る途中、生憎《あいにく》親爺に出逢い、提灯はどうした、提灯なしでは仏様が真っ暗闇でお歩行なることが出来ないからもう一度宗安寺へ行って提灯を点して来い、と町の真ん中でさんざん叱られて困ったが、ゆっくり行って日の暮れるのを待って帰ったと話していた。

お盆の風習は地方により家々により様々に違うのであるが、祖先の精霊を祭るという事は誠に結構である。平日は多忙で、祖先の祭りもとかく粗略になり勝ちであるから、せめて一年一度のお盆には敬虔な心持ちで仏前に額き、一家団欒して亡き人の物語りなどして、其の徳を讃歎し、報恩感謝の念を養いたいものである。

又お盆の行事をこんなにする家もあった。十三日に精霊棚を設け、真菰の蓆を布き、祖先以来の御位牌を飾り、鼠尾草《みそはぎ》で水を灌《そそ》いで拝む。又正面の左右に笹竹を立てて柱とし、素麺を吊し御供物を供える。此の日は一家揃って正装し、祖先のお墓に詣で、帰ってお迎え団子を供える。十四日には芋の揚げ物、茄子と瓢の胡麻和え、十五日には蓮の御飯と白いお送り団子、茶菓香華を供え、十五日の晩にお迎えの者に托して幾許かの銭を与え、川へ流して貰うのであった。

私の家では十六日一日はゆっくり休養して、夕方には精進落しとして鯉や鮒の洗いとか、鰌の柳川や、鯆《ハス》の塩焼などを食う事になっていた。其の代り盆中は全くの精進料理で、肴屋も肴を売りに来なかったし、漁師も漁に出なかった。この日、地獄の釜開きとて、下女、下男、丁稚などの奉公人は正月の藪入りと同じく、親元へ帰ってゆっくりと遊んだ。

盆の行事は単に亡き精霊を迎え慰むるばかりでなく、地方によっては、活き御霊、といって現存する父母や尊長者に、塩鯛とか其の他の好物を贈り、高恩感謝の意を表する処もあるとの事で、実際奨励すべき良風であると思う。

子供の時につらかったお墓掃除も、父の遺志で、父の亡くなった時に清涼寺門前に河北家の墓と並べて一基の石碑を建て、豪徳寺の梶川乾堂大和尚に頼んで、高橋家累代之墓と揮毫して貰ったのを彫り、山の上の二十余個所の墓から、少しずつ土砂を集めて罐に入れ、其の中に埋め、其の後の高橋家の者の遺骨を此処に葬る事にした。花崗石で花立ても作ってあるから、花筒換えの必要もなく、土葬でないから棺桶の腐朽して石碑の傾く心配もなくなったが、昔一緒に墓掃除に行った父も兄も、お団子を作って下さった母も、もはや此の世の人でなく、此の石碑の下に永眠して居られると思うと、淋しくて堪らない。

施餓鬼

盆になると各寺院では、施餓鬼といって餓鬼道に墜ちている無縁仏の亡者を供養する。又家々では檀那寺の僧侶を招いて、特に新仏のある家は初盆供養としてお施餓鬼を修行する。この施餓鬼は必ずしもお盆にのみ修行すると定まってはなく、いつ勤修《ごんしゅ》してもよいので、亡き人、年忌とか命日にもお施餓鬼として坊さんを招き、読経を頼み、親類縁者を招いて供養する事もあるし、お寺でお勤めをして貰う事もある。又川施餓鬼といって、湖水や川で溺れて死んだ者の霊にする供養を、浜辺に六本の卒塔婆《そとうば》を立て、幡《ばん》を吊し、樒《しきみ》の葉を添え、大勢の坊さんがお経を上げ、仏名を書いた薄い経木《ヘギ》を湖水に流した。又この川施餓鬼に大勢の坊さんが船に乗り込み、読経し乍ら蓮の花びらの形をした色紙を散らし、湖水をグルグル廻ったり、蓮華寺、妙源寺、蓮乗寺等の日蓮宗では、南無妙法蓮華経のお題目を太鼓のドロツクドンドンと和して高らかに唱え乍ら、多景島の見塔寺へ漕ぎ出す事もあった。泳いでいる時、この経木の卒塔婆が流れて来ると、何だか死人にとりつかれる様で気持ちが悪かった。

宅では死人のあった場合に、初七日とか、三十五日とか、四十九日の法事、百ヶ日、一周忌、それから大事な仏様の御年忌にはお客招びをして施餓鬼の法事を勤めた。宅での法事には天神前の筑前屋という乾物屋に頼んで料理をして貰った。又清涼寺で施餓鬼を頼む時は、大抵油屋町（埋堀）の丸七という大きな精進料理屋に頼んだ。宅での法事には宅の黒塗りの本膳を使ったが、お寺では寺の朱塗の本膳を拝借したが、宅のと違いお椀が大きくて落しそうにあった。飯でも飯椀に一杯盛られると、とても食べきれなかった。今、其の頃の法事の料理を思い出して見よう。尤も季節によって違う。

（皿）　紐ゆば、紅素麺、麩、細切大根、菊の花、糸こんにゃく、きくらげ、瓜なます

（汁）　豆腐、蕪《カブラ》、松蕈、豌豆《えんどう》、つまみ菜、大根と里芋、冬瓜の濃漿《こくしょう》

（猪口）　青葉のお浸《ヒタ》し、芋茎《ズイキ》の酢熬《スイ》り、百合根の甘煮、百合根の梅肉和え、蒟蒻の白和え、ひじきの白和え、人参と牛蒡の胡麻よごし、にんじん葉のお浸し、春菊のお浸し

（平）　山の芋、飛龍頭、油揚げ、焼豆腐、昆布巻、結び干瓢、平湯葉、椎茸、牛蒡、胡蘿蔔《ニンジン》、筍、蕨、ぜんまい
（茶碗）胡麻豆腐、椎茸、おぼろ麩に青菜、三つ葉、芹、薄雪こんぶ
（壷）　里芋、あられ麩、大根、干瓢、矢筈《ヤハズ》昆布、にんじん、牛蒡
（茶碗蒸《ム》し）松蕈、椎茸、しめじ、地平筍、銀杏《ギンナン》、巻き湯葉、木耳《きくらげ》、百合根、慈姑《クワイ》、山芋
（清汁）冬瓜、じゅんさい、みる
（酢の物）おろし芋と青海苔、芋茎の酢熬り、蕨、うどの二杯酢、土筆《ツクシ》の酢いり
（取り肴）擬製豆腐、焼湯葉、栗きんとん、揚げいも、高野豆腐、輪切りみかん、茄子《ナスビ》の鴨焼、慈姑、はじかみ
（台引）揚げ昆布、羊羹、藷《いも》の茶巾《ちゃきん》絞り、松かさ餅、胡桃《クルミ》と黒胡麻の飴かため、落花生の飴かため、おぼろ饅頭

大体こんな物であった。丸七の親爺はでっぷり太った角力取の様な男で、お勝手にドッシリ大あぐらをかいて料理をしていた。小僧さんが出でてお寺でのお給仕をされた。私は法事の料理では茶わんむしと胡麻豆腐と台引と大きなまんじゅうが嬉しかった。

盆踊

夏の夜の景物で忘れる事の出来ないものは盆踊である。盆踊はもと空也上人の創めた念仏踊とて、徒弟が優婆塞《うばそく》の姿で節面白く無常頌文《じゅもん》を誦《ヨ》み、念仏を唱え瓢《ひさご》を叩き、歓喜踊躍《かんぎゆやく》の情を示したが、後文禄の頃、出雲の国からお国という女が京都に来て、絹の黒衣を着、真紅の二筋の細紐で鉦《カネ》を襟にかけ、無常変易《へんえき》の世の有様を、称名《しょうみょう》声《こえ》にて唱え廻り舞ってから、急に念仏踊が流布したらしい。ところがお盆の夜この念仏踊を舞うということは、如何にもふさわしい事であり、其の上踊り方も極めて単純なものであったから、広く老若男女の習得に容易《たやす》く、遂に盆踊として寺の広場などで行われるに至ったのであろう。この念仏踊の様なものに始まった盆踊が各地に発達し、それぞれの特色を有するに至った。江州では天正の頃、愛知郡日枝《ひえ》村の千手寺で僊仏式が行われた時、村人を集めて手踊をしたのが江州踊の始めであると伝えられている。然し当時の踊りはお経の文句に節をつけて、それに合わせて踊っていたもので、音頭の始めは今から八十余年前、八日市の西沢寅吉という祭文《さいもん》語りが、踊りの調子に合う様に祭文を工夫して案出したのが、世間で八日市音頭といわれ非常の人気を博し、其の後、弟子から弟子へ次第に広まり、終に湖国名物の江州音頭となった。踊り場はお寺やお宮の境内、又は町の四つ辻の広場等で、中央に高い櫓を組み、床を作り、葦簀の天井を張り、周囲に幕を絞り、四本柱には青竹の笹に紅提灯を吊し、この高い櫓の上から場内を見下ろして、

テーイミーナーサーアマターノーミーマース……

とゆるやかな調子で音頭を唱え出すと、老いも若きも男も女もグルリと櫓を囲んだ踊子達は、キタショイと応じ、

シバラークパーヨーイヤセーノーカーケゴエタノーミーマース

といえば、ヨヤマカサノサノヤットコドッコイショと応じ、掛け声面白く、拍子揃えて踊り始める。法螺貝や錫杖の音も響く。音頭はいよいよ冴えて来る。

さては此の場の皆様方へ　同席御免を蒙りて　伺ひ上げます演題は　芸題苅萱《かるかや》物語　父を訪ねて石童が　高野登りの一巻を　これじゃからとて皆様よ　事やこまかに参らねど　好《スキ》で覚えた近江節　貝や錫杖にあやつられ　これから口演な仕る……レレン…レンレン…レレレンレンレン…

抑《そも》後段の筆初め　中途さ中で判らねど　扨《さて》も此の時石童丸　管の小笠を傾けて　世は逆様の竹の杖　柱と思ふ母親と　共に尋ねて逢ひたくも　女人禁制の御山故　是非なく母

を宿に置き　高野御山に登りける……

手が鳴る、足が運ぶ、右に左に影法師が揺れる。晴れ渡った空、月影もさやかに時々涼しい夜風が袂を吹く。紅提灯が入り乱れ、見物人のさざめき、踊子の掛け声、音頭の調子も一段と高く、踊りはいよいよはずんで来る。女装したる男、男装したる女、揃いの浴衣の一隊、四ツ竹、拍子木、太鼓を鳴らし、調子を合わせて踊るものも出来、宵の間は子供連が騒ぐのでざわつくが、夜更けになると真の踊り好き、踊り上手のみが残って踊るから、踊りもよく揃い、音頭取りと踊子の呼吸がピッタリと合致し、全体が恰《あたか》も一人で踊っている様になる。又この踊りを見物に出掛ける人も、円陣の周囲を幾重にも取り巻いているが、もともと踊りの好きな連中であるから「踊る阿呆に見る阿呆　同じあほなら踊らにゃ損じゃ」と煽《オダ》てられ、踊り仲間に入るもあり、赤ん坊背負うて踊るもの、昼間の疲れも忘れて夜遅く、主家の御用を仕舞ってから踊りに出かける女中もあり、夜が更けて月も傾き夜露の下る頃に、一人去り二人去り終に解散するが、警察の干渉により夜十二時後は禁止とて、お巡査さんに追い立てられ、一時解散しても又いつのまにやら他の方に集まり踊る事もあった。音頭取りが下手《ヘタ》で踊りにくい時は、「音頭取り下手なら大根食わせ」と唱え、踊子が一斉にドッコイショドッコイショドッコイショと連呼して音頭を打ち毀し、音頭取りを引き下すこともある。

地蔵盆

彦根には、士の屋敷に稲荷の祀ってある家が多い如く、町家ではどの町にも小さな地蔵堂があって、八月の一二日か二十三四日、地蔵祭をする。有名な田圃の地蔵祭は七月の二十三、四日であった。この日には町の空き家かしまい屋の店頭を開放し、ここに地蔵堂のお地蔵様を安置する。近所の家の軒下には鳥羽絵の描いた掛行灯《カアンドン》の正面に、南無地蔵尊とか地蔵大菩薩と書いたのを掲げる。お堂には卍の紋と子供連中とか、何々地蔵講とか染め抜いた紅か紫の幕を張り囲らし、天井から折鶴とか括り猿を吊し、南無地蔵大菩薩と書いた紅の長提灯を正面の左右に吊し、お花を立て、お堂の前に供物台を据え、近所から捧げた、西瓜、真桑瓜、茄子《ナスビ》、南瓜、胡瓜、冬瓜、玉蜀黍《トウモロコシ》、長ささげ、李、梨、林檎、さつまいも、里芋、紅白の餅、まんじゅう等を三宝に盛り、寄進者の名札を垂れ、所狭く並べ立てる。子供連は三宝やお盆を持って町内の家々や通行人に迫り、「地蔵さんの報願あげてんか」と賽銭其の他の供え物を強要する。後年、学校と警察の協力により、通行人に強要することは固く禁じられた様である。夜になると提灯や行灯、宝珠形の蝋燭立てなどに点火され、ガンガンと鉦《カネ》を鳴らし、地蔵和讃を唱えたり、地蔵経を上げたり、拍子木や木の打盤を叩いて、オンカカー、カビサンマー、エーソワカー、と賑やかに誦《ず》して居る。子供等は嬉しそうに騒いでいる。さて、翌日になると、世話方連や近所の女房連が集まり、お供え物を下げて子供等の慰労をする。紅白のお供え餅でしる粉を作る。強飯を経木《ヘギ》の折敷《オシキ》に盛り、南瓜、長ささげ、里芋などのお煮〆を副え、冬瓜や茄子のすまし汁、甘酒、西瓜等の饗応に子供等は大喜びである。世話方連中はお賽銭と講の積立金で鯑《ハス》の塩焼位で一杯やる様である。

序《つい》でに地蔵さんに就いて思い出した事どもを記して見よう。

佐和山の周囲には無数の地蔵様が立ててある。これを俗に石田地蔵と唱え、石田氏の菩提を弔う土民の心尽くしを示している。又山頂の千貫の池の傍らに五尺四面位の小堂があり、石田地蔵が祀ってある。

彦根の東方、大堀と原との間の中山道に地蔵という村がある。

弟の正三が三歳でなくなった。此の子は大層愛らしい子であったので、母の愁嘆は一方でなかった。それでお地蔵様に縋り、其の冥福を祈られたが、毎晩仏様にお灯明を上げ哀れな声で、「賽の川原の地蔵さん　これは此の世の事ならず　死出の山路の裾野なる　賽

の川原の物語　聞くにつけても哀れなり……」と唱えられたのを聞き覚えて、私も母と一緒に地蔵和讃を唱えた。何だか正三が賽の河原で、一重積んでは父の為、二重積んでは母の為、三重つんでは故里の兄弟わが身、と廻向《えこう》して遊んでいると、恐ろしい鬼が出て来て、鉄の棒で積んだる石の塔を打ち崩す。正三は恐ろしがってお地蔵さんの衣の裾に縋りつくと、お地蔵様が抱き上げてかばって下さる様に思ったので、特に地蔵様を親しみ、崇敬する気持ちになった。

或る年の秋、祖母につれられて多賀参りをした。途中善利《セリ》の西福寺《サイフクジ》に寄り、一丈六尺の大きなお地蔵様を拝んだ。金色のお顔が如何にも柔和で親しみ易い様に覚え、一入《ひとしお》崇敬の念が起こって、小さくて亡くなった弟や妹の冥福を祈った。多賀の町に地蔵堂があって、中央のお地蔵様の前の右に三途川の脱衣婆が死人の衣を剥いでいる恐ろしい姿、左に青鬼、赤鬼、閻魔等の凄い相をしている木像が飾ってあったので恐ろしかった。

祖母はよく有名な木之本のお地蔵様へ参られた。汽車のない時分に、彦根から往復十六里の道を歩まれる健脚には感心した。尤も長浜迄は汽船を利用されたこともあった。お土産には曲物《まげもの》に入った坂口飴を一個宛下さるのが嬉しくて、お祖母さんの木之本参りと聞くと夜遅くまでお帰りを待っていた。

東海道線の鉄道工事が始まった頃、大洞の弁天様の石段の横に石の大きな地蔵様が祀ってあった。工事の邪魔になるので工夫が小便をしかけたとか、勿体ない粗末な扱いをしたとかで、忽ち腹痛を起こし動けなくなった。それで工夫連が恐ろしくなり、清水で洗い浄め、お詫びをして、立派なお堂を建立し、子安地蔵として安置したが、大層な流行仏《はやり》となり、お参りも多くなったとの事であった。

納涼

長曽根に波止場《ハトバ》という汽船の発着場が出来てから、其の桟橋が一丁程湖水に突き出しているので、蚊も少なく湖面を亘る涼風が吹いて来る。それで下辺の人々は、絶好の納涼場としてなかなかの賑わいであった。中には話上手の人があって、世間話に花を咲かせていた。又暗くて顔が見えぬと思ってか、盛んに猥談を飛ばして居る者もあった。島野の雅五郎という白髪の元気な老人も御常連で、いつも浴衣の裾をクルッと尻まくりにし、桟橋の欄干に腰掛け、掌で蚊を追い払うつもりか、尻ベタをペタペタ叩いて談笑して居られた。酒美の源六老人は昔の自慢話を傍若無人でやって居られる。沖には湖月楼の屋形船が紅提灯や岐阜提灯をズラリと吊し、三味線の音を響かせていた。郡役所の若い書記連中が船を出して、劉喨《りゅうりょう》たる明清楽《みんしんがく》の合奏をしていた。明笛《みんてき》の音が湖面に冴え渡っていた。尺八の美音も聞こえて来る。糠《ヌカ》味噌の酸くなる様な謡曲や義太夫も聞こえて来た。夜の九時になると長浜から大津通いの汽船が寄港するので退散する。私はソーッと浜辺より泳ぎ出し、汽船の後部の舵に取りつき、出港合図の汽笛と共に竜車がゴーゴーと回転し始める。強い水の勢いで押し流されそうになるのをシッカリとしがみつき、港を離れる頃手を離し、劇しく押し流されて泳ぎ帰ったが、船頭に見つかると、危《アブ》ない危ない、といって長い竿竹で擲《ナグ》られた。後から思うとよくもあんな危ない馬鹿な事をしたものだと思う。これも所の四郎という餓鬼大将がやるので、何糞という負けぬ気で親不孝をしたものだ。こんな心胆まで冷えきる様な危ない納涼をして引き上げた。

旱魃と洪水

二月十七日の祈年祭《トシゴイマツリ》に、宮中では皇霊殿で式典を挙行せられ、伊勢神宮を始め、全国の官国弊社の神々に奉幣の御沙汰があり、年内の総ての穀物がよく実るように八百万の神々に御祈念になり、民間でも倉稲《ウカ》魂尊《ノミタマノミコト》をお祀りするお稲荷様に五穀豊穣をお祈りしても、五風十雨とばかり誂え向きには行かず、片降り片照りのお天気ばかりはままにならず、時には夏の炎天に一滴の降雨もなく、到る処水は涸れ、田圃は亀裂して作物は枯れ死にすることもあり、又降り続く大雨に湖水は汎濫し、浜辺の田畑は水浸《ビタ》しとなり、作物は固《もと》より家屋まで流失することさえある。江州では旱魃で困るのは扇の骨の部分位で、地紙《じがみ》に相当する広い部分は用水の奪い合いで、高宮とか多賀、久徳で喧嘩が始まる方が豊作である。湖水の周囲にある八百八水が流れこみ、唯一の瀬田川では吐ききれず、見る見る湖水の水嵩は増して汎濫し、容易に減水せず、湖岸の作物は腐敗し終る虞《オソレ》がある。こんな年には米が不足して難義をした。子供の時に旱魃で井戸水が涸れ、手桶を下げて深井戸を尋ねて貰い水に出かけた事もあり、水づきで井戸と便所が一続きになり、舟筏で遠く貰い水に出かけた事もあった。

先ず旱魃の時の記憶を辿って見よう。

久しく雨が降らないので、井戸の水が追々涸れて釣瓶が覆《カヤ》らなくなる。真夏の太陽はカンカン照りつける。外出すると目が眩《ま》って倒れそうになる。地面に水気がなくなって埃っぽくなる。午後になると入道雲がムクムクと湧き出ずるが、まもなく消散して降雨の気配もない。盆栽はガラガラになる。庭の木の葉がダラリと萎える。畑の作物、南瓜、胡瓜、茄子《ナスビ》、里芋の葉が赤くなりて枯れる。道路も畑もポコポコとして灰の中を歩くようである。

田圃は亀裂し、稲の葉先が赤くなる。夕陽《ヒ》は物凄い紅味を帯びて、明日の晴天を約束し乍ら西の山に没する。あちらの村でもこちらの村でも鐘太鼓を叩いて物凄い雨乞いが始まる。高宮と多賀、久徳の百姓は田用水の奪い合いで大喧嘩が始まる。警察の力では鎮めることが出来ない。大津から兵隊を繰り出して鎮撫するが、殺気立ってなかなか言うことを聞かない。決死隊が野田山の水溜めを決潰したが、鍬で頭を割られたとか、負傷者が何人出来て担架でどこそこの病院へ担ぎ込んだとか、恐ろしい談《はなし》が忽ち拡がる。大洞の弁天様に雨乞いして大護摩が焚かれる。荒神山に夜な夜な松明をつけて雨乞いに上る人で、真っ赤な光が麓から頂上へ続く。野田山の金比羅様に祈願する。八日市の太郎坊へお籠もりする。お寺やお宮でもそれぞれ雨乞いの御祈祷が始まる。霊仙嶽の御池へ牛の皮を投げに行ったとか、あらゆる方法を講じても降らぬ時には一滴も降らぬ。百姓も疲れ果てて最早手の下し様もなく、只天を眺めて怨んでいる。こんな時に平常湖中深く沈没して居る磯の烏帽子《エボシ》岩（結び岩とて磯山の洲崎北のほとり、山岸より半丁許《ばか》り水中に在り、大きさ二間四方位の男岩と女岩とあり。舟にて行けば晴天には明らかに見ゆるも、水底の寸尺を知らず）が露出して其の辺りまで徒渉《かちわた》りが出来るので、俄に掛茶屋、飲食店、其の他の露店が出て、見物人が続々と出かけた。こんな時には観音堂筋の堀は干上がり、松原内湖も清涼寺前から松原まで、ヤット小舟の通う丈の溝川を残して底が出ている。この泥底の中からカラス貝（泥貝という）が沢山取れるので、泥貝採りが潮干狩りの様に出かける。手桶に一杯位わけなく取れる。長さ一尺程の大きなものもあり、中には真珠の入っているのもあった。泥濘《ヌカルミ》に足を踏み込み、悶躁《モガ》けばもがく程ますますぬかりこみ、危うく一命を失わんとした者もある。こんな危険があるので私は泥貝取りは禁じられて居たが、言う事を聞かずに出かけ、硝子か瀬戸物の破片で深く足の裏を切り、化膿して水泳も出来ず、長い間、跛引《びっこ》いて困った事もあった。こんな年には畑作物は全滅であるから梅干や薤《らっきょう》や乾物類で凌いだが、其の代り蜆貝泥貝は元より、鰻、鯰などの手掴みが出来、鮒や鯉等も狭い水溜まりにゴチャゴチャと集まり、水は油の様になり、逃げ場を失って捕らえられるか、白い腹を上にして死ぬものが多かった。

次に反対の水づきに就いて思い出して見よう。

琵琶湖は四周の山々から八百八水が流れ込み、一つの瀬田川が宇治川となり淀川となって大坂湾に注ぎ出すのであるから、山に大雨が降ると、平常水の少ない砂利の磧《かわら》が急に水が出て、湖水から上る鯉、鮒、鱒の沢山取れるが、其の雨が長く降り続くと、ドンドン川の水は増し、湖水は汎濫し、川の堤防は決潰する。田畑は砂利で埋没する。水浸りになる。

一面の湖となって容易に減水せぬ。作物は腐朽する。旱魃と違い、湖畔に水田の多い江州では水害は実に悲惨である。始め観音堂筋の舟着場が石段の三段目まで水が来た、ヤレ二段目まで…一段目も没した、シャビシャビと水が路へ上がったとの刻々の報告に、宅では畳を上げ、床の上に四斗樽を並べ、雨戸や張り板を渡し、其の上に畳を積み重ね、重要品は二階がないのでなるべく高い棚の上に上げるやら、つし（天井裏）へ運ぶやらの大騒ぎを演ずる。それ、馬場町の角の中村の前まで水が来た、というと、見るまに物凄い勢いでザーザーと押し寄せて来る。畑の土がグワグワになってぬかりこむ。庭に水が襲って来た。椽の下から古下駄が流れ出す。竃の下から薪が流れ出す。台所の庭一面、水づきになる。井戸の水を手桶や鍋釜、壷、水甕、盥等に汲み込む。子供等は面白がって盥舟に乗る。引くりかえってずぶ濡れになる。親の心子知らずで、嬉しそうに騒ぎまわる。箪笥の下の引出しを抜いて上に積む。布団は長持の上に上げる。やがて床の上に水が上がる。床板がグワグワと浮き上がる。一旦積み上げた物を又高い方へ置き換える。台所の漬物桶を石の上に上げる。便所からフワフワワといやな物が流れ出す。何処《ドコ》から出て来るか蛇がニョロニョロ泳ぎ出して木の枝に登る。女も始めは必要に応じて裾をまくり上げていたが、後には土佐日記にある、ほやのいずしすしあわびなど心にもなく脛に見せける、をやって働く。これで雨が止んでも猶、山から川へ、川から湖へ流れこむ水はドンドン増すばかり。井戸側の出ている間は我慢も出来るが、井戸水と便所の汚物が一緒になっては、もはや此処には居られぬので、大切な物丈をまとめて被害のない処へ逃げ出す。筏や箱舟でもあれば良いが、女子供には危《アブ》ない仕事だ。

明治二十九年の大水には船で京橋迄行って、其処から歩いて内大工町の今の図書館のある岡見の邸へ花木と共に避難した。湖水の汎濫は山国の様な急劇な出水もない代り減水も遅く、少なくとも一ヶ月位は浸水して居るので、大抵の物は腐る。一旦減水し始めると、水のある間に床上の泥を洗わねばならず、流し去る物は流し出さねばならず、畳の水に浸った物はどうにも手がつけられんから、早くに押し流さねばならず。風が吹くと湖水の波が打ち寄せて塀が倒れる、壁は洗い落される、流木が漂いついて家が揺れる、毀れる。二十九年の大水の時は水が高塀の瓦の所まで達し、表から船が入らぬので裏に廻り、隣の本多の桑畑から垣を破って入った。鍋や釜が竈から浮き出して、塀の屋根際に漂っていた。琴や尺八が流れ出し、日に当たって割れていた。箪笥がゴロンと仰向けにかやれて流れて居た。多年苦心して採集した昆虫標本は無惨に箱と共に流れていた。水に浸かった衣類や夜具を屋根に干したが、臭くて使えそうにもない。かくては先祖伝来の我が家も殆ど立て直さねばならぬ荒れ方であり、瀬田川の川底は年々土砂に埋められて排水悪くなるばかり。かく度々の水害では到底湖辺に住む事も不可能と諦《あき》らめ、大英断で邸宅を売り払い、洪水の心配のない旗手町の家を求めて移転した。町に近く賑やかで買物には便利であったが、庭も家も狭苦しいので、住み馴れた元の家がなつかしかった。後年、瀬田川の浚渫事業が行われ、最早洪水の心配はなく、湖水の水位が低くなったのと、磯の鼻を切り開いて、自動車の通る新道をつけたので珍しかった。烏帽子岩も突兀《とっこつ》として其の姿を水面に露出し、徒渉して岩に達する事ができるようになった。

井戸潫《さら》え

旱魃で井戸水が涸れそうになった時と、洪水で井戸水と便所の汚物が一緒になった時には厭でも井戸潫えをせねばならず、此の労働にもいつも一役買わねばならなかった。井戸潫えの時は、父は他から滑車《カ》を借りて来て、井戸の上に杉丸太を三本組み、其の上に縛りつけ、長い綱のつけた手桶を通し、手繰り上げて汲み出す事にされた。洪水の後の汚い多量の水を掻い出すのは容易でなかった。水が少なくなる程深い底から汲み上げるので、綱を曳く相当の距離を走らねばならず、始めの間は珍しくて面白かったが、同じ事を繰り返すのと、疲れるので子供には楽でなかった。旱魃の時は水を汲み上ぐる必要はないが、底の土や砂を掻い出さねばならず、父は長い梯子を二つ繋いで井戸の底に入り、鍬や鋤で泥を掘り、手桶に入れ、ヨーシ、との相図で、エンヤエンヤと引き上げ、土をあけては又手桶を下に降ろす。水と違って土砂であるからなかなか重かった。父は、寒い寒い、といってガタガタ慄え乍ら唇を蒼くして上って来られる。日なたぼっこをされるが慄えが止まぬ。藁を燃して暖まり、ヤット活き返ったと云われた。かくて井戸浚えが済むと、風呂桶の様な井戸側を底に入れ、浜の清い砂利を取って来て入れた。それから新しい蓆で井戸を被い、塩と御神酒を供えて、清水の滾々と湧き出ずるのを待った。

九月

第二学期始め

夏休み中毎日の水泳で干し上げたので、皮膚の色は全く南洋の土人の様になり、特に眼と歯とが目立って白く光るので印度人という有難くない異名が与えられ、先生方からもあまりに黒くなっているので、休暇前の高橋とは思えない、といって居られたが、自分ではこの色の黒いのを自慢で得意であった。それでも十月の末頃になり、ソロソロと寒い風が吹く時分になると、自然と色が褪めて元の皮膚の色になったが、炎天下の御蔭で冬期に風を引く事はなかった様だ。脚気を押して登校し、中学の講堂で式の最中に卒倒し、大騒ぎをさせた事もあったが、これは別に中学の思い出を記す時に譲る事にする。

月見

日当りのよい椽側に米揚げ笊に洗い米が乾かしてあるから、秋祭のお団子かと思って母に尋ねると、「お月見のお団子だ。大人しくしていなさい。おいしい団子を拵えて上げるから」といわれ、お月見はいつですか、と尋ねると「旧の八月の十五日だが今日はまだ十日だからあと五日あるよ。あのお月様がまん円くなった晩がお月見だから、楽しんで待って居なさい」といわれ、毎晩毎晩月を眺めては、円いとか、まだ歪《イビツ》だとかいって待ったが、いよいよ十五日の夕方になると、東の椽側に机を出し、其の上に花活けに薄の穂の出たのを挿し、中央の三宝に白い丸いお団子を十五と、別に里芋の形をした団子を添えて、枝豆、栗、柿などと一緒に御神酒を供え、月が出ると一家揃って月を賞し乍ら、白いお団子にはきな粉をつけて食べた。空が曇って月が見えなくなると、「大事のお月様黒ん坊が隠した」と大声で叫ぶ。まもなく雲が霽《ハ》れて月影の洩れ出ずる事もあった。生憎《あいにく》雨降りで月見の出来ない時は、仲秋無月といって、雨を恨み雲に訴えなどして、残念の意を詩歌に興ずる風流な遊びもあるらしいが、子供等は晴れても曇っても降ってもお団子さえ頂けばよいのであるが、それでも晴れているに越した事はないので、昼の様に明るく晴れた夜は、地面に映る影の踏みっこをして遊んだ。又弟や妹は兎が餅を搗いているとか、「お月様いくつ
十三七つ　そりゃまだ若い　若のてなろか　嫁入りせんならん」とか、「お月様どこへ行く　油買いに　酢買いに　油屋の門で油一升こぼして　雪駄穿《ハ》いて滑った……」とか大声

で言って騒いでいた。母は竹取物語の赫夜《かぐや》姫や姥捨山の話をして下さったが、月見の歌でも詠んだらどう、と云われ、「明月や畳の上に松の影」「明月や池をめぐりて夜もすがら」「明月や座頭の妻の泣く夜哉」「花ならばさぐりても見む今日の月」「世の中はいつも月夜に米の飯　さてまた申しかねのほしさよ」と古の人の俳句や蜀山人の狂歌で御免蒙るか、大内《おおうち》の女房の「月々に月見る月は多けれど　月見る月はこの月の月」の歌を「げつげつにげつみるげつは多けれど　げつ見るげつはこのげつのげつ」とか、「がつがつにがつ見るがつは」と詠んだり、「天の原ふりさけ見れば春日なる　三笠の山に出でし月かも」「月見れば千々に物こそ悲しけれ　わが身一つの秋にあらねど」「なげけとて月やは物を思はする　かこち顔なるわが涙哉」「朝ぼらけ有明の月と見るまでに　吉野の里にふれる白雪」「めぐりあひてみしやそれともわかぬまに　雲かくれにし夜半の月哉」「やすらはでねなましものを小夜更けて　傾く迄の月を見し哉」「心にもあらでうき世にながらへば　恋しかるべき夜半の月哉」「秋風に棚曳く雲のたえまより　もれ出づる月の影のさやけさ」「時鳥なきつる方をながむれば　唯有明の月ぞ残れる」と正月の歌がるたで覚えた月の歌をぞくぞく出すと、弟や妹も「月夜に釜ぬく」「月とすっぽん」「縁と月日」などといろはかるたの文句で応戦する。こんどは負けん気になって、「霜満陣営秋気清　数行過雁月三更」とか「月落烏啼霜満天　紅楓漁火對愁眠」「雲邪山邪呉邪越……大白当船明似月」の詩吟をやる。父はニコニコとして酒を飲んで居られる。月も大分高くなったので、また来月の十三夜を楽しみに寝る事にした。旧の九月の十三夜を後の月見といって、栗名月とも名づけ、十五夜の芋名月に対し栗を供えて月を賞した。八月十五夜の観月をして、十三夜の月見をせぬと、片見月とて忌むという迷信があった。

秋祭

九月には楽しい天神様の秋祭があった。二十四日が宵宮で、二十五日が本祭で、二十六日の後宴はなかった。長曽根や中藪の方ではドンガンドンガンと鉦《カネ》や太鼓の音はしていたが、春祭の様な御渡御もなく、御輿も鉦も太鼓も出なかった。大袈裟な小屋掛けの見世物もなかった。宅ではお団子か五目ずしは作って下さったが強飯はなかった。店の出も少なく、金魚屋や植木店もないので淋しかった。従って頂くお小遣銭も少なく、何となく物足らぬ気がした。それでも嬉しくて何度も何度もお宮へ往復した。お宮では午前中は神楽堂でチンチンドンのお神楽があり、午後には人寄せの為角力があったり、又神楽堂で町娘の手踊舞があった。三番叟から子守、山姥、浦島、汐汲、さらし等の題で、盛装した娘子が舞っていた。松竹とか海老屋とか桔梗屋、素麺屋の娘などが評判であった。相撲も京都から本当の角力取が来て、立派な化粧まわしをつけて相撲甚句を唱い、スットコスットコと踊ったのも見たし、又女角力もあり、腹の上に板を渡し米の俵を十俵ものせたり、臼をのせて餅を搗いたのも見たが、この本物の角力の他に、松原、長曽根、中藪等の力自慢の若い衆の素人角力もあり、夜は土俵場の上に櫓を組んで盆踊があった。梅鉢の紋のついた高張提灯がお宮から町へ軒並みにズラリととぼった夜の気分はきれいで嬉しかった。

十月

誕生日

私の誕生日は十月十日である。維新の大嵐が吹き荒び、士族は禄に離れて窮乏のドン底に追い詰められ、何とかして此の苦境を脱出せんと焦り藻掻《モガ》き、あちらこちらに悲劇が演ぜられ、九州に佐賀の乱の起こった明治七年に、貧乏士族の次男坊として呱々《ここ》の声を揚げたのである。其の頃の貧乏はお話にならぬ徹底的のものであったらしいが、親としては何とかして此の子の生き先に幸多かれと祈る心から、毎年の誕生日には心から出来る丈のお祝をして、出世を祈って下さった。それで子供等は、誰の誕生日は何月何日、とハッキリ覚えていた。たとえ朝食には大根葉の入った菜飯、昼食にはいも粥を啜《すす》っても、此の日の夕食には小豆飯を炊《かし》ぎ、松蕈と豆腐の味噌汁に塩鰯の一尾でもお頭付きの肴をつけて下さったので、こんな粗末な御馳走でも、自分の誕生日というと実に嬉しかった。兄弟妹からは、お目出度う、といってくれる。母からも、おめで度う、お祝申します、と祝詞を述べられる。父上も何となく上機嫌でチビリチビリお酒を召し上がる。いつもより一本お銚子の数が多い様である。私の誕生日は丁度松蕈の出盛りであるから、松蕈の汁とか焼松蕈とかの御馳走だが、時には牛肉の鋤焼をして沢山に食べさせて頂いた事もある。宅では親がかりの子供の間は両親が子供の誕生日を祝って下さるが、成長して月給を取るとか自活の出来る様になると、御両親と自分の誕生日には御馳走をして皆に振る舞い、御両親に報恩感謝の意を表する事にしてあった。又其の日には兄弟からも出来る丈のお祝品を贈ることにしてあった。私が郷里を出てからも、私の誕生には何か其の地の産物とか、いくらかの金を送って、宅で御両親始め一同に祝って貰う事にした。或る年には、花木のお祖父様、お叔父様をもお招きして下さい、といって少し余分に金を送ったが、祖父は大層喜んで、もう何日、もう何日、と子供の様に前々から楽しんで居られたそうで、其の日は牛肉と松蕈に小豆飯の御馳走でお招きしたら、花木の祖父が「敬坊が誕生日にわしをよんでくれる。こんな嬉しい事はない」といって大層御機嫌でお酒も過ごされた、と母よりの手紙で知って、よい事をしたと嬉しかった。

其の後私の家では、子供等の誕生日祝は家庭の一大行事として出来る丈喜ばせてやる事にしていた。それで其の日になると母は朝早くから御馳走の用意をし、晩餐には座敷の大テーブルに白いテーブル掛けをかけ、花を活け、果物を盛り、手料理の洋食にサイダーやビールを抜いて乾杯する事にしたが、朝から夜晩くまで母が一人で働いて疲れるのを顧慮し、子供等の発案で家内一同第一ホテルに出かけ、祝杯をあげる事にした。子供等がそれぞれ成人してから後は、私の誕生日に第一ホテルに招待せられ、盛餐に祝杯を上げ、お祝品として黒トカゲ革の札入れ、白トカゲ革の銭入れ、スネークウッドの洋杖等を貰った時には、子供等を苦しい中で育てた甲斐があったとつくづく嬉しく思った。又ホテルの帰りは皆揃って銀座通りを散歩し、コーヒーを飲んだり、洋菓子を食べたり、欲しそうな喜びそうな物を探し求めて送る事もあった。又新橋演舞場の曽我廼家五郎の喜劇に案内せられ、其処の食堂で誕生日の祝杯を挙げた事もあった。

玄猪《イノコ》

だんだんと冬が近くなり、寒い西北風が吹く頃になると、炬燵《コタツ》に火を入れて寒さを防ぐのである。母に「寒いから炬燵を入れて下さい。誰さんの家ではもうこたつを入れていますよ」とお願いすると、母は「子供は風の子、大人は火の子、寒いなんて今から弱い事をいうものでないよ。あすこの家にはおじい様やおばあさんが居なさるからだよ。亥の日になったら入れてあげるから辛抱なさい」と言われた。十月の亥の日は二度の年と三度の年とあったが、大抵後の亥の日は炬燵開きをした様であった。何故亥の日に炬燵開きをせられたかは聞かなかった。お茶人は十月の一日から風呂を炉に代え、炉開きをした。又昔は一日に酒を飲み肉を食べ、寒さを防ぐ風習があったとの事である。又亥の子餅といって古くから我が国に行われていた風習は、十月上の亥の日の亥の刻に餅を食して万病を除くと言い伝え、十月亥の日には餅屋の店頭に「本日亥の子餅」と書いた紙札が下げてあった。亥の子餅はもと、大豆、小豆、大角豆《ササゲ》、胡麻、栗、柿、糖の七種の粉で作った物だそうだが、民間では主に甘藷を糯米《モチゴメ》に混ぜて搗いた餅であった。猪は多産の動物であるから、子孫の繁昌を祝う意味とも伝えられる。

牡丹餅が　出来ると火燵《こたつ》　口をあき
上へ足　あげて火燵で　叱られる

松蕈取り

十月は松蕈の盛んに出る月で、朝早くから裏白羊歯の葉で被うた平たい竹籠に、松蕈や其の他の菌《きのこ》を入れ、別に目籠と竿秤を持ち、天秤棒で担《ニナ》い、「ターケワ　ターケワ」とふれて売りに来る。特に雨降りの後は松蕈売りでまぜ返す程沢山売りに来た。松蕈以外の菌を持っている者は「じびらや地平　地平やしめじ　老人たけわー」と呼んで来る。老人茸は色の黒い蕈《きのこ》で、湯がいて酢につけると鮑の様で、父の酒の肴になった。父は其の頃、米原の近くの梅ヶ原へ蕈狩りに行って沢山の松蕈を取って来られ、親類や知人に分配した事もあった。私等は金を出して松蕈取りに行く事は出来ぬので磯山へ行ったが、此処では殆ど松蕈はとれずに、にたりという茸《きのこ》を採って来た。龍潭寺山や井伊神社、大洞山などには相当出たが留山《トメ》になっていた。町へ松蕈売りに来るのは、鳥居本、仏生寺、原、小野、野田山、多賀山、荒神山の方から来た。荒神山の松蕈は特に質《ショウ》が良いとの評判であった。其の頃の天長節は十一月三日で、此の日を過ぎると一般に留山も開放されるが、荒神山丈にはまだ取り残しの松蕈があるとて遠く出かける人もあった。焼松蕈に柚の酢で二杯酢にしたものは特に美味で、其の酢を飯にかけて食べたし、松蕈と豆腐の吸物、里芋と松蕈の味噌汁、松蕈飯、いずれも大好物であった。松蕈の沢山出て安い年には、松蕈を引き裂いて糸に繋ぎ、軒下に下げて乾かし、正月の煮豆と一緒に煮たり、又醤油でからく煮詰めて貯えたが、青竹に詰めて地中に埋めて置くと、いつまでも生々として居るといって花木の叔父は試みて居られた。

長浜祭

長浜の町には有名なる八幡さんの曳山祭が十月の十五日にある。昔、羽柴筑前守秀吉が長浜城主であった時、資金を出して作らせた十台の曳山があり、良家の男児に芝居を仕込み、曳山の上にて演芸せしめるが、其の子供を出した親は狂の様になり、失費を厭わず、衣装を競い、親戚知人其の他知ると知らざるとを問わず、我が子の芸を賞《ほ》める人には酒肴を勧むるなど、莫大な物いりである。狂言を演《ス》る子供は一ヶ月前から学校を休み、芝居の役者に就いて一生懸命に狂言の稽古をするので、実際素人とは思えぬ程巧みに演じ、又高い金を出して、京、大坂、名古屋辺りより浄瑠璃語りを雇い来り、何町のチョボが一番良かったとか自慢較べをした。曳山には国宝に値する緞帳の見送りもあり、真に長浜町の宝物として保存する価値ある物が多い。十五日の未明から八幡宮の境内に打ち揃い、賑やかなる祇園囃《バヤ》しのチャンチキチンチャンチャンチキチンと囃し立て、神前にて一番より順次に演芸し、沿道の所々にて芝居をし乍ら御旅所の豊国神社へ繰り込むので、其の演芸をする豪家柄の店頭には桟敷を掛け来客を招待し、沿道の民家は店を開放して金屛風を立て繞《めぐ》らし、遠来の客を接待して居る。初めの尻まくり行列から最後の曳山の御旅所に着くのは翌朝になるので、芸をする四五歳の役者は舞台で眠るもあり、泣き出すもあり、なかなかの騒ぎである。曳山の順は予《あらかじ》め神前にて各町の総代が集まり抽籤にて定める事になっていて、終りの方の番籤を引くと町内から怨まれるので、斎戒沐浴して出かける。エヤエヤエヤと大きな山車を牽き出す掛け声、ギーギーギーと車の軋《キシ》る音、チャンチャンチキチンチャンチキチンの祇園囃し、チョボの声張り上げて語る義太夫、之に和する三味線の音、観客の雑沓、実に名状すべからざるお祭り気分である。私は中学時代に級友中島芳太郎君の案内で、同地の富豪河路様に招待されて拝見した。

十一月

天長節

私等の幼年時代は明治天皇の御代で、天長節は十一月の三日であった。此の頃になると秋雨が前後に降り続いても、不思議に天長節に限り日本晴れの上天気であったので、流石《サスガ》に明治天皇様の御稜威《みいつ》の然らしむる処と感心した。此の朝、例の負けじ魂で、国旗を掲ぐる役目の私は特に早起きして、門を開くと同時に何処《ドコ》の家にもまだ国旗の出ていない内に、一番先に日の丸の国旗を掲ぐる事が一番槍の功名でもした様な気持ちで、得意であった。まだ薄暗い朝空に国旗のヒラヒラと翻るのは何となく荘厳であった。其の頃の国旗は、普通の家では物干竿の様な竹に縛ってある丈で、竿頭に飾り玉のないのが多かった。又中には穂先のついた佩の槍に縛って出す家もあった。宅では祖父が物頭で戦争の時には軍奉行となり、使者として敵陣に乗り込む時に背負う熊谷敦盛の様な真っ赤な母衣《ホロ》があった。其の母衣を支える竿が、割竹を組合せ麻にて巻き、其の上を紅黒交互の漆で塗り固めたもので、其の竿頭には細竹で精巧に編んだ籠球に金漆を塗った立派な物である事がとても嬉しかった。朝飯をすませて礼服に着換え、黒紋付の羽織に袴をつけ、白足袋に麻裏草履で登校したが、羽織袴で式に列したのは士族の生徒で、それもほんの一部の者であった。学校では式場の正面に今上天皇と書いたお掛物が掲げてあって、お三宝に御神酒を供え、校長の発声で陛下万歳と唱え、最敬礼をして後、先生に引率されて各自の教室に入り、紅白の餅か大きな饅頭を二つ宛紙に包んだのを貰って帰った。此の頃にはまだ天長節の唱歌も運動会もなかった。

お火たき——鞴《フイゴ》祭

十一月の八日は宅の南隣の瘡守《かさもり》稲荷様のお火焚で、朝の暗い内から参詣人が引っきりなくあって賑わった。不断は人通りも稀なこの士族町に、宅の前迄も売物店がズラリと並んで嬉しかった。店には長い竿竹を横に渡し、真っ赤に実の熟した茱萸《グミ》の枝や、緑の葉に黄色の実のなった枝生《な》りの柑子《こうじ》蜜柑《みかん》や吊し柿（つりんぼし）がきれいに掛けてあった。白い銀杏《ギンナン》も盥に盛ってあった。さわし柿も山の様に積んであった。釜からポカポカと湯気の立てているふかしいもの店もあった。秋山という威勢のよい男が遠方まで響く大声で、「焼

いもほっこり　ほこほこ」とどなって売っていた。評判のおだまき屋の店もあった。飴屋もあった。おもちゃ屋の店も出た。近所の子供等は学校から帰るとすぐに瘡守さんに集まって、「瘡守のお火焚や　みかんまんじゅう　ほしやなあ」と大声で呼び乍ら、境内の沢山列んである赤い鳥居のトンネルを潜って騒いだが、みかん撒《マ》きも餅まきもなかった。やがて拝殿前の庭に据えてある大釜の湯が沸くと、白装束の巫女《イタコ》が釜の中へ一掴みの塩を入れ、笹の葉にてかき廻し、跳ねかけるのを子供等は面白がって其の傍らに寄り、「かかった」とか「かからぬ」とか、「熱い」とか「熱くない」とかいって騒いだ。このお湯にかかると病気をせぬとでも思って、わざとかかりに近寄って邪魔をした。このお湯を撒くのをお火焚とは合点がいかず、後閑の繁《ハン》さん（繁治）に、お火を焚かずにお火焚とはこれ如何に、と詰問したら、「陰陽道の神様を極陰極の午の日に祭り、明春の一陽来復を迎え、五穀豊穣の祈願をするのをお火焚祭というので、火は陽気の物だから陽気を迎うる意味である」と六ヶ敷《むつかし》き事を言われた。此の日のお稲荷の賑わいは二月の初午の項で記したと同様で、夜遅く迄お参りがあった。

又この日に、石屋とか鍛冶屋とかふだん鞴を使用する店では、鞴祭とてみかん撒きをした。内船町に田川と門屋との二軒の大きな石屋があった。店の向こう側には沢山の石材や五重の塔、灯籠、手洗石等が置いてあった。店の隅には高麗犬や地蔵様が飾ってあって、いつも職人がコツコツと石碑を彫ったり、石臼の目立てをしていた。この門野という石屋からおたつという娘が花木へ女中に来て居たが、お火焚の日に餅やみかんを持って来てくれた。又其の弟の与三公という大睾丸の男に誘われて遊びに行ったが、いつもは汚い店をきれいに片つけて、黼の前に御神酒が供えてあった。帰りに鶉焼の餅とみかんを紙に包んでくれた。名題の腕白者で学校でよく立たされている与三公が、今日はチャンと着物も着換えて大人しく改まっているのがおかしかったが、家にはお客様もあるらしかった。

報恩講

母の里の花木は士屋敷には珍しい真宗で、先祖は日野の正光寺の二男坊であったとかで、士の家に不似合いな特別立派な仏壇に、大きな金銅の阿弥陀様があった。毎年十一月の下旬になると、報恩講とて宗祖親鸞聖人に報恩感謝の意味で仏事を営み、お客招びをされた。其の前日になると、祖母は砥の粉で仏具の鶴亀の蝋燭立てや輪灯、香炉、花立等を座敷の椽側の日向で磨いて居られたので、よくお手伝いやらお邪魔やらをした。

此の日の午後に親戚や近所の老人連を招き、法縁寺のお坊さんが来て、三部経とかの長いお経が上げられ、それから坊さんが妙な節をつけて、なむあみだぶーなむあみだぶー、と唱えて居られた。禅宗のお経と違い、歌を唱っている様で、坐って居るのが足が痛くて退屈であった。お経がすむとお茶とお萩が出た。夕食には豆腐田楽と赤小豆、蒟蒻、焼豆腐、にんじん、里芋等をゴタ煮にした味噌汁のいとこ煮やさつまいもの油揚げ、茶わんむし等の御馳走であった。お客様が耳の遠い腰の曲がった皺くちゃ顔の爺媼ばかりで、一向話も面白くなく、お坊さんのお経も長いので、来なければよかったと思うこともあったが、夕方の御馳走と大きな饅頭を貰って、やっぱりおよばれは嬉しいと思ったが、お正月の祖父の誕生日にくらべては、何となく子供には陰気であった。

甲子祭

彦根の商家では十一月の二十日に、蛭子《えびす》講とて商売繁昌の神なる蛭子様のお祭りをした。蛭子様のお宮が芹橋の橋向いにあるので、当日川原町通りは沢山の人出で雑沓した。又商家では朝一番に買物に来た客に景品を出す店もあるので、朝の暗い内から欲深連が呉服屋の店先に列んで、開けろ開けろ、と戸を叩く者もあった。又日頃のお得意様を招待して饗応する店もあり、当日大口の買物をしたお客は座敷に引き上げて、酒肴を饗する店もあり、呉服屋とか嫁入り道具を商う店では特に派手にやっていた。又当日は薄利多売主義で、呉服店では蛭子切れとていろいろの端布《ハギレ》を入れた袋を売り出したり、景品付きの売物をする店もあった。夜になると旦那から丁稚小僧に至るまで無礼講の大酒宴が開かれた。

侍屋敷には蛭子様の代りに大黒様が福の神としてお祀りしてあった。私の家では大黒様が台所の隅、お竈の上に荒神様と同居で、煤だらけの神棚にお祀りしてあった。何月であったかはっきり覚えないが、十一月頃の甲子の日に、甲子祭とて大黒様に御神酒と豆腐田楽と黒豆の御飯を供えてお祝をした。夜になると此の神棚にお灯明が上がるので珍しかった。この日には石崎町の八木田屋へ豆腐買いにやらされた。八木田屋の豆腐は質《ショウ》が良く、田楽にして崩れないから評判であったが、チト途が遠いので、近くの天神前の加賀鉄という店で買って来て知らん顔をして居ても、豆腐のきめが粗く、色も黒く、田楽にしても焼くとダラダラくずれて落ちるので、無精した事が露見し、さんざん叱られた上買い直しにやられた事もあって、こんな事なら始めから八木田屋へ行けばよかった、と後悔した。それからお灯明の上った神棚を踏台を持って来て調べて見ると、鼠の糞と埃の中に煤で真っ黒になったお厨子の中に、木彫の大黒様があった。この鼠の糞に混じって、反物の織り出しにある藁芯《シン》の入った二寸幅位の布片が供えてあったので、母に尋ねると、新しき反物を裁《た》つ時此の部分を切り取り、大黒様のふんどしとして供えると福を授けて下さる、との事であった。神や仏も沢山あるのに、大黒様に限り、ふんどしを上げたりするのは妙だと思った。又あまりに汚いので、なぜお掃除しないのか、と尋ねると、大黒様は欲が深いから掃除をするのがお気に入らぬ、との事であった。そんなに鼠の糞迄大切になさる神様なら、福を授けては下さりそうにないと思った。いつの頃か知らぬが、何代目かのお殿様が、御信仰から何かの御祈願の為に千体の大黒天の御尊蔵を刻ませ御頒与になったが、其の大黒様をお祀りした士族の家では福の神様の御利益は更になく、家運が次第に衰えるので、誰言うともなく貧乏大黒といって、密かに愛宕の仙琳寺へ返納する者が続出した。宅でも貧乏は御多分に洩れず随分ひどかったが、これは御維新の嵐に吹き捲られ、禄に離れたからで、大黒様の所為でないと諦めて返納はしなかった。後年、愛宕の仙琳寺へ詣でたが、なる程、お気の毒にお寺のお堂の椽側に沢山の大黒様がゴロゴロして御座った。この仙琳寺は石田三成が佐和山城主の時に愛宕権現を勧請《かんじょう》した処である。

大根洗い

十一月の末になると、磯、松原方面から盛んに漬物用の大根を売りに来た。船に積んで来て観音堂筋の堀ばたに繋ぎ、竹畚《モッコ》で担《ニナ》って、「大根やーい　だいこやーい」とふれて来る。宅では一船いくらと価《あたい》をきめて買い上げた。磯、松原の大根は浜大根とて水分が多く根も小さく、甘味はなく味は劣るが、価は大抵百本一束で四五銭位であったから、船一艘二十束二千本で一円内外であった。これは脆くて歯切れが良いから浅漬用にした。又沢庵漬にするのには浜大根に対して、上手《カミテ》大根とて、沼波《ノナミ》村辺りから車に積んで、「ダイコワー　ダイコ」と二声宛にふれて売りに来た。この一声の「ダイコヤーイ」と二声の「ダイコワー　ダイコ」との違いや、ヤ声とワ声で上手大根と浜大根売りとを区別した。上手大根は形も大きく味も甘く、品質が良いので大抵百本十銭内外した。宅では栄蔵に頼んで、日夏、甘呂、開出今村の方から買った事もあった。此の他に松原の兵主蕪《カブラ》、大藪のかやり蕪、小泉の紅蕪等も売りに来たのを求めて漬物にした。この大根は皆土付きの侭なので、一年中の漬物用に買い上げた沢山の大根洗いが容易でなかった。馬の脚を洗う馬《バ》盥を井戸傍に持ち出し、水を汲み込んで、積み上げた大根を縄たわしでゴシゴシと洗ってきれいに土を落し、軒下に渡した竿竹や桑の木の枝から枝へ張った縄や、柿の木や桑の木の股に掛けて干したが、よく霜の為に凍る事もあった。この大根洗いの水汲みは私の役で、西北から伊吹颪《おろし》の劇《はげ》しく吹きつける寒い日に、撥《はね》釣瓶で井戸換え程ドンドンドンドンと水を汲み上げるのは決して楽ではなかったが、手の指をにんじんの様に真っ赤にし、手の甲を紅蕪の様に腫れ上がらせ、「痺《しび》れて冷たい感じもしない」といってセッセと大根洗いをされる母を見ては、水汲みがつらい、などとは言われた義理でないので、我慢して水汲みもし、其の合間合間に洗った大根を掛けに桑畑まで走るやら、夕方の風呂を立てる水を汲み込むやら、なかなか骨が折れたが、何となく賑やかであった。上手大根は甘味があるので、折れた大根の青い頭を生《ナマ》で齧《かじ》った。又変な形をした二股大根があると母は、「大黒様にお供えして来なさい」と言われ、台所の大釜の蓋の上に載せて供えたが、「何故大黒様に上げるのか」と聞いたら、「大黒様がお好きだから」と言われた。「何故お好きか」と聞いたら、「そんな事は大黒様に聞いてごらん」と言われた。母は屈《かが》んで大根洗いをしておられたが、時々腰を伸ばして握り拳でトントンと腰の辺りを叩いて居られた。夕方に大根洗いがすむと風呂沸かしにかかった。夕食のお菜には一番うまそうな大きい大根の風呂吹きと、柳毬というそぼろ大根と、里芋の味噌汁などがあった。其の頃、又私の好物である油揚げと蕪の煮たのや蕪の千枚漬、そぎ大根と大豆の煮たものや大根の梅酢漬も作って貰った。夕食がすむと冷え上がった身体を風呂で暖めグッスリと寝た。母は大根洗いがすむと、ヤレヤレ仕事が一つ片ついて重荷が下りた、と喜んで居られた。

大根が適度に乾くと大根漬けをする。糠《ヌカ》と塩と大根を交互に入れて蓋をし、新しい草履をはいて上から踏みつけ、大きな重石を載せた。四斗樽三本の浅漬は台所の庭の隅に並べてあった。蕪漬と沢庵漬の四樽は漬物小屋に入れてあった。この漬物小屋は土蔵と並んで建てられた間口二間、奥行一間半、南向きの明かり窓なしの小屋で、一方の隅には唐臼《からうす》が据えてあり、漬物桶の他に、藁、米俵、米糠の桶、炭俵、縄、蓆、呉座、手桶、盥、臼、張り物板等の物置小屋で、宅ではコンコン部屋といっていた。子供等の隠れん坊の絶好の場所であった。暗いので容易に見つからぬが、米の空俵の中に隠れて糠だらけになったり、藁で眼をついたり、伏せたる漬物の空樽の中に隠れて臭かったりして困った。米俵や糠桶が入れてあったので鼠が多かった。鼬《イタチ》鼠も巣を造っていた。お勝手からいろいろの物を運ぶ鼬鼠を見つけて調べて見たら、巣が作ってあって、猟虎《らっこ》の様なきれいな暗褐色の、柔らかい毛の生えたかあいらしい子が居て、其の側に生殺しにした蛙や餅が置いてあった。又この小屋には鼠を捕るためか、それとも米を食うのか、大きな青大将や蛇の脱け殻を見かける事もあった。

十二月

十二月八日

大聖釈尊が三十五歳の十二月八日に暁の明星の輝く時、廓然大悟《かくねんだいご》せられたので、各寺院では、成道会《じょうどうえ》とか、臘八接心会《ろうはちせっしんえ》といって法要を営み、昆布、串柿《クシガキ》、大豆、焼栗、鱧《ハモ》、餅、菜等を混じた、臘八粥とも温槽粥《うんぞうがゆ》ともいうものを造るので、祖父は此の朝早く招かれて、清涼寺へ参詣せられた。

又今日はお事始とて正月の用意に取りかかり、二月の八日はお事納とて正月の行事を終る日であった。二月の八日をお事始と称えて一年の仕事に取りかかり、十二月の八日をお事納とて、一年中の仕事を終り、正月の仕度に取りかかるという説もある。又此の日、天から降り来る宝物を受くるとて、屋根の上に高く目笊を掲げる欲張った慣行があった。これも魑魅《ちみ》という一ツ目の怪物が禍災を持って来るから、無数の目のある笊、目籠、味噌漉し、篩等を高く掲げて、こちらにはこんなに沢山にめがあるぞ、と一ツ目の怪物を威嚇して追い払うのである、という説もあるが、この子供瞞《だま》しの様な昔の人の考えが面白い。今ではこんな馬鹿気た事は見られなくなったが、稀に田舎へ行くと、屋根の上に竿を挿した目笊が高く立ててある処もある。

又二月八日にする針供養を此の日にする家もあった。

煤掃き

十二月となり、お事始がすむと何かと忙しく追い立てられる様な気がする。日はいよいよ短くなる。寒さも次第に加わりあわただしさを感ずる。先ずお正月の準備として、障子の張り替えとつづくり、畳がえから、煤掃きが始まる。畳の敷いてある部屋の数が十六室、畳の数が九十枚、障子の数でも五十本以上の古家であるから、障子の張り替え、畳の表替えなど容易の事ではなかった。障子は座敷の方は全部新しい白い美濃紙で張り替えたが、外障子やお勝手の方は、丈夫な帳紙や清書した美濃紙で張ったのもあった。切り張り、繕《かざ》りにもいろいろ花形の紙で張った。障子の引き手には、松葉、楓葉、いちょうの葉などを入れた。畳も座敷丈は表替えをして、座敷畳の古表は裏返して勝手の方に廻したり、又は呉座などにした。士の家では、裏返る、ということを忌むので、座敷の畳丈は裏を替えさぬ事にしてあったが、とても全部の室には手が届かぬので、雨漏りのする部屋等は破れ畳の侭であった。又子供等の室は縁なしの琉球表の坊主畳であった。

煤掃きは大抵十三日であったが、お天気の都合で一日二日延びる事もあった。此の日は朝早くから開出今村から栄蔵が手伝いに来てくれた。朝飯もいつもより早く済ませ、綿入りの着物の上に古浴衣を羽織り、手拭を頬冠りして襷がけの甲斐甲斐敷き出たちで、庭前に筵《ムシロ》や雨戸、張板を並べ、障子襖を外し、箪笥、長持、戸棚等を持ち出し、筵の上に並べ、畳に印をつけて上げ、二枚宛屋根形に立てかけて日に干し、額、槍、薙刀、弓、箱提灯など部屋中の物は一切外へ出して埃を払い、笹葉のついた長い竹で天井や欄間の蜘蛛の巣や煤や塵を掃い、床の上の埃を塵取にかき集め、床下のゴミも一緒に庭の隅に掃き出して燃やし、座敷の上の間から順々に掃除して、お昼は庭の蓆の上で、朝造った握り飯に漬物とお茶で済ませ、次々とお勝手から台所に及ぼすのだが、お座敷と違いガラクタ道具も多く、随って塵埃《ゴミ》も多く、ソロソロ疲れて能率も上がらなくなると、お八つに餡ころ餅とか鶉焼の甘い物が出るので、一休みして元気を恢復し、畳を竿竹でパンパンパンパンパンと叩き、塵を掃い、元の室に納め、清水で雑巾を絞り、天井、鴨居、欄間、長押《ナゲシ》、敷居、畳等を清め拭きし、棚の上の物や箪笥、長持、夜具戸棚をよく掃って元の位置に納めるが、立ったり、座ったり、上ったり、下りたりで、腰が痛くなるのを我慢して、どうやら夕刻にはヤッと片づくと、御苦労様にも御家例で、主人公から順々に胴上げの祝が始まる。中にはドスンと落されて腰を打つこともあるが、子供等は面白がって、あげてあげて、とせがむので、天井近くまでほり上げられたが、賑やかの事である。さて、日暮になり、灯をつけて、鰯の焼いたのに豆腐の味噌汁、炊きたて御飯の暖かい夕飯を食べる頃は、そこら中がきれいになって、掃除をしてよかったとつくづく感じた。それから夕食のすんだ者から、栄蔵が立ててくれた風呂に入り、グッスリと疲れて眠った。栄蔵は私等が寝てから遅く、遠い村まで帰ったらしい。この大掃除で思わぬ物が箪笥の後ろから出たり、鼠の巣に毛の生えない子鼠が捕まったり、額をはたいて傷をつけたり、粗相をして大事の品を壊して叱られたりした思い出は、それからそれへと尽きぬのである。

冬至

毎年十二月二十二日頃、太陽が冬至線に達する時を冬至といって、北半球では夜最も長く昼の最短日で、これから春の彼岸まで少しずつ夜が短くなり昼が長くなるので、古来此の日より春気に帰るとて、一陽来復と称し節日として祝った。又この日南瓜を食べると中風症に罹らぬといって、夏から貯えてあった南瓜を煮て食べたが、皮が硬く変な臭いがして不味《マズ》かった。又夕刻には柚風呂をたてて入浴したが、ヌルヌルとして肌触りも滑らかに、香りもよく身体中が温まる様に思った。薬屋では神農様の掛物を床の間にかけて、お得意様の医者を招待して酒宴を催す所もあったので、冬至は医者と薬屋の正月といっていた。漢方医の家では赤飯を炊き、親戚知人を饗応する所もあった。宅の親類には何軒も医者があったので、祖父は朝から招かれて出かけられた。神農とは支那の古い帝王で、民に耕作を教え、又始めて百草を嘗めて医薬を作ったといわれている。

餅搗き

いよいよ年の暮れ、冬至も過ぎ正月近くなると、あちらでもこちらでもポンポンと威勢のよい餅搗きの楽しい音がして来る。宅では大抵暮れの二十七日が餅搗きであって、子供心に「もういくつねると、もういくつねると」と楽しみに待ち焦がれた。さて、餅搗きの前日になると、朝早くから、西北風の寒い伊吹颪《おろし》の吹きつける井戸端で、一俵程の糯米《モチマイ》淅《カ》しが始まる。母は手をにんじんの様に真っ赤にして、時々痛む腰を伸ばし、トントンと叩き乍ら仕事を続け、この淅し米を四斗樽二本の水に浸《ヒタ》して置くのである。

二十七日の朝は暗い内から起きて、大釜の下の竈を焚きつける。栄蔵は朝飯前に開出今村から手伝いに来る。大釜の上には四重の蒸《ム》し籠に糯を入れ、大釜の下をドンドンと大きな根っこや節のある薪で燃す。やがて蒸し籠の上へ湯気の上がる時分には朝飯も終る。さて、蒸し上がったので、一番下の蒸し籠の糯を臼にあけ、杵で小搗きをトントンとやる。始めからポンポン大きく搗くと、まだ粘らない米が臼の外へ飛び出すので、粘りて一塊になる迄小搗きをまんべんなく練る様にコッコッとやる。小搗きがすむと母の手返しで、ポンポンと高く杵を振り上げて大きく搗く。杵が平均に当たる様に、手返し桶の湯に手をぬらして、クルクルと餅を臼の中で廻したり、包む様にしたりして、ペチンと叩くとポンと搗く。上手な手返しはソッと餅を臼の外に持ち出し、空臼をゴツンと搗かせて笑う事がある。このペッタラコペッタラコの調子が揃って十分に粘りが出て餅につき上がると、板の間にある三尺角ののし板の上に、取り粉を撒《マ》いて其の上に餅をのせる。麺棒でとり粉をふりかけ乍ら餅を伸ばし、二尺に三尺程度ののし餅にする。この最初の一臼を臼洗いと称し、二臼、三臼目の餅をお鏡餅として大小いろいろの重ね餅にする。一番大きなのは座敷の床の間、一番小さいのは仏様のとし、これは神棚、これはお荒神様、大黒様、おくど様、便所の神様、これは誰の机の上、これは針箱の上と沢山なお鏡餅が出来る。このお鏡餅がすむと普通の餅になり、大豆や黒豆の入ったのや粳の入ったこわ餅とついて、終りに色の赤い唐黍餅や黄色の粟餅などと順々に搗くが、お昼前になると餡ころ餅を作ってお重に詰め、忙しい中を花木と大久保とへと配るのである。このお使いは足の早い私の役目で走ったが、お使い賃として一銭二銭と紙に捻ってお重に入れて下さった。昼飯の代りに、餡ころ餅、大根卸しにまぶしたおろし餅、善哉餅など腹一杯食べて苦しくなる。朝から餅につく前の強飯も食べ、豆の入ったちぎり餅も食べ、相当詰まっている腹へ詰めこむのだからうつ向く事も出来なくなる。さて、おひるがすむと、まだ後がつかえて居る、日の暮れぬ間に仕舞わねばならん、と勇を鼓してポンポン搗き出すが、疲れているので朝の間の様には能率は上がらぬ。出来上がった餅は茶の間から座敷迄、新しい蓆を敷き其の上に並べるが、平たいのはお蒲団、なまこ形のは枕といって、これは誰の枕と喜んだ。ズラリと新しい蓆の上に色とりどり大小さまざまの餅が並べられた処は、実に賑やかで嬉しかった。さて、夕刻になり、漸く搗き終り、臼洗いもすむと、ヤレヤレと白水風呂に入りて疲れを休め、夕食をすませて寝たが、かなり晩くなるので前後も知らず、高鼾《いびき》でグウグウ深き眠りに入るが、突然「これ僕のおふとん」とかねごとを言って笑われる者もある。この餅つきは、子供の時の楽しいものの一つであった。

餅搗きの翌晩より餅切りが始まる。のし餅はものさしをあてて二寸角位の大きさに切って、米櫃《ビツ》や角桶《ツノオケ》、七子重《ナナコジュウ》にぎっしりと詰める。お雑煮用のはお椀に入る位に小さく、仏様のは更に小さく切り、直径二尺以上もある大きな黒塗りの飯櫃《ハチ》にお供え餅と一緒に入れた。人様に差し上ぐるのは、小さいと見ともない、とて三寸角位に切られた。餅の切り端は其の側で焼いて食べたり霰《あられ》に切ったりした。又別に節分前になると寒餅とて十臼程搗いたが、これは節分用とかき餅にしたので、白餅は一臼か二臼で、余りは胡麻、大豆、黒豆、胡桃《クルミ》、榧《カヤ》の実、肉桂、柚の皮、砂糖などの入ったのであった。この餅を押切鉋で薄く切り、かるた程の大きさにして藁で編み、椽側の軒裏、天井裏に吊すのも冬の夜なべ仕事であった。この乾かしてあるかき餅に鼠がついてバラバラと落すので、朝起きて椽側に落ちている餅の破片を集め、焼いて食べた。時には鼠と称し、箒で撫でて落した事もあった。このかき餅は春先から夏の中頃までお茶受けとしてお客様にも出し、又子供等のお八つでもあった。

年末の贈答

盆のお中元に対し、年末には特にお世話になった方とか学校の先生や医者の処へお歳暮として贈り物をした。宅では父が学校長をして居られたから貰う方も相当多かったので、別に金を出して求めて贈る様な事はなかったかと思う。この贈り物には、袋入りの白砂糖とか塩鮭、鰤《ブリ》、鴨、それから菓子箱などであった。菓子箱は外見は大きく、杉柾目の立派な物でも底が高くしてあるので、正味菓子の入る所は浅かったが、金平糖がとけかかって紙の濡れたるもの、羊羹の表面の白くなり角の硬くなったもの、カチカチになった益寿糖、餡に黴が生え、小さな虫のゾロゾロ這い出す菊寿糖などもあった。これらは歳暮用として新たに買い求めたのではなく、其の前からお歳暮として貯えてあった貰い物を、転々使用されるからで、父が蹼《みずかき》に目印をつけて贈り物にした青首の鴨が舞い戻って来て笑った事もあった。平生かかりつけの医者は、中島宗達、岡島淡、津田春了であったが、半季間の薬礼に金一封に菓子箱を添えて持って行くと、お移りとして紙に包んだ屠蘇散が入れてあった。清涼寺へは水向料《みずむけ》として、金拾銭也を包んで持って行った。水向料とは何ですか、と父に尋ねたら、一年中の墓地代だ、と言われた。如何に物価の安い時代で、坊主丸儲けとはいい乍ら、一軒の檀家から金拾銭也の収入では浮かばれぬと思った。

債鬼

其の頃の買物は大抵常得意の店で求め、現金払いでなく晦日《みそか》払いになっていたので、買物をしても、「つけて置いてなあ」と言えば、「ハイ宜しゅう御座います」との応答で取引はすんだが、現金払いでない丈に、つい余計に物を買い過ぐる傾きもあった。それで晦日前になると、米屋、酒屋、味噌醤油屋、肴屋、八百屋、乾物屋、呉服屋、下駄屋、炭屋など方々から、其の月の買い上げの品名と金高を記した巻紙の書出しを、二十五日〆で配って来る。手広く商いをしている店では月末の書出し書きが大層なので、特に算筆に達者な人を雇って書かせる店もあった。米屋、酒屋、味噌醤油屋、魚屋等では通帳があって、それに記入して行った。この書出しと通帳を調べて月末の支払いをするが、毎月毎月すっかり払い切れないで、順次頼んで来月送りになって行くが、盆と暮れの二季には何とかして全部を払わねばならず、月々の父の収入は定まってあるのに、子供が多く、次第に大きくはなる、又病気とかお産とか死亡とかで臨時に金の要る事もあり、支出超過で赤字になり勝ちなるを何とか工面して支払い、其の後で正月着の一枚宛や下駄足袋まで新しく子供等に調えてやるやりくり算段は、母のなみなみならぬ苦労で、時には公債の利子や僅かの年末賞与位では追いつかず、品物を売って都合せらるる事もあった様だ。払いの内でも米屋は別として、酒屋と肴屋の払いが大口なので、これさえ詰めれば楽になるが、折角父が一生懸命に働いて皆の物を養って下さるのだから、これを兎や角言う事は出来ず、「アーア金の生《ナ》る木が欲しやなあ」と母は歎声を上げて居られた。それでもどうにか都合して、全部の支払いを済ませた時には、母は如何にも重荷を下ろしてホッとしたという風で、「ヤレヤレこれでよいお正月が出来る」と喜んで居られたが、返して貰う筈の金が返らず、あてにしていたのが外れる時には、母は箪笥の前に坐りて暫く思案し、風呂敷包みを抱えて里の花木へ子供等の寝てから、ソーッと融通を頼みに行かれた事もあり、其の都度母の箪笥の引出しは軽くなった事と思う。

其の頃どんな銭を使用していたか思い出して見よう。晦日に掛取りが来て、「御免なさい。お払いを頂きます」というと、其の通帳や書出しに添えて、藁の緡《サシ》に挿した天保銭、寛永通宝の二厘銭、一厘銭、文久永宝の一厘五毛銭や五厘、一銭、二銭の銅貨、五銭、十銭、二十銭の銀貨で支払いをした。一厘の銅貨や一円の銀貨もあったがあまりに使わなかった。又当時皮札《カワサツ》といった明治通宝と記し雄龍雌龍の抱き合っている模様のある縦長い紙幣や、蛭子《えびす》大黒や西南戦争の図案の横長い紙幣もあった。銀貨はお布施其の他の包み金にする時は、落ちない様に紙に貼《ハ》りつけたので、飯粒が裏にこびりついたり、青錆になっているのが多かった。寛永通宝の一厘銭の中には裏に、文の字の刻印のあるのがあった。これは寛文年中、京都の方広寺の大仏を鋳潰して作ったので文銭といい、黄金が混じて居るとて、指輪や煙管に打ち直す者もあったし、文銭の指輪を嵌《は》めて居ると中風に罹らぬともいっていた。二厘銭の裏には波線の模様があって、二十一と十一と二通りの波線があったが、二十一波のを持っていると福が来るとて集めて居る人もあった。又其の頃通用しなくなったが、ババ銭といって鉄で鋳た銭であって、よく普通の穴あきの銭の中に混ぜて何枚か緡に繋いであることもあった。天保通宝は楕円形の大きな銭に、表に天保通宝、裏に當百と印してあり、昔は一枚で百文に通用したが、其の後、下落して八厘により通用しなくなったので、形が立派でも価が安いから、少々足らぬ人を天保銭と徒名《アダ》するに至った。天保銭の緡にさしたのは相当重いので、掛取りに厭がられた。それで渡す方でも、重くて誠にお気の毒ですが、といい、掛取りもなるべく釣銭にはこの重い天保銭や其の他の穴あき銭を出すことにしていた。帳面や書出し通りキッパリ払える時は私が出て支払ったが、全部支払えず幾分翌月廻しに頼む時は、母が出て応答せられた。商売人でも全部支払いの時はニコニコして、「有難う御座いました。どうぞ又よろしく」と出て行くが、翌月廻しにする時にはよい顔はせず、も少し何とかなりませんか、と愚図るのを、母が哀訴歎願して居られるのを見て、否は当方にあり乍ら商売人が憎らしく、なる程鬼だな、と思った。

今少し横道に外れるが、債鬼の話序でに維新後禄に離れた士族の家庭の困窮振りを思い出して見よう。今迄は祖先のお蔭で毎年一定の禄を頂戴し、働く心配なく、どんな馬鹿でもブラブラ遊んで暮らせた侍が、急に知行は取り上げられ、金禄公債を頂戴しても今迄の惰性で家計を引き締める事もせず、公債の利子丈で暮らす計画も立てず、従来通りのらくらと遊び暮らす内に、物価は益々高くなる。他に収入の道はなし。みすみす公債の売り食いをせねばならず、利子が入っても次の利子受取り迄には費い果たして一文無し、おまけに泣きっ面に蜂と云わんか、軍用金として維新前の昔に百姓に都合して貰った金の、無論返済はしてあっても、金銭の事に鷹揚な士は、借用証文を取り返して置かなかったのを、性《タチ》の悪い三百代言《さんびゃくだいげん》が買い集め、士の難儀につけこんで元利合計として多額の金の返還を迫り、若《も》し応ぜねば告訴する、と強迫する。侍たる者が裁判所へ呼び出され、罪人扱いにされる事は武士の面目に関するとの昔気質から、返済したに相違ないが、肝腎の証文が取り返してないので、事効になって居てもそんな法律の研究もせず、言うが侭に泣く泣く公債を売り払って支払う者も多かった。又溺るる者は藁をも掴むとか。苦しまぎれに何とかしてうまい金儲けをしたいと思う矢先に、瞞《だま》されて兎を飼ったり、万年青《オモト》を買ったりして大損をする者も多かった。それやこれやで公債証書は瞬く間になくなる。公債がなくては利子は入らず、仕方なしに家重代《じゅうだい》の宝物もどんどん売り払う様になる。其の頃は何処《ドコ》の道具屋にも緋縅の甲冑、陣笠、刀剣、槍、薙刀、黒塗りの膳椀、金蒔絵の重箱、食籠、定紋付きの箪笥、長持、お茶道具から花器の類まで店一杯に並べられ、二束三文でも買い手は更になく、刀の鍔は埋忠の名作でも、金銀の装飾なきものは駄物と一緒に二十枚程も板に張って柱掛けとし、偶々《タマタマ》文鎮として一枚二銭で売れる位であり、刀剣類もどんな業物《わざもの》名刀でも、お構いなく半分に折って鉈にしたり、桶屋の竹割りになり、立派な小柄も鉛筆削りか鰹節削りが関の山、刀の絹真田の下げ緒も女の襷や前掛けの紐になり、銘の入った槍の穂先、透かし彫りの矢の根なども塵埃《ゴミ》被りとなって店の隅に邪魔物扱いにされ、支那焼の茶碗、湖東焼の皿でも買い手は更になく、いつまでも店晒しになっていた。長持一杯に立派な道具を詰め、車に積んで道具屋に運び、桐の長持共で一円に売り払い、良い値に売れたと喜んだ奥様もあったとの事であった。又あまり道具屋に足元を見て踏み倒されるので、自分で道具屋を始めた士もあったが、暇な人の遊び場所となり、来る人毎に茶を入れ菓子を出し、煙草ばかりプカプカと吹かせ、下らぬ世間談に日を暮らし、何日経っても店の品は何一つ売れず、持ち込む計りで雑用倒れで閉店した者もあった。又豆腐屋を始めた士もあったが、「寒いのによく来てくれた」とか「遠方をよく買いに来てくれた」「雨が降るのに気の毒だなあ」とかいって、一個《チョウ》のお客に「これは端の方だから」とか「少し隅が欠けているから」とかいって二個の豆腐を渡して損してつぶれた例もあり、士族の商法という諺も出来て、馴れぬ仕事に手を出して、却って元も子もなくする人もあった。

私の家の親戚に呉服屋を始めた家があったが、貸した金は取れず、仕入れは現金で払わねばならず、何となく気位が高いので、よくよく安くでも売らなければわざわざ敷居の高い士族の店に買物に来る者はなく、資本が続かず、大きな損害を私の家にかけて夜逃げをした。宅から融通した金も相当ある上に、借金の証人に父が立ったので、仕方なく此の時は公債の一部を売って其の責めを果たされた。父は継母の里の事であり、断り兼ねて此の損失を蒙ったのだが、母が残念がって、子供等の学校もやめねばならぬかと泣いて居られた。父は好きな酒は止めてでも子供の学校は継続させる、人に迷惑をかけたのでなく、掛けられたのだから我慢しろ、と母を宥《なだ》めて居られたが、父は側の見る目にも気の毒な程やつれて居られたので、子供乍ら心配した。

さて、如何に物価の安い当時でも遊んで食えば山も空しとか、何とかしなければならんとあせって見ても、もがけば藻掻《モガ》く程貧乏の深みに陥るばかりで、先ず最初は売り食いをする、家財を売る、家も売る、邸も売る、終には売物もなくなる、それでも貧乏は容赦なく追い駆けて来る。少しでも読み書きの出来る者は、僅かの給料でも貰って教員になるとか、郡役所や役場の書記やら、巡査（邏卒とか棒兵といった）や看守になる者も多かった。其の頃、巡査は士族の棄て場といった。こんなにしても働く人はよいが、働く事を知らぬ人は、結局乞食をするか夜逃げをするより外なかった。たとえ夜逃げをしても路傍に金の落ちて居るではなし、並木の松の肥料《コヤシ》になる者もあったらしく、松の枝に鼻汁垂らしてぶら下がるか、土左衛門になって魚の腹を肥やした者のあったかも知れぬ。内廓《うちぐるわ》の御家老格の家邸は逸《いち》早く売り払われ、旦那様は元の出入りの百姓を頼り寺子屋の師匠をし、奥様はお針の師匠をして居られるのもあると聞いた。其の大きな邸址は中学校、地方裁判所、監獄署等の敷地になったのと桑畑になって、昔の俤で残って居るのは殆どなかった。中には菩提寺へ逃げ込んで寺男になって居る方もあった。兄弟三人遊び食いして終に乞食になった家もあった。此の家ではよく私をかあいがって下さって、お萩や団子、おすしなどいろいろな物を拵えて、私の学校帰りを待ち受け、家へ引き上げて遊んで下さった。其処の当主の亡くなった時には葬式も出せないので、父は気の毒だといって葬儀万端をしてやられた事もあったし、私も後日他県で働いて居た時、其の窮状を聞いて幾らかずつ送金して幼時の恩に報いた事もあった。又食物を入れる提げ重を下げ、商家の店先につっ立ち、何時までも動かぬので、商売の邪魔になるからいくらかの物を与えて追い出すと、「俺《オレ》の方から呉れとは言わぬのに、先方から呉れるのだから乞食ではない」と痩せ我慢を言っている士族もあった。又気が変になって、銃隊の時、調練の笛を吹いて踊って歩く者もあった。

其の頃、教員の給料は一円五拾銭から五円迄位であった。父は明治八年に彦根の百日伝習所を卒え、大津の県庁で試験を受け、訓導の免状を得て居られたので最初から校長をして居られたが、「九円の月給では食えぬ」とよく冗談をいって居られた。郡書記でも巡査でも教員の給料より多い事はなかったと思う。又父に教えられて巡査の試験に合格し、彦根の土地ではきまりが悪いとて、わざわざ醒ヶ井の田舎へ行って威張って居る人もあった。文筆の才のない人でも働く人は、日傭いかせぎとして薪割り、米搗き、畑作り、家毀《コボ》ち、壁土捏《コ》ねに一日八銭から十銭位の賃金で雇われる人もあり、又家の内で網梳《ス》きを内職として細い煙を立て、口を糊する者もあった。私の生まれた松原馬場町も大きな士族邸が多かったので、荒れ方もひどく、あちらこちら歯の抜けた様に邸が毀たれて、桑畑になるのが続々と出来た。馬の調練をするので特に道幅の広い邸町が、大半桑畑になり、人通りも少なく狐狸の巣窟となった。友人でも昨日まで仲良く一緒に遊んだ者が急に見えなくなったので、病気か、と尋ねると、「京大坂へ丁稚奉公にやった」とか「田舎のお寺へ小僧さんに行った」とか聞いた。この挨拶もせずにコソコソと落ち行くのが気の毒であった。又女の子は平田の製糸場へ行く者もあり、女中や子守にやられた者もあり、顔立ちの美しい娘の吉原とかへ売られたという悲惨な者もあった。

宅ではお米の節約で朝晩お粥を食べる事はあっても、苦しいのはお互い様だといって、米が一升拾銭近くの高価になった時、稗の粉を求めて大飯盆に盛り、五合枡を添えて玄関の式台の処に出し、「御入用の方はご遠慮なく一杯ずつお持ち下さい」と紙札を下げて置いたのを、日暮になってはっきり顔の見えぬ頃に、コソコソと袋を持って貰いに来る人があった。中には全く意外な人が来たので、あの人が、と驚いた事もあった。母は私共に、「お前達に不自由はさせて置くが、まだ人様の家へ稗貰いにはやらぬから喜びなさい。施す方はよいが貰う方は嘸《さぞ》かしつらい事であろう」と言われたので、ツクヅク親のお蔭のありがたさを感じた。この施しは父の発案で亡き祖父母の衣類を処分して行われたので、一二度より永続きしなかったと思う。

母は大勢の子供を抱え、忙しい中でも内職として夜作《ヨナベ》に苧績《オウ》みをされたり、かせ糸を撚《よ》ったり、人から頼まれて仕立物をしたり、お蚕時には少し許《ばか》りでも蚕を飼い、賃桑も摘《ツ》み、綿を買って来ては使い糸も紡ぎ、手機《ハタ》も織られた。又なるべく買物をせぬ様にと下駄の鼻緒も平常用の足袋も母の手作りであり、シャツ、ズボン下も皆母の手縫いであった。畠も手一杯作って、漬物大根の外は日常のお野菜は皆自分の畑で用を弁じた。

私達大勢の兄弟姉妹誰一人、丁稚小僧や女中子守にやられる者なく、苦しい中から兄弟二人を同時に中学迄入れて下さったのは、全く両親のお蔭と喜んで居る。其の頃の中学生は大部分地方の豪家や大地主の息子で、士族の生徒は真に少数であったが、「貧乏したからとて子供に学問をさせなかったら、一生士族の頭を上げる時はない。苦しい中を通学させるのだから、不自由を我慢して、決して他人を羨まず、一生懸命に勉強しなさい」と言われた。当時小学校の月謝は二銭であったのに、中学校の授業料は月一円五拾銭で、一軒の家から同時に二人通学すると一人は半減して二人で二円二十五銭であった。乏しい家計の中から毎月二円五十銭を割《サ》き出す事はよほど苦しかったに違いない。それでも納める期日には遅れずに出して貰った。納期に遅れ、怠納する者の姓名を生徒扣《ひかえ》所に掲示する会計書記の残酷なる処置が憎らしかった。この怠納者は定って貧乏士族の子弟であり、給仕が授業中でも構わずに、事務室へ来て下さいと呼びに来て、つれられ、書記からさんざん催促される者もあったし、この怠納が何月か続くと退校させられたり、又自分で退学する者もあり、士族の生徒は中途で減る一方であった。

この毎月の授業料の他に、学年や学期の代わる毎に高価の教科書を買わねばならず、其の教科書も大部分は舶来の原書で、一冊五円以上のものもあった。又制服も着ねばならず、一着二円五十銭の小倉服でも発育盛りの子供には、たとい破れた処は母に雑巾の様に補綴《ツギアテ》して貰っても、二年に一度は新調せねばならず、一足一円五十銭の靴も穿《ハ》き様が暴《あら》いのか皮が弱いのか、よく破れたり壊れたりする。表の破れは自分で三味線の糸で縫っても、裏底の破れは五十銭で牛皮を当てさせねばならず、金物屋で頑力鋲を買って来て靴裏一面に打ち、滑りこけた事もあった。体操の時間丈は仕方がないが其の他は、足を怪我したといって包帯をかけて草履を穿いたり、雨降り雪降りの日に靴を手に提げて、徒跣《はだし》で登校して靴を保護した。こんなに大事にしても体操の時間に、器械体操や芹川の磧《かわら》で、橋の上から飛び下りなどやらされると、大事の靴の糸が切れてパーンと口を開く事もあり、人の知らない気遣いをしたし、上衣取れー、の号令で上衣を脱ぐと、皆買物の白シャツを着て居るのに、私は浴衣地で作った母の手縫いの品か、父のお古を縫い上げして着て居たので特に目立った。それでも家では買って貰えない事は十分承知して居たから、別に羨ましいとも恥ずかしいとも思わなかった。却って、何糞負けるものか、との奮発心から体操も誰にも負けずにやったので幸福であったかも知れない。「士道に志し、悪衣悪食《あくいあくじき》を恥づる者は共に語るに足らず」との語は、どれ程か私を心丈夫にした事と思う。又時には母の嫁入りの時の晴れ衣裳が中学の制服になったり、金銀の糸で立派に司馬温公水甕破りの刺繍し、四隅に総のついた掛帛紗《ふくさ》が靴に化ける事もあったので、成長の暁には何としてでも親の恩に報いねばならん、と思った。

学校での弁当は、寄宿舎の賄《まかな》いに頼むと一食二銭五厘で、小飯櫃《バチ》に一杯のぬく飯に魚の切り身とか、牛肉と野菜の煮付とか、美味《おい》しそうな香のプンプンする御馳走であって、多くの生徒がこの弁当を取って食べていた中で、私は一年から五年卒るまで、毎日梅干の入った握り飯二個を平気で齧《かじ》っていた。物好きな奴が崇広会雑誌に、私の五年間に於ける握り飯と梅干の統計を、米が何升何合、梅干が幾粒で何貫何百匁《もんめ》と御苦労様に計算して投書した事もあった。乾物屋の由右衛門に頼んで、色が悪くて売れなくなった浅草海苔を安く頒けて貰って海苔巻にしたり、藻屑昆布でまぶした事もあったが、大抵は表側を焼いて反古紙《ほごし》に包んで持って行った。

悪衣悪食は平気で通しても、困ったのは毎年の修学旅行であった。毎月の授業料と学用品代丈で四苦八苦の生徒に、僅かに三四日の旅行でも、五円以上の費用を臨時に支出する事は到底堪えられる事ではなかったので、父母には相談せず、独断で病気と称し、脚気の診断書を懇意の医者に書いて貰って欠席する事にしたが、保証人の印がいるとか、校医の証明がなければとかうるさい事であった。前日までピンピンと元気で登校して居た者が、病気と称し参加しないので間が悪かったが、毎年の事であるから意地の悪い体操の教師が、「高橋は又病気だろう」と皮肉を言われた。「病気でも何でもありません。貧乏で旅行に行く金がないのです。病気と言わなければ学校で承知しないから病気にして置くのです」とキッパリ言うと、皆が私の顔を眺めるのには聊《いささ》か閉口した。このいやな思いを慰むる為に、皆の旅行中にウンと学科の復習と予習とをやった。或る年、中井弘という県知事が県庁の倉庫にある沢山の反古紙を処分し、其の金で中学生全体を京都見学につれて行った事があったが、いつも脚気と称し不参の者が、無銭の時丈ノコノコと行く気にもなれず、人の金で乞食旅行はしない、と痩せ我慢で欠席した。それでも旅行後皆が楽しそうに話している仲間入りも出来ず、又意地の悪い先生が、作文の課題に修学旅行日記を書かせるので困ったが、わざと旅行に参加せざる記として、痩せても枯れても武士の片割れ、武士は食わねど高楊子、お蔭参りや、人の褌《ふんどし》で角力は取らない、と負け惜しみを書いて出した事もあった。それでも級長の手前としても、せめて一度は修学旅行に参加したいと思って、小学時代から優等賞と精勤賞として貰った金を、紙包みのまま母に保管して貰ったのが相当の額になっているので、この金を思い切って出して貰って旅行に参加した事が、中学時代を通じてタッタ一回あった。母も無理して幾らかのお小遣銭を下さったが、実に勿体なくて使うのが惜しかった。例の意地の悪い体操の教師が「ホウ高橋も行くのか、脚気はどうした。今年の旅行は雨降りだよ」と皮肉を言われた程、私の旅行参加は珍しかった。

其の時の旅行は彦根から汽船で長浜に出で、其処から汽車で越前の敦賀へ行った。敦賀では気比神宮、松原神社に詣で、金崎城址も見て一泊した。翌朝早く、地曳き網で魚を捕らえるのも見た。生まれて始めて海を見た。大きな琵琶湖を見ているから敦賀港の海には驚かなかった。汽車にも始めて乗った。溌剌として生きている海の魚を始めて見た。知らずに触って魚の鰭棘《ききょく》で指を刺され、劇《はげ》しく痛んで困った。漁師が其の魚に刺されると死ぬといったので、暗い思いがして、旅行に来なかったらよかった、大切な金を使ったから罰が当たったのだ、こんな処で死んではつまらぬ、早く家へ帰りたい、などと考えると旅行の興味は一度になくなった。汽車の速い事。柳瀬隧道《すいどう》の中が真っ暗でゴーゴーと物凄い音を立てて汽車の走るのが怖ろしかった事。中の郷駅で汽車が反対の方向に逆行して、単線の線路を入れ替える時の不安など、思い出の深い丈得る処も多かった。又金のある行儀の悪い生徒は雲丹《うに》を買って舐《ナ》めたり、蒲鉾を買って噛《カ》じって居た。私は如何に旅の恥は掻き捨てとはいい乍ら、蒲鉾を噛じり乍ら町中を闊歩する気にはなれなかったし、又出来もしなかった。それから宿で先生方が酒を飲んで、遅くまで放歌高吟して騒いで居られるのを見て、何だ先生てこんな者か、と呆れもし、情けなく思った。帰りに土産として父へ練り雲丹一箱と木の本駅で弟妹への坂口飴の曲物《まげもの》を買う事は忘れなかった。

これ以上辛かった事は続々と思い出されるが、この貧苦と戦って憂き世の荒波を押し切って、大勢の子供等を育てて下さった父母の辛労を思うと、胸が塞がり目眥《まなじり》が熱くなり、筆が動かなくなるから、謹んで父母の御厚意を感謝して此の項の筆を止めて置く。

小晦日《コツモゴリ》

十二月の三十日を小晦日といって、買物の支払いは大抵今日取りに来る。又来ない店へは当方から持って行った事もあった。此の日から正月の料理拵えに取りかかるので、朝から昆布、胡蘿蔔《ニンジン》、大根、牛蒡とそれぞれの形に切る。煮豆を煮る。牛蒡をゆがく。昆布は矢筈《ヤハズ》に切る。鰹節を花がつおに削る。青菜を渫《ユ》でる。正月三日の米は浙《カ》して置く。其の間に子供等の髪を刈る。月代《サカヤキ》は剃る。母は鉄漿《カネ》を沸かして歯を黒く染められる。髪を丸髷に結ぶ。この結髪は自分でされたが、藤田のお琴さんという親類の人が来て結う事もあった。其の頃、武家の婦人で髪結女に髪を結わせる事は茶屋女のする事としてしなかったが、お琴さんに頼まれて断りきれず、金二銭を払って結わせる事にせられた。

大晦日

泣いても笑っても今年は今日限りという最終の日が来た。朝から何かと忙しい。昨日から煮たきした物を重箱や重ね鉢に詰める。子供等の正月着を出して、それぞれ縫い上げを下ろす。しつけ糸を取る。座敷から順々に各室の掃除をする。門前から玄関先に塵一つない様にきれいにする。元日には、福を掃き出す、とて掃除はせぬので、今日は特に念入りにする。座敷の床飾りをする。掛物を目出度い物と掛け替える。お鏡餅を床の間から神棚、荒神様、お竈様、仏間、便所へと順々にお供えする。玄関に机を出し、硯箱と年始御礼帳を出す。七五三《シメ》飾りをする。神棚の灯明皿を掃除して油を注ぐ。花を活ける。盆栽も飾る。手洗い鉢はきれいに洗って満々と水を湛える。手拭掛けには新しい手拭をかける。便所の草履も新しい物と換える。泪水風呂をたてる。宣徳の火鉢の灰を篩《ふる》って炭をつぎ、座敷にズラリと並べる。お客座蒲団も列べる。汚れた壁は屏風で隠す。本膳を出して茶の間に並べる。箸袋に太い柳箸を入れる。小皿に白豆と田作を入れる。萌黄《モエギ》の膳掛けをかける。何から何と用事はなかなかにある。ウロウロして居ると叱られる。夕刻早い目に入浴をすませ、風呂吹き大根に大根膾、豆腐に小芋の味噌汁、鰯の焼肴位で夕食をすます。父はお毒といって、樽酒を燗《かん》し、正月のお客肴で一杯やって居られる。小金に不自由せぬ様とて、欲深く晦《つごもり》蕎麦を掻き込む。日が暮れると神棚にお灯明を上げて拝む。ヤレヤレこれで今年も無事に済んだ、といってせいせいした気分で大福茶《おおぶくちゃ》を入れ、餅を焼き、年中の面白かった事や辛かった事など語り合う内、ソロソロ寺々で撞き出す除夜の鐘の音が響き渡るので、もう百八が鳴るから子供等は早く寝なさいと言われ、いつもより鄭重に「お休みなさい」の挨拶をして寝床に入った。

吾が家の思い出

僕の家は松原馬場町の中程の東側に在った。松原馬場町は北方松原村に接して居て、其の北の端を松原口といって、此処に昔は要害な松原御門があったとの事である。馬場町は（彦根の町に二ヶ所あって、上の馬場町は水流町の水源になる清水の滾々と湧出する堀端に桜の木が植えてあったので桜の馬場といい、下の馬場町、即ち松原馬場町と共に）藩士の馬術を練習する所であったので路幅が他の町に比して広かった。旧幕府時代には此処で盛んに打球戯が行われたとは母の話であった。

邸の前面は高さ四尺程の石垣で、其の上に高塀があって白壁に桧《ヒノキ》の板が張ってあったが、町中で僕の家の石垣が一番高いので、何となく嬉しかった。又鎧張りの桧の板を留めるのに、菊座に丸い鉄の大きな鋲釘が沢山打ってあったのを、お乳お乳、といって登りついて嘗めた事もあった。此の石垣には大きな青大将が住んで居て、時々引き出して殺した事もあった。門は幅二間の大門で、朝早く開けて日没に閉《シ》めるのが私の役目であったが、子供には此の大門の開閉《アケタテ》は相当に力仕事であった。高塀の一部には突出しの物見窓があって、滅多に外出しない女の覗き窓となってあった。

次に家の内部の話をする前にザット近所の模様を記して見よう。

馬場町は全部士族屋敷で、私の幼少の時分には早くも桑畑となった邸が多かった。南隣は千寿院と云った稲荷社のある所で、瘡守《かさもり》稲荷といってなかなか参詣人が多く、繁昌して居た。門を入ると右側に手洗井があり、無数の朱塗の鳥居が三列の隧道《すいどう》を作って居た。左側に拝殿と社務所があって、其の奥に石を高く積み上げた岩組みの上に琴平様が祀ってあり、其の奥に立派な稲荷の堂があった。宮の周囲は花崗岩の石畳で門から続いて居り、周囲には正一位瘡守稲荷大明神と記した奉納の赤い幟が一面に立ててあったし、又沢山の絵馬がかけてあった。繋ぎ馬や脚を洗う使丁の絵等は画家は誰であったかは知らぬが実に立派な物であった。小絵馬には拝みの図と向い狐などが多かったが、髷を切って下げた物は凄かった。カルタや酒樽や女と云う字に錠を描《カ》いたのもあった。宮の周囲を長さ七寸許《ばか》りの竹篦を持ってお百度参りをする女が多くて、其の竹篦の沢山入った箱があった。朝早くから夜晩くまで、日和下駄をはいて石畳の上を歩むカラカラと云う音、ガランガランと鈴をふる音、ガラガラと賽銭を投げこむ音、ガシャガシャと鉄のおみ籤箱を振る音、泣き声で女の祈願をこめる音など手に取る様に聞えるので、子供心にも盛んなものだと思った。

稲荷社の奥の方には北野神社の神官後閑氏の住宅で繁治と云う僕より一つ年上の友人が居た。（略）

北隣は本多という家で坊主頭の婆様が二人も居たし、主人の太郎は甲斐性なし、繁さん、琴さん、捨三など子供も沢山いたのでよく遊びに行った。（略）向い側、即ち西隣は小泉で御主人の弥一さんも奥様のおみき様も共に良い人であった。（略）稲荷社の境内は広かったので近所の子供等の遊び場所になっていた。二月の初午や十一月のお火焚には僕の家の前迄も店が出て嬉しかった。特に十一月八日のお火焚の時の茱萸《グミ》店のきれいであった事は忘れられない。（略）

小泉一家が徳島へ移住されてから其の跡へ醒ヶ井で巡査をして居た所藤内一家が移って来られた。（略）

小泉の南隣、後閑の向い側が大鳥居で、士族の商法で小道具屋店を出して古い甲冑や膳椀等が陳列してあったが、殆ど客の入って居るのを見た事がなかった。店の一方に稲荷様に供える土の団子と土狐とを売って居た。此の土団子はよく売れるので、おば様が土器に十粒ずつ乗せた土団子に燧《ヒウチ》石で切り火をして売って居られるのが不思議であった。（略）

小泉の北隣は浜（琵琶湖）に通ずる路であったが、近所の塵埃《ゴミ》捨て場で、草蓬々として踏みこむとよく草苺で向脛を引っ掻いた。此の草原にキリギリスが多いのでよく水泳の帰りにギスつかみをやったが、此処には蛇も実に多かった。此の草原の奥一丁程の所に屠牛場が出来て、牛がモーモーと朝早くから悲鳴をあげて居た。

此の路の北、即ち本多の向側は細野の邸跡と聞いたが、僕の知って居る時分には最早や家はなくて桑畑になって居た。

これで向う三軒両隣の大略を述べたから、弥々吾《いよいよ》が家の内部を記して見よう。

門を入ると玄関迄一直線の砂利路で、右側の高塀には座敷の庭に出入する塀重門があった。左側も高塀で中門を入ると広敷と云う昇降口があった。其の前に頑丈な道場の様な板の間の小屋があった。祖父が町奉行をして居たので、正面の玄関前が白洲で砂利を敷き詰めあった。祖父が玄関の正面一段高く座を構えて裁判をしたとの事で、白洲の砂利を捉まされた者も多かった事と思う。僕等の遊び場になってあった頑丈な小屋は被告の留置場であったが、早くに取り壊されてしまった。

玄関を入ると正面の長押《ナゲシ》に長槍、枕槍、薙刀、弓や紋付きの箱に入った提灯、金紋黒漆の笠等がかけてあった。玄関と座敷の境に永海の描いた牛の絵の二枚折があった。夏の夕暮になると此処が薄暗いので、蚊の一番多い所であったので、もろだの蚊燻《ふす》べで盛んに燻べて追い出したが、白煙濛々と立ち昇る此の煙で屏風は黒く燻っていたが、時々蚊遣りに火がついてパット燃え上がると牛がはっきり現れるので、怖ろしい様な気もした。

玄関の右（南側）が二室続きの表座敷で大広間であった。上の間の正面に床があり、下の室の側に中床があった。正面の床には永海の墨絵の湖水と沖の島と帆かけ船の絵に、直弼様の湖松子の京都に行くを送りて、と題し、御歌の書いた懸物がかけてあったし、中床には神功皇后三韓征伐の極彩色密画の掛物がかけてあった。上の間の長押には日下部鳴鶴の雲影涛声と書いた額と忠正公から拝領した支那の大官の書いた湖影簃の額が掲げてあった。下の室の長押には貫名菘翁の太平嘉瑞、巻菱湖の有絜矩之道の額が掲げてあった。上の間にも下の間にも押入れがあって、桐の本箱に詰めた漢籍が一杯あった。下の室の天井が中央で一坪程特に高くしてあった。これは僕の家は代々日置《へき》流の弓術師範で、弟子共が集まり此の座敷で巻藁を射たので弓の障らぬ様に天井が高くしてあったし、下の座敷の柱は一面に凹穴で痘痕《アバタ》面の様にデコデコであった。これは弦をかける時、弓をあてる為であった。

正月には正面床の間に国常立尊より御歴代の霊室の系図の掛物を掲げ、具足を飾り、鏡餅が供えてあった。十一日の鏡開きには父に案内せられて男の児丈が床の前に整列し、お神酒と大根なますを頂いた。此の鏡開きには女子は一切触れる事は出来ぬので、父のお酌で神酒を頂く事が珍しかった。

座敷の上の間を左へ曲ると祖父母の隠居部屋でお新建《シンダ》ちと云って居た。僕の家は極めて古いので、お勝手の方の柱は皆鉋をかけずに手斧で削った侭であった。お新建ちは比較的新しく建ったのであろう。中床があって室の襖と壁は皆農耕の図であったので、よく祖父母からお百姓の話をして貰うのと中床の下の地袋に仕舞ってあるお菓子を貰う事が嬉しかった。

座敷の庭は高塀際が高い山になって居て、座敷から飛石伝いに行く様になって居た。庭には珍らしい樹木が沢山あって、其の名を覚えるのが容易でなかったが、父は一々来客に其の名称や用途を説明して得意であった。

座敷の椽側は西向きで庭に面し、湖水からの冷しい西風が吹くので、夏には誂え向きの座敷であった丈に、冬はとても寒かった。此の椽側に硝子の十分でない時分だから、雨風を防ぐ為に上半分に油紙を貼《ハ》った明り障子が建ててあった。夏の夕立に大急ぎで此の明り障子を閉めるのはガタガタとして骨が折れたが、閉め終らぬまに夕立の霽《ハ》れる事もあった。表座敷の明り障子に貼る美濃紙は僕等の清書が貼ってあった。○や◎、甲上などの評点のあるのは聊《いささ》か得意であった。

椽側の南の突き当りは押入れで、上の段に御先祖の神霊《ミタマ》が祀ってあった。下の段には瀬戸物の蒸留器やお茶の釜や風炉があったが、いつも鼠の巣くう所であった。

座敷の椽側の北の端に鍵の手になって便所があった。此の便所の角にも押入れがあって、父が愛蔵の大工道具が沢山に入れてあった。父は器用な質《ショウ》で大工や指物師のする仕事もされたので、鋸、鑿《ノミ》、鉋等は大切にして居られたが、僕が内所で持ち出して使った事が知れて、よく母が小言を言われて居た。使用しても元の位置に直して置けば知れない、という子供の猿知恵で、猿が筍を盗み折って自分の耳を塞ぐと同じく、鷺足（竹馬）を作る為に父の愛蔵の鋸を持ち出し、藪の竹を切り、竹の粉の付いたまま歯を鈍らせ、歪ませて知らぬ顔をして居たが、どうして父に判るかと不思議であった。こんな時代が実に嬉しいのである。座敷の便所も高塀の改築も父が大工を手伝って作られたので、僕も控《ヒカエ》杙《クイ》の穴掘りをやらされるが、一穴穿《うが》って一銭貰うのが嬉しく、切れぬ鑿を当てがわれて、よく手を玄能で叩いて痛い目をした事もあった。

お新建ちの奥に南向き二室続きの奥座敷があって、前には幽邃《ゆうすい》な庭園があった。築山もあり、船を浮かべた池もあった。大きな緋鯉も泳いでいた。築山の後ろに風呂屋の煙突より高い赤松があった。此の松に登ると湖水がよく見えるので、妹を背負うて頂上まで登ったが、祖母が下から見て、危《アブ》ない危ないとハラハラされたし、そんな高い所から見下す事は御近所に御無礼になるから、「高見御免」とお隣へ挨拶をしろ、と叱られた事もあった。庭の隅に柚の木と棗《ナツメ》の大きな木があって、毎年よく実がなった。柚の実は青いのは冷奴豆腐を食べる時に擦して香味料にした。黄色になった実は柚味噌や父の好物の柚べしを造った。棗の実は無種子を鼠が食べると狂い鼠になるから家内で食べる事を禁じられた。山樝《サンザ》子《シ》の木があって、其の実はよく魚毒を消すと云って近所から貰いに来られた。

新建ちの前に太さ一抱えもあり、八畳敷を蔽《おお》う程の橘の大木があった。これは何代か前の人が遠州井伊谷八幡宮に詣で、種を貰って来たのを蒔《マ》いて生長したので、一本は井伊神社に献納したが、彦根では珍しい木の一つであった。酢っぱい実のなるのを近所の子供等が来ては木に登って食べたものだが、外から見られる心配はなかった。冬になると鵯《ひよどり》や其の他の小鳥がこの実を食べに来た。

橘の木の手前に高野槙の大木があった。持仏堂の洗い場の正面であるから、祖母が仏様のお花を換えたり食器を洗ったりする真正面にあるのをよい事にして、蝶、蜻蛉、蝉、甲虫等を生きた侭昆虫針で此の槙の木の幹に磔にして置くと、南無阿弥陀の祖母が此の虐殺を見兼ねて、一銭二銭で買収し、「一昨日来い《オトトイコ》」と云って放し、よい功徳をしたと思って居られるし、僕はよい儲けをしたと此の味を〆て、此の手で屡々《シバシバ》祖母の臍繰りを絞った物だ。

新建ちの前の手洗石は尾の上石で僕の丈よりも高い立派なものであった。祖父が苔を生やすのに水をかけては丹精して居られた。後年、家を売り払う時、此の手洗石はよい値に売れて、立派な庭に引き取られたとの事であった。

部屋の数は大小合わせて二十以上もあり、畳数は百五十畳近くもあったので、家の修繕や畳換えには手が届かず、雨降りには盛んに雨漏りがするので、盥や湯桶を以て走ったり、畳を上げたりするに大騒ぎであった。天井も破れたままで、鼬《イタチ》や黄鼬《テン》の暴れるのがよく見え、薄暗い部屋には蝙蝠も住んで居て、子供心に怖ろしかった。こんな風でとても修繕が行き届かぬから、祖父母の多少の反対を押し切って、父の大英断で奥の方全部を壊し、大改造をやったのは僕の幼少の時であった。壊した古屋の材木が台所の庭に置いてあるのが、腐朽して夜ピカピカと燐光を発するので驚いた。古屋を取り壊した跡の一部を菜園とし、一部を桑畑としたが、桑畑は春夏の蚕時に多勢の桑摘み男、女が入り込んで賑やかであったと同時に、桑葉売上の臨時収入があって母は喜んで居られた。菜園の方は茄、胡瓜、玉《トウ》蜀黍《モロコシ》、大根、蕪《カブラ》、水菜、里芋、葱、馬鈴薯、胡蘿蔔《ニンジン》、牛蒡、豌豆《えんどう》、蚕豆《ソラマメ》、大角豆《ササゲ》等其の季節の物を栽培して味噌汁の実や日常の総菜や漬物に充てて居たが、夏の水かけには相当骨が折れた。毎夕風呂の落し水を田桶《タゴケ》で担《ニナ》ってやるのが僕の仕事であった。母も時々片棒担《カツ》がれる事もあった。

部屋の前に近い所に父の好みで芍薬の種類が沢山植えてあった。花時にはお客招びをして田楽を焼き、お酒を出して父は喜んでおられた。夏の朝顔、秋の菊にも父が丹精して人に見られるのを喜んで居られたが、水かけは皆僕の仕事であった。

井戸は五ヶ所にあったが、竹藪の側の外は夏の大旱には水が涸れるので、父の井戸渫《さら》えをされる手伝いもやらされた。台所の前の井戸は水質もなかなか良好であったし、桔槔《ハネツルベ》で汲み上ぐる様になって居たが、西北向きで、冬になると伊吹颪《おろし》の寒風が吹くのに、手を真っ赤にして母が大根洗いや米淅《コメカシ》をして居られるのが気の毒であった。座敷の庭の井戸は汲み上げ釣瓶で夏の夕方に水撒《マ》きするのに一々汲み上げるのがなかなか骨折りであった。併し僕に課せられたる役目と思えばあまり苦にもならず、御苦労様にも広い我が家の門前丈でなく、近所の親切に礼を云われるのが嬉しさに、余所の家の門前迄撒水《ミズマキ》をした。

風呂の水汲み、庭や門前の撒水、畑の水かけをすませて膳に向かう夕餉は、豆腐の味噌汁か芋や大根の煮た物でも何とも云われぬ美味であった。只今では東京で一流の料理屋へ行ってもこれ丈の食欲を以て味わう事は到底出来ない。

此の他に洋灯の覃《ホヤ》掃除、油さしは僕の役であったので、学校から帰ってからの夕方は相当に多忙であった。又玄関前と門前の掃除も僕の役目であったが、冬の朝の雪掻きには一汗かかされた。これも僕の負けじ魂から、路幅もなるべく広く雪を掻けのけて、出来る丈家の威厳を保たせようとしたので、余計な骨折りであった。

此の他に竹藪の近くに土蔵が一棟と物置（漬物小屋）が一棟あった。土蔵は雨が漏るのであまり大切な物は入れてない様であった。今思い出して惜しいのは犬追物の絵巻物が鼠の巣になって居た事である。此の土蔵に袋に入った重籐《トウ》の弓が沢山あったが、彦根に大角力のある毎に買いに来たので売ってしまったが、虫が喰って居るので実用にはならんとの事であった。

物置は漬物小屋でコンコン部屋と云って居た。中に一年中の食用とする幾桶かの沢庵が漬けてあった。庭で遊ぶ時に敷く筵《ムシロ》が何枚も巻いて入れてあったし、米俵の古いのも沢山にあった。米糠《ヌカ》が桶に入れてあったので鼠が沢山に居たし、鼬の巣くう所でもあった。鼬が餅や卵を運ぶのを見た。奇麗な小さい仔が何疋も居た中に蛙が半殺しにして餌に入れてあるのを見た。

内玄関を改造した十畳の台所と之に続く六畳の茶の間があった。此の茶の間が食堂であって、一間の大戸棚が据えてあった。台所には水甕と石の流し台、一間の膳棚、餅搗臼、大釜、砧があり、北の方に大釜と釜と鍋をかける竈があって、其の後ろの凹んだ穴におはぐろ壷が入れてあった。竈の上の棚に大黒様が祀ってあって、正月にお鏡餅を供えてお灯明の点《トモ》って居るのを見ると何となく嬉しかった。平常用のない大釜や餅搗臼の役立つ時は実に嬉しかった。

食事は出来る丈一堂に会して食べたが、父の都合や来客の都合で空腹で長い間我慢させられた事もあった。今の様に食卓を囲んで食するのでなく、各自の膳があって食器も銘々に定まって居た。座席もなかなかやかましいので、上座の左端が祖父、其の次が兄、次が僕で其の隣、即ち右端が父上であった。此に対する下座の方では父の向かいが妹の常と弟の祐治、僕の向い側が母上で兄の向かいが祖母、其の隣が妹の房であった。祖父は中風にならぬ呪《まじな》いとて桑の椀と箸とで朝昼晩の三食とも煮返し飯を食べて居られた。長い白鬚に煮返し飯や味噌汁がつくので布巾で拭いて居られた。祖母と母との間に大きな飯櫃《ハチ》と汁鍋があって、祖母は祖父と兄と房の給仕を、母は父と僕と常や祐治の給仕をせられたが、なかなか忙しそうであった。

士の男は戦争に行くので早飯早糞早走りとて何でも愚図愚図せずに迅速敏性にせねばならん、と云う長い間の習慣が維新後迄も残って居て、十分咀嚼もせずに生《ナマ》呑込みにて掻き込み、「一番!」と勝名乗りを揚げて立つのが得意であって、兄とよく劇《はげ》しい競争をやったが、祖母が兄の贔屓《ヒイキ》をして私の飯の遅れる様に加減をされたが、そんな時には故意に飯を少なく食べて早く立ち上がり、後で腹が空いて困った事もあった。早く立ち上がっても飯粒をこぼして置くと負けになるので、よく其の飯粒の位置が問題になって境界争いの起る事もあった。部屋の隅に膳棚があって、膳は銘々で此の中に仕舞う事になって居た。第一段の祖父から順に下へ仕舞うのだが、時に自分の段を間違えて仕舞ってお小言を食う事もあった。食器と箸は自分で洗う事にしてあった。

今日の様に営養がどうの、カロリーがコウのと云う六《む》つかしい時代でなく、唯食べ物は腹が膨れればよいと云う考えから、平日は実に粗食をして居た。時には米が高くて腹一杯食べられない時もあった。米が急に高くなったので昼一回はお粥になった事もあった。友人の家では昼飯ぬきの二食の家もあったし、稗の粥を食って居る家もあった。施しの為、稗の粉を大盥に盛って玄関に出してあるのを日暮にソーッと貰いに来る気の毒な人もあった。障子の孔から覗いて居る僕等はまだ仕合せだと思った。幸い僕の家では稗は食わずに済んだが、其の時分の事を思うと維新の後、禄に離れ、家重代《じゅうだい》の道具を売り食いにし、公債証書も売り払い、家屋敷を抵当に金を借《カ》りて期限になっても返すあてはなし、債鬼に責められる士の家は実に悲惨なものであった。其の時代の事を思うと、今の子供等は決して満足はして居らぬが結構な者だと思う。あまり粗食をしたので、毎年夏の第一学期試験前から営養不良の為に夜盲になって困った事があった。

　されば平常どんな物を食べて居たかと云うと、交通不便な其の時分には湖国の彦根では新鮮なる海魚を得る事は出来ず、塩でジャリジャリになって籠に入った赤鱏か、焚木の様に二三十本程縄で縛った鯡《ニシン》の干物、変な匂いの鯣《するめ》、塩鯖、だし雑魚《ジャコ》等で、稀には焼鯖や鰹の生節が入る位であった。冬になれば海魚も幾分生の侭入って来た。鯛、鯔《ぼら》、鱈、若狭鰈、蛸、烏賊なども来たし、牛肉も寒くなると売り出した。湖国であるから湖水や川でとれる魚類は豊富であった。鯉、鮒、鯰、泥鰌《どじょう》、はす、黄鯛魚《ワタコ》、鮎、鯎《ウグイ》、はや、石鮠魚《オイカワ》、小鮎、鯇《あめのうお》、ぎぎ等あったが、僕は川魚は生臭いのと小骨が多いので嫌いであった。僕は魚類が嫌いだから坊主になったらよかろう、と云われた。魚類計りでなく、小さい時から好悪が多く、偏食であった。野菜でも茄子《ナスビ》が嫌い、冬瓜が嫌いと嫌いな物が多いので母は僕の為にいつも麩や湯葉や干瓢などのすまし汁を作って下さったが、こんな物では発育盛りの男には十分の営養を摂取する事は出来なかったと思う。

僕の好きな食べ物は春は蕨、豌豆、筍、款冬、夏は里芋、千石豆、南瓜、秋は甘藷、松蕈、冬は大根等で、特に好きな物は百合根と薯蕷《トコロイモ》であった。百合根の甘煮卵とじ、梅肉あえ、山の芋の甘煮やおろし芋には舌鼓を打った。野菜の外で好きであったのは鯰の魚でん、鱧《ハモ》の骨切り、鱈卵の煮付、時雨蛤、酢章魚《スダコ》、牛肉、鶏肉等であった。十月十日の僕の誕生日には小豆飯に牛肉の鋤焼、豆腐と松蕈の汁等であったが、これが当時の僕には大層の美味であった。

父は銚子二本ずつの晩酌をやられるが、肴がないと御機嫌が悪いので、母は毎日の献立には少なからず苦労をされた。僕も弟や妹を背負って湖月楼まで皿を持って肴買いに行くのが実につらかった。買って来た肴が父の気に入ればヤレヤレだが、注文された品はなし、折角見計って買って来たものは気が入らず、安い物なら母が其の俣買って子供等に食べさせ他の品を買いにやらされたが、高い品であると子供等に食べさせるのは勿体ないと取換えやら返却にやらされたのは、実に堪え難いつらさであった。先方の湖月楼は料理屋で若い女も多勢居るし、女将は袋町の東屋の芸者だとか。一旦持ち帰った品を取換えに行けばよい顔計りもして居らず、殊に取り換えるべき品はなくて返却する場合には、肴が壊けて居るとか尾鰭《おびれ》が取れて居るとか運搬の小言も聞くし、たまには厭な蔭口を聞く事が、大臣参議何者ぞの抱負を持った中学生が、弟や妹を背負い尻切れ草履を穿《ハ》いて料理屋の庭に、どうか無事に取り換えて呉れと心に祈り乍ら立った時、実に身を切る様につらかった。兄は弟や妹を背負う事はなかった。此の肴買いには僕の居ない時には行かれたが、余程困った物と見え、先年英文で当時の生活の一部を記された中に此の肴買いの記事があったが、兄が取換えに行くのを拒めば祖母はソーッと臍繰りを出して買って置き、別に他の肴を買わせられたので僕程の苦痛ではなかったと思う。実際父の肴買いにはつくづく泣かされたから、どんな事があっても食べ物に気伮を言わぬつもりで居るが、さて、側の者にはそうは見えぬらしいし、又修養が足らんので六《む》か敷《し》顔もして居るらしい。先年、父の亡くなった時、此の肴買いに持って行った思い出多い和蘭《おらんだ》焼の皿を貰って帰って居間の長押にかけて置くが、どんなにつらくとも無理でも言われる父上の在世をと希う事もある。

父の晩酌は徳利二本と定めてあったが、来客でもあると喜んでいくらでもつき合いをして居られるので、よく船町の炭屋と云う酒屋へ酒を買いに走った事もある。平日は桝太と云う酒屋から酒を取って居られたが、急を要する時には炭屋で買った。正月には樽で酒を取ったので、父は上機嫌であった。此の頃の酒は上諸白《もろはく》で一升十六銭であった。父は一升位は平気で飲まれた。父の酔い潰れたのを見た事はなかったが、酔うと御機嫌の好い方であるから、何か買って貰わねばならん物があると母に頼んで特に父の好物の肴を用意し、酒を一本余計に勧め、上機嫌の時を見計らって願い出ると大抵は無事通過し、時には「ついて来い」と云って紙入れを懐に入れ、僕等をつれて町に出で、希望の品を買って下さるので、よく此の手を用いたものだ。父の事は別に改めて思い出を記す事とし、今少し食べ物の事を思い出して見よう。

朝飯は炊き立ての飯と味噌汁。町家では朝は冷飯の茶漬と聞いて居たが、家中（士族屋敷）では何処も朝飯炊きで、時によると朝夕二度炊きの事もあった。味噌汁の実は裏の畑になった野菜類であった。昼は朝の味噌汁の残りと漬物、夕は野菜の煮た物かすまし汁位のものであった。当時の総菜がどんな物であったか、暫く目をつぶって浮かび出す順に記して見よう。鯡の混布巻、揚げ豆腐と蕪の煮付、ひじきと白豆、茄子と鯣、胡蘿蔔、牛蒡の胡麻こかし、刻昆布とさつまいも、芋と棒鱈、筍と和布《わかめ》、そぎ大根と大豆、大根の梅酢漬、蕪の千枚漬、山の菜の二杯酢、油揚げと干大根、千切干しと白豆等の煮付、南瓜の塩煮、和え物では蒟蒻の白和え、ひじきの白和え、筍の木の芽和え、千石豆の味噌和え等、松蕈の味噌汁、蜆の味噌汁、河蝦いさざ、うろり、小鮎等の煮付、土筆《ツクシ》、ずいきの酢いり、うどの酢漬、蕨の二杯酢、豆腐ではすまし、奴、木の芽田楽、いり豆腐等、茄田楽、茄子の酢漬、胡瓜揉み、冬瓜の葛引き、水菜、三つ葉、芹のしたし物、大根の風呂ふき等々。

梅干と胡麻塩は大きな蓋物に入れて毎食出してあった。漬物は磯大根の浅漬、上手《カミテ》大根の沢庵漬、紅蕪漬等の外に水菜、京菜、まびき菜の当分漬、胡瓜、茄子、越瓜《しろうり》、西瓜の白皮、夏大根等の糠みそ漬があった。これをどぼ漬と云って居た。夏には越瓜や茄子の奈良漬もあったし、父の好物の茄子の辛子漬もあった。漬物は毎食大きな鉢に盛って自由に取る事にしてあったが、真ん中の良い所丈撰って取ると、母から漬物は端から取る物だと注意された。大きな身持ちの腹で漬物の重石を上げたり、漬物を氷る様な冷い水で手を真っ赤にして洗わるる母が気の毒で手伝いしようとしても、男が台所へ来るものでないと叱られた。

家族の中の誰かの誕生日とか祭礼やお正月には特別の御馳走があるので嬉しかった。又報恩講とかお十夜とか法事其の他で親類や寺へおよばれに行って御馳走になる事があった。法事のおよばれには大きな饅頭が貰えるので特に嬉しかった。花木の叔父様の結婚披露の時、子供の僕等迄一人前の膳に座って大きな饅頭を貰った事は忘れられない。祖父がお嫁様を叔母様と言わぬと饅頭を取り返すと言われ、其の日からおばさんおばさんと言った。食事の時にお行儀が悪いとおよばれに連れて行かないと嚇《おど》され、仕つけをされたものだし、又実際におよばれに釣られて子供の時から本膳の時の食べ方まで教えられた物だ。

高橋邸建家の図

本図の原図である「西馬場町高橋建屋之図」および「西馬場町高橋建屋之図（明治十三年旧家屋取縮ム）明治二十九年大洪水ニ付移転売却ス」（神谷尚子所蔵）は高橋敬吉が幼少時の高橋家の間取りを思い起こし描いたものである。本図は原図および神谷家所蔵文書類をもとづきヤスザワ設計事務所所長安澤邦彦氏に作成をお願いしたものである。

建築当初の推測図

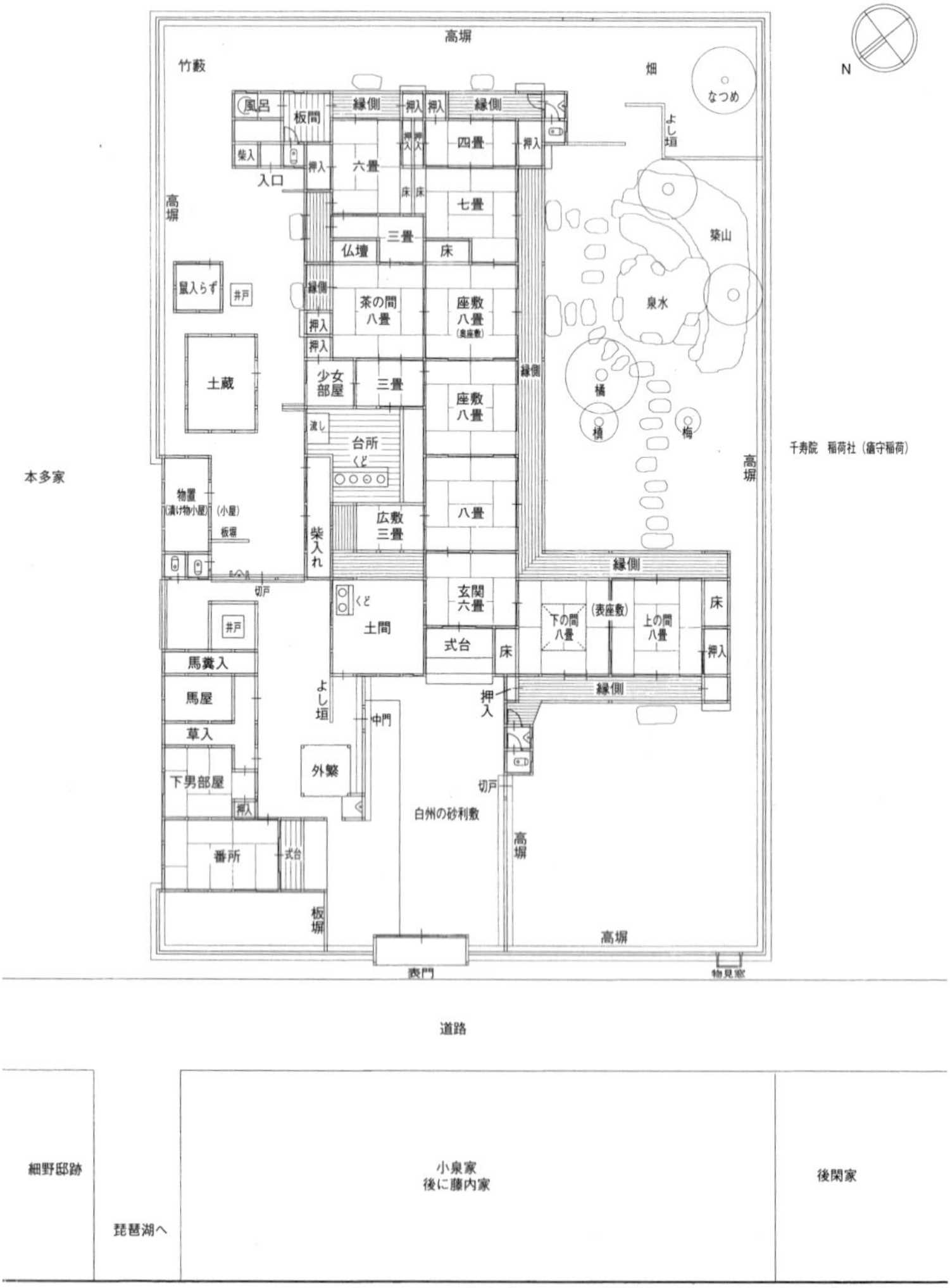

高塀
竹藪
畑
なつめ
N
よし垣
風呂
板間
縁側
押入
四畳
柴入
六畳
入口
床
七畳
築山
三畳
仏壇
鼠入らず
井戸
茶の間 八畳
座敷 八畳 (表座敷)
泉水
土蔵
少女部屋
座敷 八畳
橘
槙
梅
流し
台所
くど
千寿院　稲荷社（鎮守稲荷）
本多家
物置 (漬け物小屋)
(小屋)
板塀
八畳
広敷 三畳
柴入れ
切戸
玄関 六畳
下の間 八畳
(表座敷)
上の間 八畳
土間
式台
馬糞入
馬屋
中門
草入
外繋
下男部屋
白州の砂利敷
番所
表門
物見窓
道路
細野邸跡
小泉家
後に藤内家
後閑家
琵琶湖へ

隠居部屋増築時

高塀
切戸
竹藪
畑
なつめ
N
風呂
板間
縁側
押入
押入
縁側
四畳
押入
六畳
柴入
入口
よし垣
よし垣
七畳
松
築山
三畳
仏壇
床
鼠入らず
井戸
縁側
茶の間
八畳
座敷
八畳
(奥座敷)
泉水
松
押入
押入
土蔵
少女
部屋
三畳
座敷
八畳
橘
松
よし垣
梅
流し
台所
くど
四畳
入口
本多家
縁側
高塀
千寿院　稲荷社（瘡守稲荷）
物置
(漬け物小屋)
六畳
入口
広敷
三畳
四畳
板間
押入
(祖父母の隠居部屋)
八畳
床
押入
柴入れ
板塀
中床
切戸
くど
玄関
六畳
井戸
(表座敷)
下の間
八畳
上の間
八畳
床
押入
土間
式台
床
馬糞入
よし垣
入口
押入
縁側
押入
馬屋
中門
草入
外繋
下男部屋
切戸
押入
白州の砂利敷
番所
式台
高塀
板塀
高塀
表門
物見窓
道路
細野邸跡
琵琶湖へ
小泉家
後に藤内家
後閑家

明治13年以降

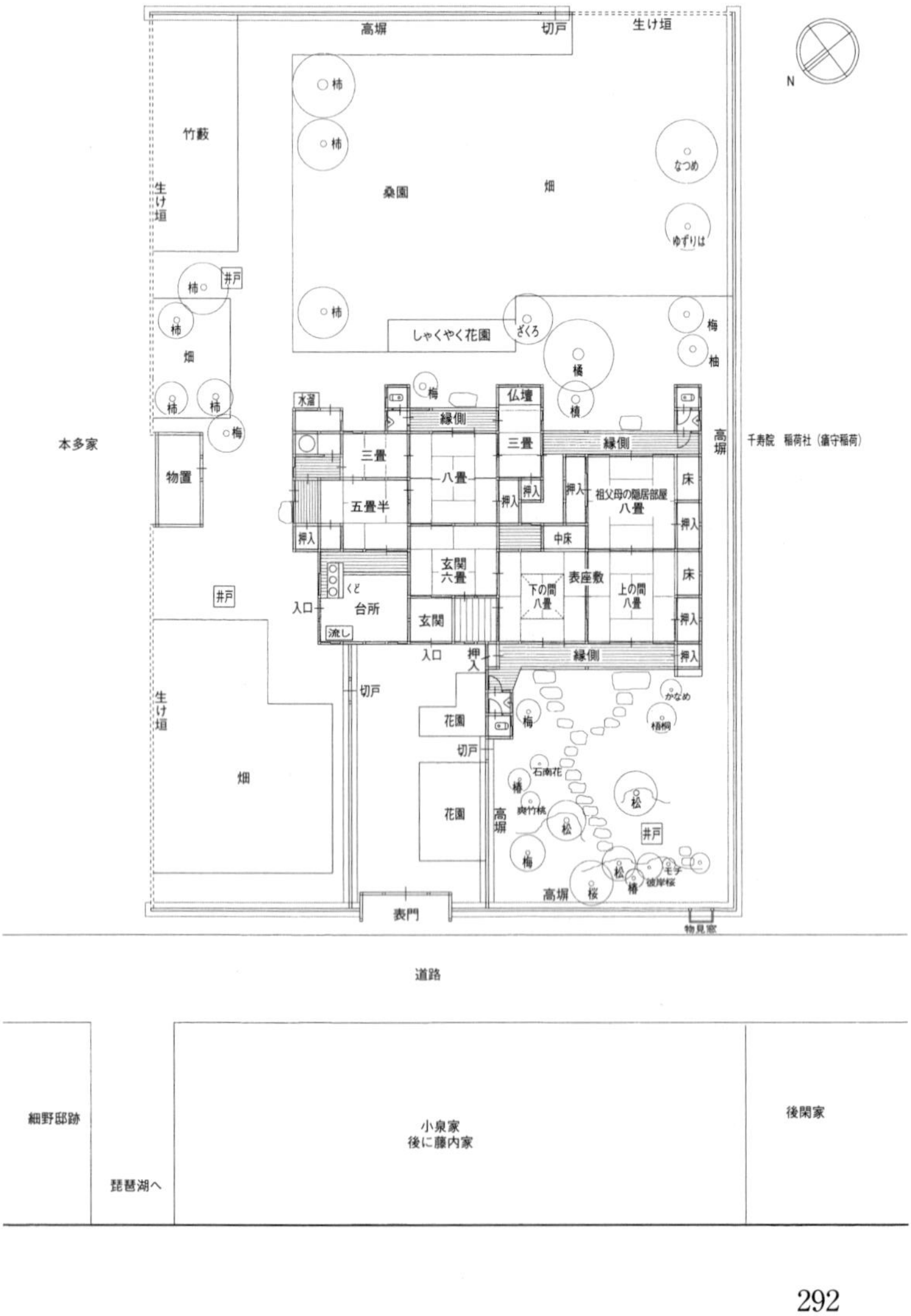

N
高塀
切戸
生け垣
竹藪
生け垣
桑園
畑
柿
柿
柿
なつめ
ゆずりは
井戸
柿
柿
畑
柿
柿
梅
しゃくやく花園
ざくろ
梅
柚
橘
槙
梅
水溜
仏壇
縁側
三畳
縁側
高塀
千寿院　稲荷社（鎮守稲荷）
本多家
物置
三畳
八畳
押入
押入
押入
祖父母の隠居部屋
八畳
床
押入
五畳半
押入
中床
玄関
六畳
表座敷
下の間
八畳
上の間
八畳
床
押入
くど
入口
台所
井戸
流し
玄関
入口
押入
縁側
押入
かなめ
梧桐
梅
切戸
生け垣
花園
切戸
石南花
椿
夾竹桃
松
松
高塀
花園
畑
井戸
梅
松
モチ
椿
彼岸桜
高塀
桜
表門
物見窓
道路
細野邸跡
小泉家
後に藤内家
後閑家
琵琶湖へ

解説　武士の児・高橋敬吉と彦根

昭和二八年三月一日付けの中部日本新聞（現、中日新聞）は『珍しい武家屋敷の風習　彦根の高橋翁が千頁の記録完成』という見出しで以下の記事を掲載している。

「彦根市松原町井伊直愛さん方の高橋敬吉翁（七九）は数十年前の彦根藩の武家屋敷で行われた年中行事を記録することを思い立ち終戦以来毎日書きつづけて、このほど約千ページ、三十四万字におよぶ珍しい文献を八年ぶりで完成した。

　これは祖父新五左衛門行敬さんが彦根城主の大老井伊直弼のお側用人で四百五十石取の武士だったところから、その当時子供の高橋翁が昔をしのび、見たこと、きいたこと、行ったことなどを思い出して〝幼時の思い出〟〝小学校時代の思い出〟〝耳底に残る思い出〟〝彦根の年中行事〟という四項目にわけてしたためたもの。」

記事には敬吉自身によるコメントがあり、

「彦根は城下町だけにほかにはない行事もあるのでこれを永く伝えるつもりで書きはじめたものです」

と語っている。

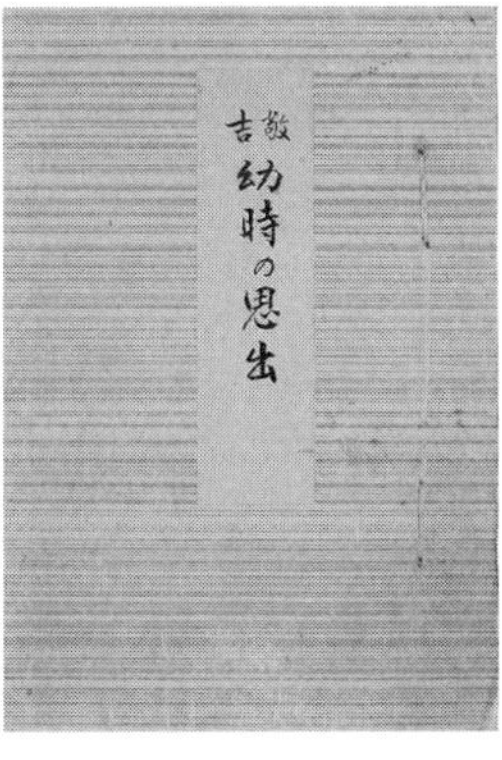

これらの草稿類は敬吉の死後、長男義雄の長女尚子（慶應義塾大学名誉教授神谷傳造の妻）の手元に保管されており、本書はその内、草稿をまとめる形で敬吉自身が製本した『幼時の思い出』全文（原題、『幼時の思ひ出　附我が家の年中行事』ただし、一部割愛）と草稿の一つ『吾が家の思い出』（原題、『吾家の思ひ出』）の抄訳を収載したものである。以下、著者である高橋敬吉の生い立ちを紹介し、本書の解説に代えておこう。

敬吉自身の手による「高橋家系図」（神谷尚子所蔵）によれば、高橋家は小田原北條氏に仕え、上野国甘楽郡上丹生村（現、群馬県富岡市上丹生）を本拠とする武士であった。その後慶長九（一六〇四）年、「元祖」高橋次郎右衛門宗春が井伊直孝に仕え、彦根領内に知行二〇〇石を得、慶長二〇年以降彦根に居を移している。二代新五左衛門重行は槍術、弓術の達人であったと伝え、その後高橋家は日置《へき》流弓術の師範として代々その名跡を継ぐことになる。敬吉が明治の半ばごろの高橋邸を追想した中にも「（表座敷の）下の室の天井が中央で一坪程特に高くしてあった。これは僕の家は代々日置流の弓術師範で、弟子共が集って此の座敷で巻藁を射たので弓の障らぬ様に天井が高くしてあったし、下の座敷の柱は一面に凹穴で痘痕《あばた》面の様にデコデコであった。これは弦をかける時、弓をあてる為であった」（『吾が家の思い出』）とその名残があったことを伝えている。なお、この二代目以降、敬吉の伯父にあたる八代新五左衛門作十郎に至るまで代々「新五左衛門」の名を継いでいる。

敬吉の祖父にあたる七代重敬は直中・直亮・直弼・直憲の四人の藩主に仕え、特に直弼の代に表

彦根士族屋敷図（昭和17年写　彦根市立図書館蔵）
彦根の城下町全体を描いた絵図の写。享保20年（1735）から宝暦元年（1751）までの景観と考えられる。

用人、北筋奉行として活躍し、知行四〇〇石役料五〇俵の堂々たる中級武士として藩政に参与している。敬吉が少年期を過ごした馬場町の屋敷に本来家格に合わない幅二間の大門があり、お白洲や留置小屋があったのも高橋家が役宅として藩の奉行所としての役割を担っていたからのようだ。また、その次弟、四弟は他家を継ぎ、三人が時には重なり、また相前後して奉行職に就いている。さらに三弟は槍術師範として別家を建てており、この頃が高橋家の絶頂期であった。

敬吉の父要《もとむ》は重敬の四男として生まれ、長兄である作十郎の死により家督を継ぎ、間もなく維新を迎えている。明治五年に学制が発布され、各地で初等教育が実施されるにあたり、同八年、要は士族の中から選抜され、彦根で開校された百日伝習所に通い、訓導の免状を得る。そして、二十代半ばで西馬場町にあった彦根第二区初葉《しょよう》の小学校の校長を務めている。要は校長就任後も研鑽を重ね、外国人について英語を学ぶなど新知識の導入にも意欲的で、二区の教育・衛生等を議する会議の議長も務めていた。要がいつ頃まで教育者として活躍していたのかは不明だが、晩年は旧井伊家下屋敷松原千松館の家職として井伊家の家政を守っている。

敬吉の母種の父親である花木伝之丞は藩内での家格こそ低かったものの維新後はその才を認められ、県の権参次などの要職に就き、高橋家に比べ、当時の暮らし向きは悪くなかったようだ。伝之丞は早くに両親をなくし、同役の田中惣右衛門家に預けられている。後に書家として一家をなす日下部鳴鶴は田中家の次男であり、伝之丞と鳴鶴とは兄弟のように育ったという。ちなみに花木家・田中家・日下部家ともに藩校弘道館素読方を務めており、このような伝統が鳴鶴を生み、母種を通じて敬吉にも伝わったのだろう。

彦根は西国大名の監視と禁裏守護の大役を負う譜代筆頭井伊家三十五万石の城下町として江戸時代を通じて繁栄してきた都市である。しかし、第一三代藩主井伊直弼の遭難とそれに続く明治維新の混乱の中で彦根はその政治的、経済的な存立基盤を失い、本書の描く明治半ばごろにはいまだ混沌の中にあった。江戸に行けば井伊家が何とかしてくれると家屋敷を売り払った代金を持って東京へ向った上級藩士も少なくなかったと伝え、当時彦根の中心部は空き家が多く、荒果てていたという。また、幕末の岡本半助（黄石）を中心とした佐幕から勤皇への藩論変更の中で、維新後、伝之丞や鳴鶴のような能力のある下級藩士が官吏登用や商人への転身などに活路を見出したのに対して、高橋家のような中級武士はかえって身の処し所がなく、その生活は困窮の度合いを深めるばかりであった。

井伊直弼遭難後、表向きには自粛することになっていた雛節句に対する高橋家と花木家の対応の違い（「雛祭」『幼時の思い出』）、また両家の風呂の構造の違いに対する強弁とも取れる祖母の言葉（「夏休み中の家事の手伝い」同）などに高橋家の花木家に対する中級武士としてのプライドと経済的なコンプレックスを読み取ることもできよう。その一方、寒稽古や節分の行事、屋敷の建て替えなどに関する記述からは地域の文明開化の担い手であった要の近代的合理精神もうかがわれ、それらが敬吉の人格形成にも大きな影響を与えている。

なお、祖母兼は祖父重敬の四人目の妻であり、要にとっては継母になる。維新後、兼の生家の関係で高橋家が大きな借財を背負った（「債鬼」同）という経緯もあり、祖母ならびに祖母が贔屓する長兄行次に関する記述には敬吉の微妙な感情がうかがえる。

敬吉は明治七（一八七四）年、父高橋要、母種の九人兄弟の次男として現在の滋賀県彦根市西馬場町に生まれている。男兄弟には二歳上に兄行次、四歳下に弟正三（三歳にて早世）、一〇歳下に弟祐治がおり、ほかはすべて妹であった。活発な性格であった敬吉は高橋家にとって貴重な男手であり、特に子守は敬吉の大切な役割の一つとなっていた。なお、敬吉の幼年時代には祖父重敬（明治一五年八四歳没）、祖母兼（明治二一年六三歳没）も健在であった。

明治一二年正月、敬吉は数え年六歳で初葉小学校に入学する。初葉小学校の校舎は井伊直弼の用人として活躍し、桜田門外の変後、責めを負って斬刑に処された宇津木六之丞の屋敷跡を改造したもので、高橋家の九軒北に位置していた。当時、何歳からの入学という決まりはなかったようだがかなり早い入学であったようで「学校中で一番小さく腰掛にかける事が出来ず、かけても足がブラヽヽして床に達せぬので、先生はみかん箱を持って来て机の下に入れ足の台にして下さった」（『小学校時代の思ひ出』）と敬吉の回想にある。この頃、彦根の学区は十区に分かれており、初葉小学校のある第二区は西馬場町・西ヶ原・観音堂筋・西中島・東中島・薬屋町・円常寺町、石ヶ崎町、内船町と松原村とで、石ヶ崎町・内船町の大部分は商工業、松原村が

写真　後列右より　敬吉　（妹）きく　（父）要　（兄）行次　前列右より　（妹）棄與　（母）種　（兄嫁）茂枝　（おい）進一・隆二　明治42年撮影

農漁村でその他は士族町であり、言語も風俗も相当の相違があったようだ。

小学校卒業後、滋賀県立尋常中学校（現、滋賀県立彦根東高等学校）に入学。二学年上に兄行次がおり、当時、高橋家の生活は決して豊かではなかったようだが、

「貧乏したからとて子供に学問をさせなかったら一生士族の頭を上げるときがない。苦しい中を通学させるのだから、不自由を我慢して決して他人を羨まず、一生懸命に勉強しなさい」（「債鬼」『幼時の思い出』）

との両親の意向もあり、兄弟二人が中学校に通っている。

ちなみに敬吉のコレクターとしての第一歩はこの当時に始まっている。『趣味大観』（昭和一〇年、趣味の人社）によれば「最初の蒐集は昆虫の標本であって、中学時代其蒐集は多数なると共に多方面に亙り、当時一外国人より之を三百円にて譲渡すべく懇請されたが売り渡さなかった」という挿話が記されている。一般の月給が二〇円前後であったことを考えると当時の三〇〇円は相当な高額であり、収集品の質の高さがうかがわれる。

明治二七年、二〇歳のときに第六期生として卒業。その後、彦根高等小学校で教鞭をとったのち、明治二九年、滋賀県蚕糸業組合立簡易蚕業学校（現、滋賀県立長浜農業高等学校）の創設に教員としてかかわっている。創設期の功績を顕彰するためなのだろう、長浜農業高等学校校長室には歴代校長の肖像の中に初代宮原校長に続いて「理化教師高橋敬吉」の肖像が今も掲げられている。

その後、明治三三年ごろ、佐賀県唐津の中学校に赴任、次いで福岡県立東筑中学校に転任する。同四〇年に上京、嘉納治五郎が創設した中国人留学生の教育機関宏文学院の教師などを経て、明治

四一年六月、中学校卒業時の校長今井恒郎が開設した東京の私立日本済美学校に中学の理科の教員として迎えられる。

明治四〇年創設の日本済美学校はその後教育界の大きな潮流となる大正自由教育運動の先駆といわれた学校である。当時としては辺鄙な片田舎であった豊多摩郡和田堀村大字堀ノ内（現、杉並区堀ノ内）に広大な校舎を構え、「直・剛・大」のスローガンのもと、人格の陶冶をテーマに全寮制の博愛教育を実践した。

創設初期の講師・教員陣には哲学の北沢定吉や宮内黙三、後に敬吉との縁で直弼の茶湯の研究を行うことになる奥田正造、歴史学の藤塚隣、画家の三宅克己、音楽家の中島六郎などの錚々たるメンバーが名を連ねている。今井が敬吉をこの学校の理科の教員として招くにいたった経緯は省くが敬吉の見識とともに学識の高さが評価されていたことがうかがえよう。

敬吉は学校内の職員住宅に居を移し、宮内、奥田、藤塚らの初期教員とともに、寮生たちの訓導を行いながら充実した生活を行っていた。ただし、俸給は少なかったらしく、美恵婦人が裁縫などの内職で家計を助けている。明治四二年一月には長男義雄が誕生。その後も婦人との間に二人の男子に恵まれている。

大正四（一九一五）年四月一〇日、敬吉は井伊家当主直忠の懇望により当時七歳であった直愛・直弘の双子の兄弟の家庭教師兼伝育主任として井伊家に入り、日本済美学校を去ることになる。そ

昭和9年4月19日、大学卒業に際して。左より、井伊直愛、高橋敬吉、井伊直弘

のいきさつについては敬吉は『髭の思い出』の中で、

「此の二年程前から伯爵は時々済美学校へお出でになり、私の宅で御携帯の御弁当を召上ったりお昼をなさったり、茶を召さる事もあった。私の方からは旧藩主であり乍ら、一度も参候もせぬにと恐縮して居った。それから玉川の鮎漁に御案内になったり、彦根にお伴して富士屋に会食する事もあったし、内証で奥へ候う事もあった。私は試験されて居るとは気がつかなかったが後から考えると二年の間人物詮衡試験をされて居たのであった」

と記している。

学校への交渉は井伊家が行い、今井は後に「片腕折られた」と語っていたという。

当時の井伊家本邸は東京市麹町区一番町にあり、約三〇〇〇坪の敷地内には宏壮な御殿や専用の能舞台、庭園のほかに井伊家家職他の役宅八軒があり、敬吉は長屋門となっている東御門北側の一角に居を構えることになる。

大正一一年、敬吉は三田平凡寺（林蔵）を盟主とする趣味家集団「我楽他宗」に参加する。我楽他宗は大正中ごろから昭和初期にかけて一世を風靡した収集趣味家・好事家たちの交遊会で、寺号を雅号として名乗る習わしであった。敬吉も「玩雪山狗佛寺」と号し、後に第五番札所として主要メンバーの一人となる。なお、本文章においてもこれ以降、「敬吉」あらため「狗佛」と呼ばせていただこう。

昭和戦前期における郷土玩具研究のリーダー的存在であり、第四番札所與太山玩狐寺と号して我楽他宗の有力メンバーでもあった有坂與太郎は、昭和一八年、往時の我楽他宗を振り返り、「趣味団体として大正期に覇をなしたものはなんと云っても我楽他宗であって、同宗に加盟すると否とによって所謂《いわゆる》趣味家としての価値が定められるかの如く信じられていた。」（「あの頃」『鯛車』六三号、昭和一八年三月一日、日本民族玩具協会）

主要メンバーには有坂のほか、福井松平家当主松平康荘、米国の民俗学者フレデリック・スタール、書誌や蔵書票の研究者として著名な齋藤昌三、収集家・孔版画家として評価の高い鳥取の板佑生や猫をテーマにした作品を作り続けた河村目呂二、ユニークな作品で知られる彫刻家の陽咸二らの芸術家、そして東京の宮崎線外、小澤一蛙、名古屋の濱島静波、京都の田中緑紅、大阪の蘆田止水などの全国の趣味家、さらにはインド貴族のG・C・シング、チェコの建築家アントニー・レイモンド夫妻など多彩な顔ぶれのメンバーが参加していた。

趣味家としての狗佛とそのコレクションについては「高橋敬吉とそのコレクションについて」(『HIKONE TOWN MUSEUM 高橋狗佛コレクション』図録、平成十九年)をご参照願うとして、彼ら一流の趣味家や文化人との交流を通じて狗佛は民俗学的興味と知識を深めていったと思われる。昭和五年ころから『旅と伝説』などの雑誌に相次いで寄稿し、犬の玩具に関する第一人者として広く知られるようになっていった。

昭和十九年、狗佛は井伊家の継嗣であり教え子でもある直愛夫妻とともに帰郷し、彦根市松原の井伊家別邸に居を移す。戦後は東京大学史料編纂所が行った井伊家文書の編纂事業に協力し、戦前の皇国史観のなかで誤解されることの多かった井伊直弼の事績を明らかにするため、古文書の解読に全精力を傾けた。

「翁は戦前に誤り伝えられていた大老の信実の姿を伝えるためにはと、難解な文字の連ねてあるこれらの古文書と取組み、一日に四百字詰原稿用紙に三十枚も現代文に書き改める労作を続けていた、この仕事は高橋さんでなければ出来ないことだけに体力以上の精力を費やしたらしく、これが翁の死期を早めたといわれているほど。」(「故高橋敬吉翁のことども」『滋賀新聞』昭和二八年三月五日付)

あわせて帰郷後に取り組んでいたのが記憶に残る往時の彦根の様子を書き記すことだった。ただし、回想録的なものは戦前から書き始めていたらしく、書き溜めた文章を夕食後の家族団欒の時に披露することもあったという。帰郷後は積極的に友人知人と交わり、より正確を期すための聞き取り調査も怠らなかった。草稿『耳底に残る思ひ出』では一一番までしか記されていない「鬼債ない」の歌詞が本書では一六番まで記されているなど推敲のあとは多々見られ、狗佛の並々ならぬ努力のあとが見られる。

当代を代表する文化人の一人であった狗佛がその博物学的探求心と民俗学的知識、そして誇り高き郷土愛をベースに、明治一〇年代から二〇年代の彦根の風俗と維新後の武家の生活を活き活きと、かつ精緻に綴った本書は一流の民俗誌と言ってよいだろう。

昭和二八年三月二日、冒頭の新聞記事が記録の完成を伝えた翌日、狗佛は七九歳の生涯を閉じる。最期の仕事を終えた安堵ゆえであろうか、まるで眠るように穏やかな死であったという。

明治維新という未曾有の変革の中で、井伊家三五万石の城下町彦根は迫り来る新しき時代のうねりに洗われ、やがて地方の一都市へと姿を変えていく。狗佛が描き出そうとしたのは、まさにそのうねりの中で武士の児・敬吉の眼に映った城下町彦根の落日の如き豊かさと、その時代を生きた貧しくも美しき人々の姿であった。そしてそれは同時に、見えない明日に向ってまっすぐに生きていた、かつての狗佛自身の姿でもあったのである。

本書作成に際し、所蔵の文書等をご提供いただき、出版をご承諾いただいた神谷傳造・尚子夫妻ならびに一居篤・明子夫妻をはじめとする一族の皆様に感謝申し上げる。また、彦根市史編纂室の井伊岳夫氏（井伊家当主）、彦根市立図書館の木村純子氏、巻末の「高橋家見取図」をご作成いただいた安澤邦彦氏をはじめ多くの方々から多大なご協力を頂戴した。

最後になるが本書の出版をご快諾いただいたサンライズ出版社長岩根順子氏をはじめとするスタッフの皆様にこころよりの感謝を申しあげ、本書の解説に代えたい。

（藤野　滋）

参考資料　昭和二八年三月三日　高橋敬吉葬儀に際して

弔辞

謹んで高橋敬吉先生の御霊に申し上げます。

ＮＨＫの放送企画による「櫻田の変の追憶を語る対談」が録音されると云うので、本館でも之を同時に録音する計画を立て、それについて電話で御打合せをしたのは、三月一日のことでありました。一夜明けての昨日、俄かに先生の訃を知り「しまった！」の一言、萬感をこめて叫ばずにはいられませんでした。

長い冬籠りからやっと開放されたので、かねて御約束した通り本館が集めた民謡の録音を聞いていただこう、先生の幼少時代の民謡も録音さしていただこうと待ちに待ったそのことが遂に出来なかった。先生が克明に記録された彦根地方の民俗資料の出版計画も御許しを得ないままである。御寄贈下すった全国郷土玩具の目録も未だ手がつかない。あれやこれやと口惜しいことばかりでございます。私共の努力の足りなかった点、何とも御詫びの申し上げようがございません。

顧りみまするに、先生と本館との因縁は誠に浅からず、昭和十九年、先生の兄君に當る故高橋行次氏が彦根藩士系図、明治四年調戸籍、江左三郡録、彦根歌人傳等六十七点の史料を寄附せられ、先生御自身は昭和二十年、約三千点の玩具を寄附せられました。之は聞く所によると二千四百点に及ぶ玩具を大正十二年の大震災でことごとく烏有に歸せられた後で、二十年にわたって集められたという苦心のコレクションで、本館としては二萬余冊の琴堂文庫と共に、最も誇りとする所、全国的に喧傳されている有力資料であります。

その他井伊大老史實研究会、彦根史談会等にあって史実探求に努められ、郷土のために老の身も厭はれぬ逞ましい意欲は「明治初期を中心とする彦根地方の民族資料」の厖大な原稿となって結実し、或は又、直弼公に関する井伊家文書を一日三十枚の割で翻訳浄書するという、全く超人的な御仕事振りにも現れておりました。フランスの紳士と噂された程、物軟らかで、明朗で、気高い御風貌の何處からその様な力を量り得ましょう。

思い出しても微笑ましい。御名刺には「井伊家居候」肩書をつけられ「井伊家に居り候」と讀むんですと説明されたことがありました。時には上品な猥談を弄されることもありました。内剛外柔、天衣無縫。第一級の文化人とは正に先生の如くでなければならない。

忽然として先生を失い、私共市民の深い悲しみと名残り惜しさは、今ここで何度くり返しても、くり返しても永く消え去りません。どうか先生、後輩の揺がぬ指標となり、御導き下さるようひたすら御願い申し上げる次第でございます。

いささか蕪辞をつらねて御霊前に捧げます。

昭和二十八年三月三日　櫻田の変の記念日に

彦根市立図書館長　西田繁三

高橋敬吉年譜　A Biography of Takahashi Kubutsuji

年		年齢	内　　容
1874	明治7年	0	10月9日（戸籍上は10日）彦根初葉小学校校長高橋要の次男として彦根町西馬場にて誕生。母花木氏。祖父七代新五左衛門行敬は維新前、400石取りの彦根藩側役であった 彦根尋常高等小学校卒
1895	明治26年		今井恒郎、滋賀県尋常中学校（現、彦根東高等学校）校長となる（26.9月-30.1月）
1896	明治27年	20	滋賀県尋常中学校卒（第6回16名）、2期上に兄・行次がいた
1897	明治28年	21	彦根高等小学校にて教鞭をとる
1898	明治29年	22	滋賀県蚕糸業組合立簡易蚕業学校（後に県立滋賀県農学校、現・長浜農業高等学校）に奉職、教鞭をとる
1897	明治30年	23	校長以下5名の教員の一人として在籍 髭を生やし始める
1900	明治33年	26	佐賀県唐津の中学校に赴任
1901	明治34年	27	6月、福岡県立東筑中学校（現、東筑高等学校）に転任 水産試験場にて河豚毒の研究を行う
1905	明治38年	31	6月、長浜出身の美恵と結婚。10月、入籍
1907	明治40年	33	1月、男子武雄誕生、2月武雄死亡、妻美恵悲嘆にくれる。当時、遠賀郡折尾村（現、北九州市）浅川温泉緑樹園に住い 9月、東筑中学校退職、10月、東京に移る 教育機械標本製作会社山越製作所の副支配人となる。当時、東京市下谷區徒町山越製作所に住い
1908	明治41年	34	嘉納治五郎が創設した宏文学院に奉職し、中国人留学生の教育を行う 6月、今井恒郎の懇望により東京の日本済美学校（大正自由教育運動の魁）に中学の理科の教師として迎えられる。東京府下豊多摩郡和田堀村日本済美學校内職員住宅に住い
1909	明治42年	35	1月、長浜にて長男義雄誕生
1910	明治43年		井伊直愛、正弘（直弘）兄弟誕生
	大正2年頃		井伊直忠の訪問を受ける
1915	大正4年	41	4月10日、井伊直愛、直弘の教育係「伝育主任」となり、東京市麹町区一番町24（現、千代田区三番町）の井伊家本邸敷地内宿舎に入る 11月、次男信誕生

1920	大正９年	46	２月、三男篤誕生
1921	大正10年	47	２月、慣れない屋敷暮らしに神経衰弱となり、玩具と出会って癒され、玩具収集を始める 夏、東北地方へ旅行（20余日間）
1922	大正11年	48	１月18日、三田平凡寺の主催する趣味家集団「我楽他宗」に参加。誓三寺（森青山）派「狗佛寺」と号する 春、四国中国地方へ旅行 夏土用、北陸山陰地方へ旅行 『趣味と平凡11,12,13』誌（10.15発行）に「寶印會の五分間演説」「犬の喧嘩」「玩具行脚」寄稿
1923	大正12年	49	１月５日、『東京日日新聞』に「探犬旅行の狗佛寺の住職」記事掲載。この時点で犬の玩具400数十点 『趣味と平凡17』誌（3.18発行）に「狗佛寺の灰色整理」寄稿 『趣味と平凡18,19,20』誌（8.27発行）に「我樂他宗提灯奉納賦樂々々有歡會の記」寄稿 この頃より札所に昇格し、第二十九番「頑拙山狗佛寺」と号する 住所地番が24から23に変更、屋敷内で転居か ８月、九州地方へ旅行 この頃までに玩具コレクションは2,400種あまりとなる。しかし、９月１日に発生した関東大震災に被災し、コレクションのすべてを失う 住いを東京府下代々幡町幡ヶ谷283に移す この冬、関西・四国方面に旅行 12月９日、震災後の報告会「世美快弄會」開催、狗佛は再収集を宣言
1924	大正13年	50	６月、札所番号と山号が変更になり、第五番札所「玩雪山狗佛寺」と号する 『趣味と平凡22』誌（9.25発行）に「震災後の我樂他宗　世美快弄會（上篇）」執筆。報告会における自身の報告も記載
1925	大正14年	51	１月４日、「我樂他宗七福神詣」が行われ毘沙門天札所・狗佛寺として賑わう 我楽他宗参加後、この年の３月15日までに三田平凡寺への参拝数は55回を数える

1926	大正15年	52	2月18日、日本放送協会（NHK）の「ラヂオ講演趣味講座」にて「玩具の話」を放送。趣味としての玩具収集がマスコミで放送された嚆矢となる。この時点で犬の玩具を中心に500種集まる 3月2日、成蹊女学校にて講演「家庭の趣味」を行う 『趣味と平凡25』誌（4.21発行）に「蒐集に因み各寺上人の見立て」寄稿 『趣味と平凡26』誌（6.25発行）に「昇陽山鵄歓寺上人自九歐州帰朝　歌六敬意會の記」寄稿 12月、同地2-354に引越し
1929	昭和4年	55	2月18日、『趣味講座（第四篇第一輯）』発行。高橋狗佛寺「玩具の話」収載 夏、北海道旅行
1930	昭和5年	56	1月16日、「玩雪會」開催、参加者20数名 『旅と傳説』3月号に「郷土玩具をたづねて」寄稿 3月15-17日、東京三越にて犬の展覧会開催、狗狆庵・愛犬寺と三者で玩具を出展 『趣味と平凡27』誌（12.30発行）に「家庭の趣味」寄稿
1931	昭和6年	57	直愛・直弘兄弟東京大学に入学
1932	昭和7年	58	『旅と傳説』11月号に「犬の玩具の傳説と信仰」寄稿
1933	昭和8年	59	この年の暮れまでで平凡寺参詣回数145回（「我楽他宗寶」180号） 『郷土玩具』5月号に「達磨を買ふの記」寄稿
1934	昭和9年	60	『郷土玩具大全』（1.25発行）に「犬の玩具の傳説と信仰」（『旅と傳説』誌に寄稿）収載 犬の研究社『犬の研究』新年号に「我が狗佛堂に安置する　犬の玩具の開帳」寄稿 帝國工藝社『帝國工藝』1～2月号に「犬の玩具につきて」寄稿 ジャパントラベルビューロー『ツーリスト』2月号に「犬の玩具をたづねて」寄稿
1939	昭和14年	65	3月、長男義雄水交社にて挙式
1940	昭和15年	66	1月、妻美恵死去（60歳）。主人に倣って集めた貯金玉コレクションは750個 11月、世田谷豪徳寺井伊家墓地門前に墓碑建立 11月、初孫尚子誕生

1943	昭和18年	69	渋谷区幡ヶ谷本町 2 -354（『郷玩文化協会会員名簿』）
1944	昭和19年	70	震災後に収集したコレクション3,000点（内、海外のもの200点）を彦根市立図書館に寄贈。当時の図書館長が東京の居宅まで受け取りに赴く
1945	昭和20年	71	5月、井伊家の彦根転居に伴い彦根市東栄町 7 丁目27北村愛方に居を移す。当時、長男は海軍軍人として戦地に、次男は官吏として静岡におり、三男との二人暮らしであった
1946	昭和21年	72	1月、市内四番町73- 5 へ転居 5月、三男篤が長浜の一居家の養子となり、一人暮らしとなる。その後、居を市内松原の井伊家下屋敷千松館に移す 井伊家に残る古文書を400字詰原稿用紙に一日30枚近く現代文に書き改める作業を行う 消化器疾患を患う
1953	昭和28年	79	2月、幼児の思出、小學校時代の思出、耳底に残る昔の思出、彦根の年中行事という 4 項目に分けた約 1 千頁、34万字にのぼる文献を完成 3月 2 日、死去。死因は心筋梗塞 3月3日、彦根松原千松館にて告別式 世田谷豪徳寺の井伊家墓地門前に眠る

参考文献ならびに資料一覧

【高橋狗佛著述】

狗佛寺「寶印會の五分間演説」『趣味と平凡』第一一・一二・一三号倍々大号　一九二二年一〇月一五日

狗佛寺「犬の喧嘩」『趣味と平凡』第一一・一二・一三号倍々大号　一九二二年一〇月一五日

狗佛寺「玩具行脚」『趣味と平凡』第一一・一二・一三号倍々大号　一九二二年一〇月一五日

狗佛寺「狗佛寺の灰色整理」『趣味と平凡』第一七号　一九二三年三月一八日

狗佛寺「我楽他宗提燈奉納賦樂ゝゝ有歓會の記」『趣味と平凡』第一八・一九・二〇合併号　一九二三年八月二七日

狗佛寺「震災後の我樂他宗　世美快弄會」『趣味と平凡』第二二号　一九二四年九月二五日

狗佛寺「舊集に因み各寺上人の見立」『趣味と平凡』第二五号　一九二六年四月二一日

狗佛寺上人口演「感遠誌」『趣味と平凡』第二六号　一九二六年六月二五日

狗佛寺「昇陽山鴉歓寺上人自欧州帰朝　歌六敬意會の記」『趣味と平凡』第二六号　一九二六年六月二五日

高橋狗佛寺「玩具の話」『ラヂオ講演　趣味講座　第四巻』　一九二九年二月一八日　北隆館

高橋狗佛「郷土玩具たづねて」『旅と傳説』三月第三郷土玩具號　一九三〇年三月一日　三元社

玩雪山狗佛兒「家庭の趣味」『趣味と平凡』第二七号　一九三〇年一二月三〇日

高橋狗佛「犬の玩具の傳説と信仰」『旅と傳説』第五年十一月第五郷土玩具號　一九三二年一一

月一日　三元社
（同上再録。高橋狗佛「犬の玩具の傳説と信仰」『郷土玩具大全』　一九三四年一月二五日　一誠社）
高橋狗佛「達磨を買ふの記」『郷土玩具』第一巻第五號　一九三三年五月一日　建設社
高橋狗佛「我が狗佛堂に安置する　犬の玩具の開帳」『犬の研究』第二巻第一号　一九三四年一月　犬の研究社
高橋狗佛「犬の玩具につきて」『帝国工藝』　一九三四年一月・二月　帝国工藝會
高橋狗佛「犬の玩具をたづねて」『ツーリスト』第二二年第二号　一九三四年二月　ジャパン・ツーリスト・ビューロー

【高橋狗佛関係報道資料】
「集めたオモチャ　内外・五千四百点　喜壽の祝を迎えた高橋翁」『中部日本新聞』一九五〇年五月八日夕刊
「珍しい武家屋敷の風習　彦根の高橋翁が千頁の記録完成」『中部日本新聞』一九五三年三月一日
「郷土史の生字引　高橋敬吉翁逝く」『滋賀新聞』一九五三年三月三日
「生きていた郷土史　毎日古文書と取組む　故高橋敬吉翁のことども」『滋賀新聞』一九五三年三月五日
「財政難で仕事山積　恥しい　彦根圖書館白書」『滋賀新聞』一九五三年三月五日
「乏しい予算に悩み　高橋翁のコレクション　玩具三〇〇〇点が居眠り　彦根図書館」『京都新

聞』一九五三年三月七日
「埋もれたま丶　故高橋敬吉翁の貴重なコレクション」『滋賀新聞』一九五三年三月七日

【井伊家・高橋家関係】

「高橋家系図」高橋敬吉作成
神谷傳造家所蔵アルバム
一居篤家所蔵アルバム
井伊正弘『わが感懐を—井伊家の歴史と幼児の思い出など—』一九八五年一二月二二日　車イス自立センターAYA工房
井伊正弘『生涯の思い出』二〇〇四年一二月一九日　サンライズ出版
滋賀県立彦根東高等学校金亀会『創立一三〇周年記念　金亀会会員名簿　平成一八年編』二〇〇六年二月二五日
滋賀県立長浜農業学校創立百周年記念事業実行委員会百年史編纂部会『長農百年史』一九九九年三月
彦根城博物館編『彦根藩資料叢書　侍中由緒帳　4』一九九七年三月　彦根市教育委員会
『趣味大観』昭和一〇年一二月二五日　趣味の人社

【我楽他宗関係】

『趣味と平凡』日本我楽他宗本部　第一号　一九二〇年八月一五日〜第二七号　一九三〇年一二

月三〇日
『我楽他宗寶』我楽他宗同人　一九二五年九月七日第一号～昭和一五年七月一五日二七六号
有坂與太郎「あの頃」『鯛車』六三号　一九四三年三月一日　日本民族玩具協会
斎藤夜居『続　愛書家の散歩』　一九八四年一一月二〇日　出版ニュース社
雨田光平「明鏡止水」荒俣宏選『異才天才伝―東西奇人尽し』一九九一年　福武書店
夏目房之介「祖父のことなど」荒俣宏選『異才天才伝―東西奇人尽し』一九九一年　福武書店
夏目房之介『不肖の孫』　一九九六年一〇月二五日　筑摩書房
山口昌男『内田魯庵山脈―〈失われた日本人〉発掘―』　二〇〇一年一月一〇日　晶文社
高橋徹『月の輪書林それから』　二〇〇五年一〇月一〇日　晶文社

協力者一覧（順不同、敬称略）

神谷傳造・尚子、一居篤・明子、彦根市立図書館、彦根商工会議所、郷玩文化研究会、粕淵宏昭、滋賀県立長浜農業高校、東京都杉並区立済美教育研究所、鹿児島県歴史資料センター黎明館、月の輪書林、天然記念物柴犬研究会五味靖嘉、祐生出会いの館稲田セツ子、青砥徳直、豪徳寺、大阪府立中之島図書館、夏目房之介・安澤邦彦

彦根藩士族の歳時記　高橋敬吉

平成19（2007）年11月　発行

編　　著／藤　野　　　滋

発行者／岩　根　順　子

発行所／サンライズ出版株式会社

〒522-0004 滋賀県彦根市鳥居本町655-1

TEL 0749-22-0627　FAX 0749-23-7720

印刷・製本／P-NET信州

ISBN978-4-88325-341-8 C0021